Argumentatie

Standpunt

Een wiel, dat draait. Ik niet,
ik stuntel op twee benen
en noem dat Lopen, Gaan.
Sta ik toevallig stil, dan
heet dat het standpunt dat
ik inneem.

— J.A. Emmens, *Autobiografisch woordenboek*

Argumentatie

Inleiding in het identificeren van meningsverschillen en het analyseren, beoordelen en houden van betogen

Frans van Eemeren
Francisca Snoeck Henkemans

Vierde herziene druk

Noordhoff Uitgevers Groningen | Houten

Ontwerp omslag: Welmoet de Graaf / www.welmoet.nl
Omslagillustratie: idem

Eventuele op- en aanmerkingen over deze of andere uitgaven kunt u richten aan:
Noordhoff Uitgevers bv, Afdeling Hoger Onderwijs, Antwoordnummer 13, 9700 VB
Groningen, e-mail: info@noordhoff.nl

2 / 14

ISBN 978-90-01-79493-4
NUR 810

Woord vooraf bij de vierde druk

Argumentatie is een inleiding in het identificeren van meningsverschillen en het analyseren, beoordelen en presenteren van mondelinge en schriftelijke betogen. De argumentatieleer die hier wordt uiteengezet, is gebaseerd op de benadering van argumentatie, die in de afgelopen decennia ontwikkeld is in de leerstoelgroep Taalbeheersing, Argumentatietheorie en Retorica van de Universiteit van Amsterdam. In deze benadering, de 'pragma-dialectische' argumentatietheorie, wordt ervan uitgegaan dat argumentatie erop gericht is met verbale middelen een verschil van mening tot een oplossing te brengen. Dit houdt in dat argumentatie als een onderdeel wordt beschouwd van een expliciete of impliciete discussie tussen twee partijen die een verschillende positie innemen ten opzichte van dezelfde propositie. De argumentatie heeft ten doel de andere partij te overtuigen van een bepaald standpunt met betrekking tot de propositie die ter discussie staat en daardoor het meningsverschil op een redelijke manier uit de wereld te helpen.

In *Argumentatie* wordt aandacht besteed aan het identificeren van de meningsverschillen waar het in betogen en discussies om draait, het traceren en expliciteren van 'verzwegen' argumenten en standpunten, het determineren van de argumentatieschema's die aan de verschillende typen argumentatie ten grondslag liggen, het analyseren van de (meer of minder gecompliceerde) argumentatiestructuur van een betoog, het beoordelen van de deugdelijkheid van argumentatie en het herkennen van de drogredenen die in een betoog of discussie kunnen voorkomen als overtredingen van de regels voor het voeren van een redelijke discussie. Ook wordt ingegaan op de mondelinge en schriftelijke presentatie van betogen, omdat daar in de praktijk een grote behoefte aan bestaat. Elk hoofdstuk wordt afgesloten met verwijzingen naar achtergrondliteratuur. Aan het eind van het boek zijn oefeningen opgenomen die het de lezer mogelijk maken om zich de inzichten die in de verschillende hoofdstukken naar voren zijn gebracht actief eigen te maken.

Argumentatie is de opvolger van de leerboeken *Het analyseren van een betoog*, *Drogredenen* en *Argumenteren* van F.H. van Eemeren, R. Grootendorst en T. Kruiger. Met behulp van het constructieve commentaar dat wij zowel van collega's als van cursisten en studenten op deze boeken en op de drie eerdere drukken van *Argumentatie* hebben ontvangen, hebben wij een aantal didactische verbeteringen kunnen aanbrengen. Bij deze vierde druk, die we met zijn tweeën hebben voorbereid, is een aantal oefeningen en opdrachten geactualiseerd en zijn diverse extra oefeningen en opdrachtteksten toegevoegd. Ook hebben we een begrippenlijst samengesteld. Wij danken iedereen die ons bij de verbetering van dit boek geholpen heeft, met name onze collega's R. Pilgram M.A., L. van Poppel M.A. en dr. J.H.M. Wagemans van de leerstoelgroep Taalbeheersing, Argumentatietheorie en Retorica van de Universiteit van Amsterdam.

Amsterdam, augustus 2010

Frans van Eemeren
Francisca Snoeck Henkemans

Inhoud

Inleiding

Dit boek gaat over het gebruik van argumentatie als middel om een verschil van mening op te lossen. Verschillen van mening doen zich niet alleen voortdurend voor in ieders persoonlijke contacten met andere mensen, maar ook in werksituaties en in het verdere maatschappelijk leven. Ze kunnen over belangrijke dingen gaan of over onbelangrijke. Ze kunnen in een gesprek tot uiting komen of in een schriftelijke reactie op iets wat iemand gelezen heeft. In al deze en andere gevallen vormt het naar voren brengen van argumentatie een redelijke manier om te proberen het verschil van mening uit de wereld te helpen. Het naar voren brengen van argumentatie betekent in feite dat de spreker of schrijver een discussie aangaat met degenen die het niet met zijn standpunt eens zijn. En zulke argumentatieve discussies vormen een belangrijke spil in het sociale leven.

Argumentatie is een verbale activiteit, die zowel mondeling als schriftelijk kan worden uitgevoerd. Het is ook een sociale activiteit: wie argumenteert richt zich per definitie tot anderen. Ten slotte is argumentatie een rationele activiteit, die ten doel heeft een standpunt zo te verdedigen dat het aanvaardbaar wordt voor een beoordelaar die zich redelijk opstelt. Iemand die argumenteert gaat er – terecht of ten onrechte – van uit dat er sprake is van een verschil van mening tussen hem of haar en de luisteraar of lezer. Door in zijn argumentatie proposities naar voren te brengen die zijn standpunt moeten rechtvaardigen, probeert de spreker of schrijver de luisteraar of lezer van de aanvaardbaarheid van dit standpunt te overtuigen. In de volgende definitie van argumentatie worden deze verschillende kenmerken samengebracht:

> *Argumentatie* is een verbale, sociale en rationele activiteit die erop gericht is een redelijke beoordelaar te overtuigen van de aanvaardbaarheid van een standpunt door één of meer proposities naar voren te brengen die ter rechtvaardiging van dat standpunt dienen.

Deze definitie heeft niet alleen betrekking op de activiteit van het aanvoeren van argumenten maar ook op het betoog of betoogje dat daarvan het resultaat is. Met de term *argumentatie* wordt zowel het proces van het argumenteren aangeduid als het daaruit voortvloeiende 'product'. De argumentatieleer heeft betrekking op beide. Argumentatie wordt niet alleen bekeken als het product van een rationeel redeneerproces, zoals in de logica gewoonlijk met redeneringen gebeurt, maar er wordt ook aandacht besteed aan het communicatie- en interactieproces waarvan de argumentatie in de praktijk deel uitmaakt.

In een zuiver logische benadering van argumentatie blijft een groot aantal verbale, contextuele, situationele en andere pragmatische factoren die van invloed zijn op het verloop en de uitkomst van de argumentatieve gedachtewisseling buiten beschouwing. Hoe is de argumentatie precies verwoord? Tot wie is de argumentatie gericht? In wat voor situatie wordt de argumentatie naar voren gebracht? Wat is er allemaal van belang aan wat er is voorafgegaan aan het naar voren brengen van de argumentatie? Met deze en andere 'pragmatische' vragen houden logici zich in het algemeen niet bezig. Zij concentreren zich op abstracte 'argumentatievormen' of 'redeneerpatronen', waarin een conclusie wordt afgeleid uit een bepaalde verzameling in standaardformuleringen gegoten premissen. Het gaat logici erom een duidelijk onderscheid te maken tussen 'formeel geldige' redeneervormen en redeneervormen die niet formeel geldig zijn. Om dit te kunnen doen, abstraheren zij van pragmatische kenmerken van de argumentatieve werkelijkheid, die voor een adequate behandeling van argumentatie onontbeerlijk zijn. In de argumentatieleer gaat het juist om argumentatie die in gewone omstandigheden naar voren wordt gebracht door iemand die iemand anders probeert te overtuigen van de aanvaardbaarheid van een bepaald standpunt.

Wie argumenteert maakt altijd – expliciet of impliciet – aanspraak op redelijkheid. Maar dit betekent natuurlijk niet dat elke argumentatie ook werkelijk redelijk is. In de praktijk blijkt er met de argumentatie vaak van alles mis te zijn. Het is de bedoeling van het vak argumentatieleer dat geleerd wordt hoe kan worden nagegaan in hoeverre een argumentatie voldoet aan deugdelijkheidscriteria die voor een redelijke discussie gelden. In dit opzicht heeft de argumentatieleer een *normatieve* dimensie. De argumentatieleer heeft ook een *descriptieve* dimensie, want de technische begrippen die erin gebruikt worden zijn nauw verbonden met de verschillende factoren die in de argumentatieve realiteit een rol spelen en de problemen die in de argumentatieve praktijk kunnen optreden. In de methode voor het analyseren, beoordelen en presenteren van argumentatie die in dit boek gepresenteerd wordt, zijn deze twee dimensies op een systematische manier met elkaar geïntegreerd.

De methode die in dit boek gevolgd wordt, houdt in dat geprobeerd wordt om stap voor stap de inzichten bij te brengen die nodig zijn om de verschillende taken die bij het identificeren van een meningsverschil (deel A) en het analyseren (deel B), beoordelen (deel C) en houden van een betoog (deel D) moeten worden uitgevoerd goed te kunnen verrichten en zelf verder te kunnen reflecteren op de problemen die zich hierbij kunnen voordoen. Na elk hoofdstuk worden verwijzingen gegeven naar andere (theoretische) literatuur en wordt de stof van het betreffende hoofdstuk nog eens kort samengevat. Aan het eind van het boek zijn oefeningen en opdrachten opgenomen waarmee u zich de behandelde leerstof verder eigen kunt maken. Achter in het boek is niet alleen een gedetailleerd register te vinden, maar ook een begrippenlijst, een overzicht van de behandelde discussieregels en drogredenen en een algemene literatuurlijst. Ook vindt u daar een controlerende toets met bijbehorende antwoorden.

Bij dit boek hoort een website (www.argumentatie.noordhoff.nl) met extra oefeningen en aanvullend materiaal. Voor de docenten zijn de antwoorden op de vragen uit het boek op de website beschikbaar. Het bevat onder andere adviezen voor de behandeling, antwoorden bij de oefeningen, extra oefeningen en tentamens.

DEEL A

Het identifi- ceren van menings- verschillen

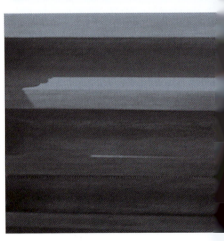

1
Standpunten en verschillen van mening

De analyse van een argumentatieve tekst of discussie begint met het identificeren van het verschil van mening waar het om draait. Om van een verschil van mening te kunnen spreken, moet er in ieder geval iemand een standpunt innemen en moet een ander op zijn minst twijfelen of hij wel met dit standpunt instemt. (Daar waar 'hij' staat geschreven, kan ook 'zij' worden gelezen.) In dit hoofdstuk worden verschillende soorten meningsverschillen onderscheiden die aanleiding kunnen zijn voor een betoog of discussie. Omdat standpunten en uitingen van twijfel de bouwstenen zijn van verschillen van mening, wordt dit hoofdstuk afgesloten met een overzicht van soorten uitdrukkingen die een aanwijzing kunnen zijn dat er sprake is van een stand-punt of van twijfel.

1

⬛ 1.1 Expliciete en impliciete verschillen van mening

Mensen verschillen nogal eens van mening. Dat is niets bijzonders. Wel is het ongebruikelijk dat de strijdende partijen het laten bij de constatering dat ze van mening verschillen. Vaak kan dat ook niet, of is het in elk geval niet verstandig. Dan moet er gediscussieerd worden tot er overeenstemming is bereikt en het meningsverschil is opgelost.

Er is sprake van een verschil van mening, zodra er een standpunt is dat niet door iedereen volledig gedeeld wordt. Dit is al het geval als iemand een standpunt naar voren heeft gebracht en een ander er niet meteen van overtuigd is dat dit standpunt aanvaardbaar is, maar twijfelt. Hij hoeft dan nog niet eens het tegengestelde standpunt in te nemen:

> Paula: 'Volgens mij zouden ze in het onderwijs veel meer aandacht aan schrijven en spreken moeten besteden.'
> Anton: 'Ik weet het niet, ik heb er eigenlijk nooit zo over nagedacht.'

Er zijn bij een verschil van mening altijd twee partijen betrokken. De ene verkondigt een standpunt en de andere trekt het in twijfel. Of gaat, zoals in de praktijk heel gewoon is, nog een stapje verder en verwerpt het standpunt:

> Paula: 'Volgens mij zouden ze in het onderwijs veel meer aandacht aan schrijven en spreken moeten besteden.'
> Peter: 'Wat een onzin, daar wordt al meer dan genoeg aandacht aan besteed.'

In dit voorbeeld is het verschil van mening expliciet: zowel het standpunt als de kritiek daarop worden uitdrukkelijk onder woorden gebracht. Maar zo hoeft het niet te gaan. Vooral in schriftelijke communicatie blijft het verschil van mening vaak impliciet, doordat maar een van beide partijen aan het woord komt. De twijfel van de andere partij wordt dan als het ware voorondersteld:

> Paula: 'In het onderwijs zou veel meer aandacht aan schrijven en spreken moeten worden besteed, want met de schriftelijke en mondelinge uitdrukkingsvaardigheid van studenten is het slecht gesteld. Bovendien besteden wij in verhouding tot het buitenland belachelijk weinig tijd aan dergelijke vaardigheden.'

Dat Paula ervan uitgaat dat haar standpunt niet meteen door iedereen wordt aanvaard, blijkt uit het feit dat ze er argumenten voor geeft. Het is natuurlijk mogelijk dat dit een onjuiste vooronderstelling is en dat er helemaal geen verschil van mening bestaat tussen Paula en de lezer.

⬛ 1.2 Positieve en negatieve standpunten

Bij een verschil van mening worden er altijd twee verschillende posities ingenomen over een bepaalde kwestie. De verwoording van die kwestie geeft de propositie weer die de inzet vormt van het verschil van mening.

Proposities kunnen feiten of gebeurtenissen weergeven ('Het bioscoop-bezoek is dit jaar met drie procent afgenomen'), een voorspelling ('Een goede beheersing van vreemde talen zal bij sollicitaties een steeds belangrijker eis worden'), een oordeel ('Amsterdam is de schoonste stad van Europa') of een aanbeveling ('Je moet op wijnvlekken meteen zout strooien').

Tegenover een propositie kan een positieve, een negatieve of een neutrale positie worden ingenomen en deze positie bepaalt of er sprake is van een positief standpunt, een negatief standpunt of geen standpunt (ook wel aangeduid als een 'nul'-standpunt).

Peter, Paula en Alied nemen ieder een verschillende positie in ten opzichte van de propositie dat homeopathie kwakzalverij is:

> Peter: 'Volgens mij is homeopathie kwakzalverij.'
> Paula: 'Volgens mij is homeopathie geen kwakzalverij.'
> Alied: 'Ik weet niet of homeopathie wel of geen kwakzalverij is.'

Peter heeft zich in dit voorbeeld positief gebonden aan de propositie dat homeopathie kwakzalverij is. Hij neemt een positief standpunt in ten opzichte van deze propositie. Paula, die vindt dat homeopathie geen kwakzalverij is, heeft zich negatief aan dezelfde propositie gebonden en neemt een negatief standpunt in. Alied heeft zich op geen enkele manier aan de propositie gebonden. Zij neemt (vooralsnog) een neutrale positie in, een 'nul'-standpunt; misschien weet ze nog niet zeker wat ze er precies van vindt.

Bij een verschil van mening is er op zijn minst altijd iemand die een positief of een negatief standpunt inneemt en iemand anders die twijfelt aan dit positieve of negatieve standpunt. De twijfelaar kan tegenover het positieve standpunt weer een negatief standpunt stellen of tegenover het negatieve een positief standpunt, maar dan wordt het verschil van mening al meteen ingewikkelder.

1.3 Standpunten en uitingen van twijfel

Omdat mensen overal een mening over kunnen hebben, kunnen hun standpunten op de meest uiteenlopende proposities betrekking hebben. Zo kan iemand vinden dat zijn vrouw beter een permanent had kunnen nemen, maar ook kan hij het standpunt huldigen dat de schotkracht van een zaalhandballer vergroot wordt door met een extra lichte bal te trainen of van mening zijn dat methadon niet onder de ziektekostenverzekering hoort te vallen.

Of een propositie nu betrekking heeft op een betrekkelijk eenvoudig onderwerp of juist op bijzonder ingewikkelde materie, er kan altijd een standpunt over worden ingenomen:

> Volgens mij was haar hoed groen.
> Het is niet zo dat een Engelse mijl hetzelfde is als twee kilometer.
> Ramsey Nasr is naar mijn mening onze beste dichter.
> De Franse literatuur is niet zo boeiend.
> Ik acht het uitgesloten dat de ideeën van de econoom Tinbergen tegenstrijdig zullen blijken te zijn.
> De Engelse wals ligt haar beter dan de Weense.

1

> Ik vind niet dat we nu opeens moeten gaan sparen.
> Het is niet zo dat de kwantumtheorie bevestigd wordt door de
> relativiteitstheorie.

De proposities waarover standpunten worden ingenomen, kunnen niet alleen qua onderwerp behoorlijk variëren, maar ook qua reikwijdte. Een propositie kan op iedereen slaan of op alle onderdelen van een geheel, maar een propositie kan ook alleen betrekking hebben op specifieke aspecten of individuen. En ook de kracht waarmee over een propositie een standpunt naar voren wordt gebracht, kan variëren. Een stelling kan met volstrekte zekerheid geponeerd worden, maar het standpunt kan ook neerkomen op een voorzichtige veronderstelling. Er zijn bij standpunten over proposities dus diverse gradaties van kracht en reikwijdte:

> Ik ben er zeker van dat alle mensen angst kennen.
> Ik vermoed dat alle mensen angst kennen.
> Het is waarschijnlijk dat zinkgebrek bij sommige mannen de seksuele
> ontwikkeling vertraagt.
> Het is onwaarschijnlijk dat alle woorden vertaalbaar zijn.
> Ik veronderstel dat ook intelligente mensen wel eens iets doms denken.
> Je moet een rekenfout gemaakt hebben.
> Het lijdt geen twijfel dat iedereen iemand nodig heeft.
> Het lijdt geen twijfel dat sommigen het heel goed alleen af kunnen.

Een standpunt hoeft niet op één propositie betrekking te hebben. Het kan ook op meer proposities tegelijk slaan. Die proposities houden dan in de regel wel nauw verband met elkaar. Soms komt dit tot uitdrukking doordat ze met behulp van verbindingswoorden zoals *en* en *maar* met elkaar in verband worden gebracht en gezamenlijk in één zin zijn weergegeven:

> Ik vind het onaanvaardbaar dat jij zonder mij iets te vragen mijn kamer
> binnendringt, boeken uit mijn kast haalt en die vervolgens ook nog aan
> iemand anders uitleent.
> Mij lijkt dat het niet beslist noodzakelijk is om bij elke maaltijd vitamine
> B-complex en C in pilvorm in te nemen, maar dat het voldoende is om
> eens per week of zelfs nog iets minder vaak ter aanvulling de vitaminen A
> en D te nemen en slechts af en toe ter verdere aanvulling de vitaminen
> B-complex en C.

Bij een positief standpunt zijn het standpunt en de propositie waarop het standpunt betrekking heeft dikwijls niet goed van elkaar te onderscheiden ('Zussen zijn gezellig'). Ze worden in één uitspraak weergegeven en het positieve karakter van het standpunt wordt veelal niet nog eens apart benadrukt. Desgewenst kan dit natuurlijk wel gebeuren:

> Mijn standpunt is dat het wel degelijk zo is dat vrouwen eerder tot
> hysterie neigen dan mannen.
> Net als Andree, vind ik dat christendom en doemdenken inderdaad
> onverenigbaar zijn.

Bij een negatief standpunt is de moeilijkheid dat de grens tussen het innemen van een negatief standpunt en het uiten van twijfel niet altijd even scherp te trekken valt. Een voorzichtig geformuleerd negatief standpunt kan aardig in de buurt komen van louter twijfel. Omgekeerd kan een uiting die op het eerste gezicht twijfel lijkt uit te drukken, bij nader inzien toch een negatief standpunt zijn. Omdat mensen uit beleefdheid doorgaans liever niet zo duidelijk laten merken dat ze het ergens niet mee eens zijn, komt dit laatste zelfs geregeld voor. Er bestaat een duidelijke neiging om negatieve standpunten als uitingen van twijfel te presenteren:

> Ik vraag me af of dat wel zo'n goed idee is.

Uitingen van twijfel mogen in allerlei opzichten nogal eens op standpunten lijken, ze hebben wel heel andere consequenties. Iemand die een tegengesteld standpunt naar voren heeft gebracht, heeft daarmee in principe de plicht op zich genomen dit tegengestelde standpunt te verdedigen als daar aanleiding toe is, terwijl iemand die alleen maar blijk heeft gegeven van twijfel, nergens aan gehouden kan worden. Bij het analyseren van een betoog moet daarom steeds zo zorgvuldig mogelijk worden nagegaan of iemand alleen maar twijfelt of geacht mag worden een tegengesteld standpunt naar voren te hebben gebracht.

1.4 Typen verschillen van mening

Het eenvoudigste type verschil van mening ontstaat als een standpunt op twijfel stuit. Dit is de basisvorm van een verschil van mening. Aangezien het standpunt positief kan zijn of negatief, zijn er van de basisvorm twee varianten:

> [1] Peter: 'Nederlandse mannen zijn niet romantisch.'
>   Alied: 'Dat weet ik eigenlijk nog zo net niet.'

> [2] Peter: 'Nederlandse mannen zijn romantisch.'
>   Alied: 'Is dat zo?'

Omdat een verschil van mening van de basisvorm betrekking heeft op slechts één propositie, heet het enkelvoudig. Er wordt in dat geval niet meer dan één (positief of negatief) standpunt ingenomen (en in twijfel getrokken) ten opzichte van deze propositie. Daarom heet een verschil van mening van de basisvorm ook niet-gemengd: er is maar één partij die een verdedigingsplicht voor een standpunt op zich heeft genomen. Een verschil van mening van de basisvorm is dus enkelvoudig en niet-gemengd.
Naast niet-gemengd enkelvoudige, zijn er ook gemengde en meervoudige verschillen van mening. En die kunnen weer op allerlei manieren gecombineerd zijn tot gemengd meervoudige verschillen van mening. Deze complexe verschillen van mening moeten in de analyse herleid worden tot specifieke combinaties van de basisvorm. Uitgaande van de verschillende combinatiemogelijkheden, kunnen vier typen verschil van mening worden onderscheiden: niet-gemengd enkelvoudige (de basisvorm), gemengd enkelvoudige, niet-gemengd meervoudige en gemengd meervoudige verschillen.

Bij een meervoudig verschil van mening wordt er ten opzichte van meer dan één propositie een standpunt ingenomen. Een meervoudig verschil van mening ontstaat bijvoorbeeld als iemand in één keer een heleboel tegelijk of twee of drie met elkaar samenhangende dingen ter discussie stelt, bijvoorbeeld door over een hele serie zaken zijn standpunt te geven of een mening uit te spreken over een ingewikkelde theorie of over een plan dat uit diverse onderdelen bestaat. Zodra er meer proposities zijn waarover zowel een standpunt als twijfel geuit wordt, is het verschil van mening meervoudig:

> Peter: 'Nederlandse mannen zijn niet romantisch, en ook niet spiritueel, maar ze zijn wel betrouwbaar.'
> Alied: 'Dat weet ik allemaal niet zo precies hoor.'

Bij een gemengd verschil van mening worden er tegengestelde standpunten ingenomen ten opzichte van dezelfde propositie. De ene partij brengt een positief standpunt naar voren en de andere stelt daar een negatief standpunt tegenover – of omgekeerd. Dit houdt steeds in dat in plaats van alleen met twijfel, op een standpunt gereageerd wordt met een tegenstandpunt:

> Peter: 'Nederlandse mannen zijn niet romantisch.'
> Alied: 'Dat ben ik niet met je eens.'

Het naar voren brengen van een tegengesteld standpunt impliceert tevens altijd twijfel aan het standpunt van de andere partij. Als het andere standpunt al aanvaard wordt, en er dus helemaal geen sprake is van twijfel, heeft het immers geen zin om een tegengesteld standpunt naar voren te brengen. Alle meer complexe verschillen van mening kunnen daarom geanalyseerd worden als een combinatie van meningsverschillen van de basisvorm. Zo bestaat het volgende gemengd enkelvoudige verschil uit twee verschillen van mening van de basisvorm:

> Peter: 'Jij reageert altijd veel te snel.'
> Alied: 'Helemaal niet!'

Het eerste basisverschil van mening wordt gevormd door Peters positieve standpunt ten opzichte van de propositie: 'Alied reageert altijd veel te snel' en Alieds twijfel aan dit standpunt. De onderdelen van het tweede basisverschil zijn Alieds negatieve standpunt ten opzichte van de propositie 'Alied reageert altijd veel te snel' en Peters twijfel aan dit standpunt.

●1.5 Hoofdverschillen en subverschillen van mening

Tijdens de discussie naar aanleiding van een bepaald verschil van mening ontstaan vaak weer nieuwe geschilpunten, doordat de argumentatie die ter verdediging van een standpunt wordt aangevoerd, zelf ook weer op twijfel of tegenspraak stuit. Bij het identificeren van een verschil van mening moet daarom onderscheid gemaakt worden tussen het hoofdverschil van mening en de eventuele subverschillen die tijdens de discussie over het hoofdverschil zijn ontstaan. Dit kan geïllustreerd worden aan de hand van het volgende gesprek:

> Irma: 'Ober, volgens mij is deze soep bedorven.'
> Ober: 'Mevrouw, dat is onmogelijk.'
> Irma: 'Maar kijkt u dan, er drijft gewoon schimmel in.'
> Ober: 'Dat is geen schimmel, dat zijn stukjes broccoli.'
> Irma: 'Nou, ik heb nog nooit zulke vreemde broccoli gezien.'

Het hoofdverschil van mening is hier gemengd enkelvoudig en heeft betrekking op de propositie 'Deze soep is bedorven'. Tevens is er een (meervoudig gemengd) subverschil van mening, over de proposities 'Er drijft schimmel in de soep' en 'Er drijven stukjes broccoli in de soep'. In de praktijk komt het ook vaak voor dat het hoofdverschil van mening zelf niet in één keer, maar stap voor stap tot uitdrukking wordt gebracht, zodat pas in de loop van de discussie duidelijk wordt waarover de discussianten nu eigenlijk van mening verschillen. Ook gebeurt het regelmatig dat hetzelfde standpunt later nog eens op een wat andere manier wordt herhaald. Als de nieuwe formulering nogal afwijkt van de oorspronkelijke, kan het op het eerste gezicht om een heel ander standpunt lijken te gaan. Hoewel het ook heel goed anders kan zijn, geeft de nieuwe formulering in de regel eerder het standpunt weer waar het hoofdverschil om draait dan de oorspronkelijke:

> Peter: 'De Fransman is chauvinistisch. Ik bedoel: de meeste Fransen zijn dat. Ik zal aangeven waarom ik dat vind'.

1.6 De presentatie van standpunten en van twijfel

Er zijn een paar uitdrukkingen met behulp waarvan een standpunt uitdrukkelijk als zodanig kan worden gepresenteerd:

> *Mijn standpunt is* dat bij het testen van intelligentie het milieu toch altijd een grote rol blijft spelen.
> *Wij zijn de mening toegedaan dat* men in openbare ruimten moet kunnen roken.

Ook de volgende uitdrukkingen verwijzen naar standpunten:

> *Ik vind dat* mannen en vrouwen elkaar zoveel mogelijk met rust moeten laten.
> *Mijns inziens* was Maria Callas de laatste echte diva.
> *Volgens mij* ligt Tilburg dichter bij Antwerpen dan bij Rotterdam.
> *Daarom* leidt de economische convergentietheorie tot een onjuiste interpretatie van de evolutie in de wereldeconomie.
> *Mijn conclusie is* dat het naar haar genoemde ijsje tegenwoordig beroemder is dan Nelly Melba zelf.
> *Dus* moet de wervelkolom wel drie verschillende doelen dienen.

Ergo: het voorstel om alle beroepsaanduidingen te neutraliseren is een vorm van verwerpelijke taaldwang.

Soms verschaft de verbale presentatie alleen maar een sterke aanwijzing dat er van een standpunt sprake is:

Kortom, dat kan nooit het geval zijn.
Het zit namelijk zo dat Napoleon aan zijn broer een aardige zetbaas dacht te hebben.
Ik meen te mogen stellen dat zinnen in de lijdende vorm altijd moeilijker te begrijpen zijn dan in de bedrijvende.
Het is dan ook niet zo dat sport altijd gezond is.
Waar we het over eens moeten zijn, is dat niemand op zijn eigen houtje iets zal ondernemen.
In Nederland *wordt ten onrechte altijd gedacht dat* absurdistische toneelstukken op een loodzware manier gespeeld moeten worden.
Het is onzin dat Popper een positivist zou zijn.
Het verdient aanbeveling om een deugdelijke reisverzekering af te sluiten.
Zoals ik het zie, denkt hij alleen aan zichzelf.

En dan zijn er ook nog gevallen waarin het overdreven zou zijn om te zeggen dat de verbale presentatie aangeeft dat er een standpunt naar voren wordt gebracht, maar waarin wel sprake is van een vaak voorkomend patroon, dat de interpretatie vergemakkelijkt:

Men moet niet te veel ineens willen.
Alle archieven *zouden* openbaar *moeten zijn*.
Demagogie *dient* vermeden te worden.
Met andere woorden: natuurbeheer zou zich moeten beperken tot nietsdoen.
Alles overwegend, kun je er niet omheen dat de topsporters ook in Nederland druk aan het slikken zijn geslagen.
Dat is onvoldoende.
Het feit dat je af en toe je rug voelt, is een waarschuwing.
Je mag je nooit totaal aan iemand overleveren.

Dikwijls is kennis van de context vereist om uit te kunnen maken of een uitspraak een standpunt is. Of er moet een beroep worden gedaan op bepaalde achtergrondkennis.
Twijfel is vaak nog lastiger te herkennen dan een standpunt, doordat hij vaak impliciet blijft. Wel kan uit het feit dat iemand het nodig vindt een standpunt te verdedigen, afgeleid worden dat hij althans aanneemt dat een ander daaraan twijfelt of zou kunnen gaan twijfelen. Misschien omdat hij de ander meende te zien fronsen, misschien ook alleen omdat hij zich in de ander heeft proberen in te leven en op grond daarvan meent te mogen verwachten dat zijn standpunt wel eens op twijfel zou kunnen stuiten.
Hoewel twijfel meestal niet expliciet verwoord wordt, is er toch wel een aantal uitdrukkingen dat dikwijls gebruikt wordt om twijfel aan te geven, zodat er een aanwijzing aan ontleend kan worden:

Ik weet niet of prins Alexander wel zo veel eerbied had voor zijn vader.
Ik ben er niet helemaal zeker van of je inderdaad het gas hebt uitgedaan.

Zou het niet zo kunnen zijn dat het ook een beetje aan haar heeft gelegen?

Eigenlijk snap ik nog niet zo goed dat die stellingen onverenigbaar zijn.

Ja, het is een beetje moeilijk, *maar misschien is het wel niet zo dat* dit het best gezamenlijk kan worden gedaan.

Ik moet er nog eens over nadenken of ik vind dat het in dat geval onverantwoord is om inflatoir te financieren.

1

Samenvatting

1

▶ Een standpunt kan positief zijn of negatief. In beide gevallen kan het aanleiding zijn tot een verschil van mening. Van een verschil van mening is sprake als het standpunt van de één twijfel ontmoet bij de ander. Als die ander niet alleen twijfelt maar een tegengesteld standpunt inneemt, is het verschil van mening gemengd. En als het verschil van mening op meer dan één propositie betrekking heeft, is het meervoudig. Anders heeft het verschil van mening de basisvorm: niet-gemengd enkelvoudig. Bij het analyseren van een betoog moet om te beginnen worden nagegaan wat het (hoofd)verschil van mening is en hoe dat precies in elkaar zit.

Achtergrond-literatuur

Op de verschillende soorten meningsverschillen wordt dieper ingegaan in Eemeren, F.H. van & Grootendorst, R. (1992). *Argumentation, communication and fallacies: A pragma-dialectical perspective* (hoofdstuk 2). Hillsdale, NJ: Lawrence Erlbaum. In dit boek worden ook de theoretische achtergronden van onze pragma-dialectische benadering uiteengezet.

Voor een vergelijking met andere benaderingen, zoals het 'Toulmin-model', de 'nieuwe retorica', 'informele logica en kritisch denken' en 'formele dialectiek', zie Eemeren, F.H. van (2001). The state of the art in argumentation theory. In: F.H. van Eemeren (Ed.), *Crucial concepts in argumentation theory* (hoofdstuk 1). Amsterdam: Amsterdam University Press. In het volgende boek zijn gedetailleerde beschrijvingen van al deze benaderingen te vinden: Eemeren, F.H. van, Grootendorst, R., Snoeck Henkemans, A.F. en anderen (1997). *Handboek argumentatietheorie*. Groningen: Martinus Nijhoff.

Zie over standpunten Houtlosser, P. (2001). Points of view. In: F.H. van Eemeren (Ed.), *Crucial concepts in argumentation theory* (hoofdstuk 2). Amsterdam: Amsterdam University Press.

Aan aanwijzingen in de presentatie van standpunten en van twijfel wordt uitgebreid aandacht besteed in Eemeren, F.H. van, Houtlosser, P. & Snoeck Henkemans, A.F. (2005). *Argumentatieve indicatoren in het Nederlands: een pragma-dialectische studie* (hoofdstuk 3). Amsterdam: Rozenberg Publishers.

Hoe de presentatie van het standpunt van invloed kan zijn op de overtuigingskracht van het betoog wordt besproken in O'Keefe, D.J. (1997). Standpoint explicitness and persuasive effect: A meta-analytic review of the effects of varying conclusion articulation in persuasive messages. *Argumentation and Advocacy*, 34(1), 1-13.

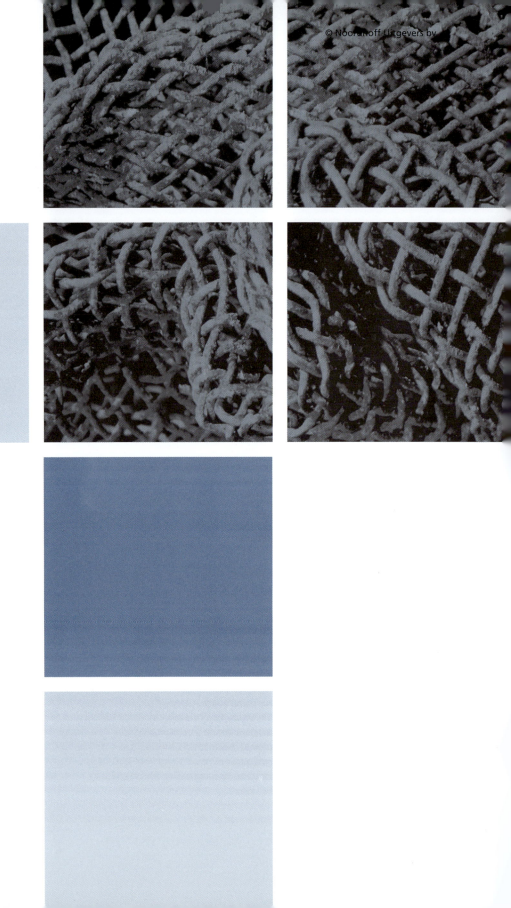

2

Argumenteren en discussiëren

2

Mensen kunnen proberen hun verschillen van mening op een redelijke manier op te lossen door een argumentatieve discussie te voeren. Een verschil van mening is opgelost als een van de twee partijen zodanig overtuigd is geraakt door de argumenten of de kritiek van de andere partij dat hij bereid is de oorspronkelijk ingenomen positie te herzien. In dit hoofdstuk wordt een ideaalmodel gepresenteerd van een kritische discussie. Daarin verloopt de discussie zo dat beide partijen zo veel mogelijk de kans krijgen hun standpunt te verdedigen en hun kritiek naar voren te brengen. Ook bestaan er duidelijke afspraken over de spelregels van de discussie en wanneer iemand de discussie gewonnen heeft.

2.1 Het oplossen van een verschil van mening

Een verschil van mening is opgelost, als een van beide partijen zijn aanvankelijke positie herziet. Bij een verschil van mening van de basisvorm wil dat zeggen dat de één zijn twijfel moet laten varen of de ander zijn standpunt moet herzien:

> Ik wist eerst niet zeker of ik het wel met je eens was, maar ik moet toegeven dat je gelijk hebt.
> Nu ik hoor waar jij allemaal vraagtekens bij zet, ben ik er zelf ook aan gaan twijfelen of mijn standpunt wel zo sterk is.

Het staken van de onenigheid houdt niet automatisch in dat het betreffende meningsverschil ook echt is opgelost. Er dient onderscheid te worden gemaakt tussen het oplossen en het beslechten van een verschil van mening. Het beslechten van een verschil van mening houdt in dat de geschilpunten op de één of andere manier uit de weg worden geruimd. Dat kan op een beschaafde maar ook op een onbeschaafde manier gebeuren. Onbeschaafd is je gelijk halen door de tegenpartij te intimideren of in elkaar te slaan. Een beschaafde manier van beslechten is het verschil van mening aan een buitenstaander voorleggen die als (scheids)rechter fungeert en de knoop doorhakt. Een andere door velen beschaafd gevonden manier van beslechten is het lot laten beslissen wie zijn zin krijgt. Nog een andere (en in brede kring geaccepteerde) manier om een verschil van mening op een beschaafde manier te beslechten is bij meerderheid van stemmen bepalen wat er zal gebeuren:

> Wat betreft de inkomensverdeling wist de minister-president zijn zin door te drijven door het op een stemming te laten aankomen, waarin de VVD het onderspit moest delven. Duidelijk is echter dat lang niet alle VVD-ministers werkelijk overtuigd zijn van de wenselijkheid van de nieuwe beleidsvoornemens.

Van een echte oplossing van het verschil van mening is in zulke gevallen geen sprake. Die wordt alleen bereikt als beide partijen op grond van rationele afwegingen tot dezelfde overtuiging komen. Dat kan betekenen dat ze inmiddels allebei hetzelfde (positieve of negatieve) standpunt zijn gaan innemen ten opzichte van de proposities waar het verschil van mening om draait, maar het kan ook inhouden dat ze allebei zijn gaan twijfelen.

2.2 Argumentatieve discussies

Om een verschil van mening te kunnen oplossen, is een argumentatieve discussie nodig. Dit is een discussie waarin met behulp van argumentatie geprobeerd wordt om vast te stellen in hoeverre een standpunt verdedigbaar is.
Een argumentatieve discussie heeft een ander doel dan bijvoorbeeld een informatieve discussie, die er primair op gericht is elkaar ergens van op de hoogte te brengen. In de praktijk zullen informatieve en argumentatieve elementen in de discussie vaak door elkaar lopen. Nadat

men eerst elkaars visie op een bepaalde zaak zo goed mogelijk heeft leren kennen, zal men al snel willen uitmaken wat de beste visie is en om dat uit te maken, zal men elkaars visie eerst zo goed mogelijk moeten kennen. Als het doel van de discussie primair het oplossen van een verschil van mening is (en niet anderen ergens van op de hoogte stellen), kan het beste van een argumentatieve discussie worden gesproken.

Een argumentatieve discussie heeft plaats tussen iemand die een standpunt verdedigt (de protagonist) en iemand die dit standpunt aanvalt (de antagonist). Samen proberen de twee partijen hun verschil van mening via een geregelde discussie tot een oplossing te brengen. Dit houdt in dat de protagonist de antagonist probeert te overtuigen van de aanvaardbaarheid van zijn standpunt, terwijl de antagonist consequent zijn twijfels uit of tegenwerpingen naar voren brengt. Idealiter worden bij het oplossen van een verschil van mening de volgende vier stadia doorlopen:

1 In de confrontatiefase stellen de partijen vast dat er een verschil van mening bestaat. Bij een enkelvoudig niet-gemengd verschil van mening betekent dit dat het standpunt van de één niet meteen aanvaard wordt door de ander, maar op twijfel stuit.
2 In de openingsfase besluiten de partijen een poging te doen het verschil van mening op te lossen. Ze maken afspraken over de manier waarop ze de discussie zullen voeren en afsluiten, over de verdeling van de bewijslast (wie treedt er als protagonist op en wie als antagonist) en over de uitgangspunten bij de discussie.
3 In de argumentatiefase houdt de protagonist een betoog om zijn standpunt te verdedigen tegen de – soms aanhoudende – kritiek van de antagonist.
4 In de afsluitingsfase stellen de partijen vast in hoeverre het verschil van mening door de discussie is opgelost en ten gunste van wie. Als de protagonist zijn standpunt intrekt, is het verschil opgelost ten gunste van de antagonist; als de antagonist zijn twijfel intrekt, dan is dat ten gunste van de protagonist.

▄2.3▄ Het ideaalmodel van een kritische discussie

Een ideaalmodel geeft natuurlijk geen beschrijving van de werkelijkheid. Maar soms kan het ideaal in de praktijk wel dicht benaderd worden. In de Atletiekwereld zorgt Jan Ummels voor een voorbeeld van een discussiebijdrage die aardig aan het model beantwoordt:

> 'Het topkader van de KNAU heeft zich weer eens beraden op de toekomst. Ongetwijfeld een prima zaak. Dick Loman doet er enthousiast verslag van en vergeet ook niet de afwezigen op te roepen om zich in de discussie te mengen. In deze discussie wil ik me middels dit schrijven even begeven. Onderdeel van de discussie is ook geweest het houden van centrale trainingen of het meer centraliseren van de bondstrainingen. En dit is het punt waar ik me even mee wil bemoeien.
> Al jarenlang zijn de centrale trainingen een doorn in mijn oog. [...] Niet direct om redenen van [...]. Nee, voornamelijk omdat [...].
> Ik wil dus nogmaals herhalen: weg met de centrale trainingen.'

In de gecursiveerde inleiding kondigt Ummels zijn protagonisme keurig aan. Vervolgens gaat hij met zijn standpunt dat de centrale trainingen moeten verdwijnen de confrontatie aan. De openingsfase wordt niet verder ingevuld. De argumentatiefase wel, maar kortheidshalve is Ummels' betoog hier weggelaten. Ook de afsluiting vindt expliciet plaats, zij het dat Ummels in zijn conclusie uiteraard alleen voor zichzelf spreekt. Dat aan de opening van de discussie niet veel aandacht wordt besteed, is heel gewoon. De discussieregels lijken vaak zo vanzelfsprekend dat ze niet meer nader hoeven te worden vermeld. Toch is dit niet helemaal juist. Discussies lopen dikwijls spaak door gebrek aan 'orde' of door onduidelijkheid over de discussieprocedure.

Discussie-
regels

Discussie-
procedure

De afsluiting van de discussie geschiedt vaker expliciet. Zij het zelden zo nadrukkelijk als bij Arie Kuiper:

> 'Een discussie over de relatie tussen parlement en publieke opinie zou boeiend kunnen zijn, maar niet met Piet Grijs. Ik verklaar derhalve plechtig dat ik de discussie heb gewonnen en ga over tot de orde van de dag.'

Piet Grijs blijkt zich er op zijn beurt ook geen overdreven illusies over te maken dat een discussie eensgezind kan worden afgesloten:

> 'Laat ik eerlijk zijn: als ik met iemand polemiseer heb ik nooit de illusie dat mijn tegenstander aan het einde zal zeggen: "Piet Grijs, jij hebt gelijk, ik heb mij vergist, voortaan zal ik jouw standpunt verdedigen".'

Dit laatste gaat ook wel wat ver. Toch zou er idealiter overeenstemming moeten worden bereikt over het resultaat. Gelukkig zijn er zeker wel discussies waarin dit ideaal gerealiseerd wordt. Of die een aardig eind in de richting komen. Overigens houdt het streven naar een eensgezinde afsluiting geen principieel verschil in met discussies waarin het meningsverschil beslecht wordt, want ook daarbij kan er een voorkeur bestaan voor eenstemmigheid:

> Het was verheugend dat de Ledenraad van de VPRO zich, na ampel beraad, unaniem uitsprak voor Motie IV uit de bestuursnota Medewerkersinvloed op de bestuurssamenstelling.

Al met al wordt er in argumentatieve discussies nogal van het ideaalmodel afgeweken. De discussiefasen worden bijvoorbeeld lang niet altijd precies zo doorlopen als in het ideaalmodel. Soms concludeert iemand al dat zijn gelijk bewezen is, terwijl de argumentatiefase nog niet eens is afgerond. Soms blijkt midden in de discussie dat niet duidelijk is waarover de partijen nu precies van mening verschillen, zodat het nodig is terug te keren naar de confrontatiefase.

Er kunnen in de discussie ook elementen uit discussiefasen ontbreken die onontbeerlijk zijn voor het oplossen van het verschil van mening. En de discussie kan ook bol staan van elementen die er voor de oplossing strikt genomen niet veel toe doen, maar die in andere opzichten een plezierig verloop van de discussie bevorderen, zoals beleefdheidsbetuigingen en anekdotes.

De waarde van het ideaalmodel wordt door zulke discrepanties tussen theorie en praktijk natuurlijk niet aangetast. Een ideaal verschilt per definitie van de werkelijkheid. Het ideaalmodel kan een hulpmiddel zijn om aan te geven waar argumentatieve discussies in de praktijk tekort-schieten. Het maakt het mogelijk om aan te geven welke voor het oplossingsproces noodzakelijke elementen ontbreken of gebrekkig vertegenwoordigd zijn. Anders zou het bijvoorbeeld moeilijk zijn in te zien dat het mislukken van de discussie er in het ene geval aan te wijten is dat niet duidelijk is welk verschil van mening precies moet worden opgelost, terwijl in het andere geval onduidelijkheid bestaat over de verdeling van de bewijslast of over de regels die bij het discussiëren in acht moeten worden genomen.

Een ideaalmodel van een argumentatieve discussie ter oplossing van een verschil van mening is overigens meer dan alleen een hulpmiddel om te beoordelen of de discussie correct verloopt. Het is in de eerste plaats een instrument om meer of minder ingewikkelde discussies op een constructieve manier te analyseren. Met behulp van het model kunnen elementen die in de discussie impliciet zijn gebleven bijvoor-beeld beter worden opgespoord en kan aan de diverse onderdelen van de discussie een interpretatie worden toegekend die hun eventuele rol in het oplossingsproces duidelijker tot uitdrukking brengt.

2.4 Het betoog als onderdeel van een kritische discussie

De argumentatiefase is in hoge mate bepalend voor de oplossing van een meningsverschil en wordt vaak als de 'eigenlijke' discussie beschouwd. De uitspraken waarmee de protagonist zijn standpunt in de argumentatiefase verdedigt, vormen gezamenlijk zijn betoog. Een betoog bestaat uit het totaal van alle argumentatie die ter verdediging van een standpunt wordt aangevoerd.

Bij een niet-gemengd verschil van mening wordt er altijd maar één betoog gehouden, dat meer of minder ingewikkeld kan zijn. De antago-nist twijfelt alleen maar en neemt zelf geen standpunt in. Bij een gemengd verschil van mening wordt er van beide kanten een betoog gehouden. Elk van de partijen heeft dan immers een standpunt naar voren gebracht dat verdediging behoeft:

> Paula: 'Volgens mij is het een voordeel dat ik nog nooit aan zoiets heb meegedaan.'
> Peter: 'Mijns inziens is dat géén voordeel!'
> Paula: 'Waarom eigenlijk niet?'
> Peter: 'Leg jij eerst maar eens uit waarom het volgens jou wél een voordeel is, dan zal ik daarna zeggen waarom ik vind van niet.'
> Paula: 'Nou, wat mij betreft, is het nogal simpel: het feit dat ik geen enkele ervaring heb, maakt dat ik er volkomen onbevangen tegenover sta. En dat is bij een filmtest toch eigenlijk een eerste vereiste.'
> Peter: 'Het is helemaal geen voordeel om zonder enige ervaring een filmtest af te leggen, want dan heb je ook geen idee hoe je kunt maken dat je het best tot je recht komt. Dat is namelijk nog een hele kunst.'

Aan het slot van deze discussie houden Paula en Peter elk een betoogje. Die betoogjes zijn hier onderdelen van een expliciete discussie, maar in

2

de praktijk maken betogen ook vaak deel uit van een impliciete discussie. Dat is een discussie waarin maar een van beide partijen aan het
woord komt.
Ook als de andere partij zelf niet expliciet aan het woord komt, wordt er
wel degelijk rekening met hem gehouden. Dat dit zo is, wordt soms
bijvoorbeeld duidelijk doordat de protagonist zelf expliciet refereert aan
de mogelijke tegenwerpingen die een al of niet bestaande antagonist
tegen zijn standpunt of argumenten kan inbrengen:

> Er is geen land ter wereld waar de vrouwen zo geïntegreerd zijn in de
> krijgsmacht als in Nederland, en kom me nu niet aan met Israël, want
> daar mogen ze echt niet in de voorste lijn. Heeft u ooit vrouwelijke
> soldaten gezien op die intifadah-foto's?

In andere gevallen heeft het betoog de vorm van een monoloog en is het
discussiekarakter minder duidelijk. Toch is die monoloog dan in feite
een eenzijdige dialoog. Dat is in de praktijk zo gewoon dat men zich
dikwijls niet meer realiseert dat een betoog altijd een discussiesituatie
vooronderstelt. Een betoog is er steeds op gericht een eventuele criticus
ergens van te overtuigen, of die zich nu werkelijk manifesteert of niet.
Als de discussie impliciet blijft, kan degene die het betoog houdt in de
regel niet met het naar voren brengen van zijn argumentatie volstaan.
Hij zal ook de andere discussiefasen in zijn verhaal moeten verwerken
en misschien zelfs mogelijke punten van twijfel moeten aanstippen of
bekende tegenwerpingen memoreren. Om te beginnen, zal hij duidelijk
moeten maken dat er een verschil van mening bestaat of dreigt te
ontstaan (confrontatiefase) en dat hij dit meningsverschil volgens de
regels van de kunst wil oplossen, eventueel met een korte verwijzing
naar die regels en verdere uitgangspunten (openingsfase).
Verder dient hij uiteraard zijn eigenlijke betoog te houden, al dan niet
met verwijzingen naar gezichtspunten van de tegenpartij (argumentatiefase). Ten slotte zal hij ook duidelijk moeten maken in hoeverre het
verschil van mening door zijn argumentatie is opgelost (afsluitingsfase).
Iets dergelijks gebeurt in het volgende betoog:

> De laatste tijd hoor je veel mensen roepen dat er in Nederland strenger
> gestraft zou moeten worden. Ik vind van niet en ik zal duidelijk maken
> waarom dat niet moet. Ik zal dit doen door achtereenvolgens alle mij
> bekende argumenten ten voordele van strengere straffen langs te lopen
> en laten zien dat die onhoudbaar zijn.
> [...]
> Hiermee meen ik afdoende te hebben aangetoond dat strenger straffen
> geen enkele zin heeft. Het lijkt mij duidelijk dat hierover onder redelijke
> mensen verder geen meningsverschillen meer hoeven te bestaan.

Soms is er bij een betoog geen met name genoemde antagonist en is
ook niet duidelijk wie er voor die rol in aanmerking zou komen. Aangezien bij het analyseren van een betoog altijd zoveel mogelijk krediet
moet worden gegeven aan degene van wie het betoog afkomstig is,
moet er in principe altijd van worden uitgegaan dat het betoog een
serieuze poging is om iemand te overtuigen die het verdedigde standpunt nog niet onderschrijft. Anders zou het betoog immers overbodig
zijn.

Samenvatting

▶ Een verschil van mening kan alleen worden opgelost door middel van een argumentatieve discussie die geanalyseerd kan worden als een kritische discussie. Een kritische discussie houdt in dat geprobeerd wordt om met behulp van argumentatie vast te stellen of het omstreden standpunt aanvaard dient te worden. Idealiter omvat een argumentatieve discussie vier fasen: de confrontatiefase, openingsfase, argumentatiefase en afsluitingsfase. Het eigenlijke betoog wordt gehouden in de argumentatiefase. Het kan ook onderdeel zijn van een impliciete discussie waarin slechts een van de partijen daadwerkelijk aan het woord komt.

Achtergrond-literatuur

2

In de theorievorming over de kritische discussie zijn zowel informele als formele modellen ontwikkeld. Het informele model dat de achtergrond vormt voor het boek *Argumentatie* is te vinden in Eemeren, F.H. van & Grootendorst, R. (1982). *Regels voor redelijke discussies.* Dordrecht enz.: Foris; Eemeren, F.H. van & Grootendorst, R. (1992). *Argumentation, communication and fallacies: A pragma-dialectical perspective.* Hillsdale, NJ: Lawrence Erlbaum; Eemeren, F.H. van & Grootendorst, R. (2000). *Kritische discussie.* Amsterdam: Boom; en Eemeren, F.H. van & Grootendorst, R. (2004). *A systematic theory of argumentation. The pragma-dialectical approach.* Cambridge: Cambridge University Press.

Formele modellen van argumentatieve discussies ter oplossing van een geschil worden bestudeerd in de 'dialooglogica'. Zie bijvoorbeeld Lorenzen, P. & Lorenz, K. (1978). *Dialogische Logik.* Darmstadt: Wissenschaftliche Buchgesellschaft; Barth, E.M. & Krabbe, E.C.W. (1982). *From axiom to dialogue: A philosophical study of logics and argumentation.* Berlijn: Walter de Gruyter; en Walton, D.N. & Krabbe, E.C.W. (1995). *Commitment in dialogue.* Albany, NY: State University of New York Press. In Jackson, S. (1998). Disputation by design. *Argumentation*, 12(2), 183-198 bespreekt de auteur het gebruik van modellen van argumentatieve discussies in verband met discussies op het world wide web.

DEEL B

Het analyseren van een betoog

3

De presentatie van argumentatie

Nadat is vastgesteld over welke punten er verschil van mening bestaat, moet in de analyse worden nagegaan wat het betoog precies inhoudt. Welke uitspraken kunnen een bijdrage leveren aan de oplossing van het verschil van mening? Argumenten spelen hierbij natuurlijk een sleutelrol, aangezien dit uitspraken zijn die de spreker of schrijver ter ondersteuning van zijn standpunt heeft aangevoerd om de ander ervan te overtuigen dat dit standpunt aanvaardbaar is. In dit hoofdstuk worden verschillende hulpmiddelen besproken om argumenten te herkennen. Ook wordt uitgelegd waarin argumentatie verschilt van een verklaring, toelichting of uitleg en wat in de analyse het beste gedaan kan worden als niet duidelijk is of bepaalde uitspraken wel of niet als argumenten moeten worden opgevat.

▣ 3.1 De identificatie van standpunten

Om vast te kunnen stellen hoe het meningsverschil waar een betoog om
draait wordt opgelost, moet worden nagegaan welke argumenten de
spreker of schrijver ter verdediging van zijn standpunt aanvoert. Er zijn
verschillende soorten aanwijzingen in de verbale presentatie die hierbij
als hulpmiddel kunnen dienen.
Argumentatie is er altijd op gericht een standpunt te verdedigen. Als het
standpunt positief is, vindt de verdediging plaats door de propositie
waarop het standpunt betrekking heeft te rechtvaardigen:

> Het is zo dat televisie de gezelligheid bevordert, want sinds wij televisie
> hebben wordt er nooit meer getoept.

Als de argumentatie betrekking heeft op een negatief standpunt, vormt
hij een poging om de propositie te ontkrachten:

> Het is niet zo dat televisie de gezelligheid bevordert, want sinds wij
> televisie hebben wordt er nooit meer getoept.

Bij argumentatie is er dus altijd sprake van een poging tot rechtvaardiging of ontkrachting. Maar hoe stel je vast dat er van zo'n poging sprake
is? Waar valt argumentatie aan te herkennen?
De uitspraken die samen de argumentatie vormen, houden altijd
verband met een bepaald standpunt. Vaak is de identificatie van dat
standpunt de eerste stap op weg naar herkenning van de argumentatie.
Vooral als het standpunt met veel aplomb naar voren wordt gebracht, is
de verdediging meestal niet ver te zoeken:

> Ik moet je wel uitdrukkelijk zeggen dat ik het een krankzinnig plan vind.
> Er is voor zover ik weet nog niks gedaan aan de noodzakelijke
> voorbereiding en jij bent ook de laatste die zoiets ooit zou kunnen.

Een standpunt is zelden een uitspraak waarvan de aanvaardbaarheid bij
voorbaat duidelijk is en zonder meer vaststaat. Dat verklaart waarom
een uitspraak die niet strookt met de verwachtingen algauw voor een
standpunt zal worden gehouden. Dan rijst ook meteen de vraag wat er
voor argumenten zijn die dit standpunt moeten waarmaken. En als het
goed is, blijft die argumentatie ook niet lang uit:

> Je eigen vrouw moet je nooit vertrouwen. Die heeft altijd een te
> rooskleurig beeld van je.

Bij het interpreteren van een betoog moet de verbale presentatie in
principe de doorslag geven. Dit betekent dat er gelet moet worden op
indicatoren van een standpunt, zoals 'volgens ons' en 'naar mijn
mening', en op andere formules die naar een standpunt verwijzen, zoals
'Al met al menen wij te mogen concluderen dat...' en 'Ik hoop u ervan te
overtuigen dat...'. Als eenmaal is vastgesteld wat het standpunt is, kan
gemakkelijker worden nagegaan welke uitspraken de argumentatie
vormen voor dit standpunt.

⬤ 3.2 Indicatoren van argumentatie

Soms wordt vooraf aangekondigd dat bepaalde uitspraken een argumentatieve strekking hebben ('Mijn argumentatie daarvoor is dat...').
Ook wordt argumentatie wel via een commentaar achteraf als zodanig
aangeduid ('Dat was dan mijn argumentatie'). Maar dit is toch eerder
uitzondering dan regel.
In gewone communicatie wordt de strekking van uitspraken in de regel
niet expliciet aangegeven. Alleen als er absoluut geen misverstand over
mag bestaan, om formele redenen of om er sterk de nadruk op te
leggen, wordt de strekking van een uitspraak soms uitdrukkelijk
vermeld:

> 'Ik verklaar de vergadering hierbij voor gesloten.'
> 'Wij adviseren u dringend de studie te staken en uw talenten in een
> andere richting te ontplooien.'
> 'Het zal niet meer voorkomen. En dat is een belofte.'

Een spreker of schrijver die duidelijk wil maken dat er van argumentatie
sprake is, hoeft ook niet per se zijn toevlucht te nemen tot expliciete
vermeldingen: hij kan ook gebruikmaken van indicatoren van argumentatie. Duidelijke voorbeelden hiervan zijn: *aangezien, daarom, dan ook,
derhalve, dientengevolge, dus, ergo, immers, omdat, vandaar* en *want*.
De volgende 'Sterrenkalender' bevat er verschillende:

> Ram – 21 maart t/m 20 april – Doorgaans bent u geen uitkiener. Plannen
> maken is er bij u niet bij en aan iets tot in de puntjes uitzoeken, hebt u
> een gruwel. U zult dan ook nooit een wetenschapper worden en nimmer
> een Nobelprijs in de wacht slepen.

> Leeuw – 21 juli t/m 20 augustus – In de loop van de volgende week zal
> weer eens blijken dat uw kritische geest niet altijd op prijs wordt gesteld.
> Vooral als u daarbij uw scherpe tong als communicatiemiddel gebruikt.
> Houd dit lichaamsdeel daarom in toom, want 'de tong is een groot kwaad,
> vol van dodelijk venijn', aldus de Bijbel.

Indicatoren van argumentatie zijn in de regel tevens indicatoren van
een standpunt. Daarom kan het ook voor het achterhalen van het
standpunt handig zijn als er een indicator van argumentatie aanwezig
is. Sommige indicatoren wijzen terug naar een standpunt dat eerder
vermeld is. Dat is bijvoorbeeld het geval bij *want* en *immers*. Dan is er
sprake van een terugwijzende presentatie. Het standpunt gaat aan het
argument vooraf:

> Kinderen moeten leren om niet direct iedere impuls te volgen die bij ze
> opkomt, want anders zouden ze dag en nacht chips eten voor de televisie.

Andere indicatoren van argumentatie wijzen vooruit naar een standpunt dat pas later – bijvoorbeeld in de vorm van een conclusie – aan de
orde zal komen. Dit geldt onder meer voor *dus, vandaar* en *daarom*.
Dan is er sprake van een vooruitwijzende presentatie:

> Er zijn te weinig anesthesiologen in Nederland en in de toekomst wordt de situatie er niet beter op. Daarom is uitbreiding van de opleiding, bij voorkeur aan de academische centra, noodzakelijk.

Er zijn ook woorden en uitdrukkingen die minder duidelijke indicatoren van argumentatie kunnen vormen: *alles in overweging genomen, dient, enerzijds... anderzijds, gezien, hiervoor pleit, kortom, met andere woorden, namelijk, op grond van, ten eerste... ten tweede, vanwege,* enzovoort. Als deze indicatoren worden gebruikt, is er in veel gevallen sprake van argumentatie:

> In aanmerking genomen dat hij de afspraak heeft afgezegd, dient hij ook voor een nieuwe afspraak te zorgen.

Maar deze fraseringen worden niet altijd argumentatief gebruikt. Zelfs een woord als *dus*, waarvoor dat in principe wél geldt, wordt soms ook als stopwoord gebruikt, waardoor het niet altijd duidelijk is of het wel echt een rechtvaardigings- of ontkrachtingsrelatie aanduidt:

> Als ik hier dus druk, doet het daar dus pijn.

3.3 Aanwijzingen in de context

Dikwijls ontbreekt een indicator van argumentatie en soms is bovendien niet meteen duidelijk of de presentatie vooruitwijzend is of terugwijzend:

> Carla wil Bob niet meer zien. Zij belt niet op.

Hier zijn twee argumentatieve interpretaties mogelijk:

> [1]   Carla wil Bob niet meer zien, want zij belt niet op.
> [2]   Carla wil Bob niet meer zien, dus zij belt niet op.

'Carla wil Bob niet meer zien' kan hier dus het standpunt zijn, maar ook 'Carla belt niet op'. In het eerste geval is de argumentatie 'Zij belt niet op', in het laatste 'Zij wil Bob niet meer zien'. In dit geval kan niet uit de aard, inhoud of volgorde van de uitspraken worden afgeleid welke van deze beide interpretaties de juiste is. Bij een mondelinge presentatie zou het nog kunnen dat de intonatie dit duidelijk maakt.
Normaliter worden impliciete standpunten en argumentaties in een context naar voren gebracht die verduidelijkend werkt. Iemand heeft bijvoorbeeld net geopperd dat Carla Bob waarschijnlijk nog wel zal willen ontmoeten. Of er is discussie ontstaan over de vraag of Carla al dan niet zal opbellen. In zo'n welbepaalde context is het niet moeilijk tot een juiste interpretatie te komen. Interpretatieproblemen ontstaan meestal pas in een onbepaalde context, waarin elke verheldering ontbreekt.
Een welbepaalde context kan gevormd worden door uitspraken die voorafgaan aan of volgen op de uitspraak waarvan de strekking niet meteen duidelijk is. Zo maakt een toevoeging als 'Bob heeft nu al weken niets van haar gehoord' duidelijk dat 'Carla wil Bob niet meer zien' het

standpunt is en niet 'Carla belt niet op'. Kennelijk wordt het feit dat Carla niet opbelt als een gegeven beschouwd en niet als een standpunt dat verdediging behoeft, anders zou de toevoeging wat eigenaardig zijn. Ook het nadrukkelijk vermelden van het meningsverschil dat moet worden opgelost of het standpunt waarop de argumentatie betrekking heeft, kan een welbepaalde context scheppen die de interpretatie vergemakkelijkt. De context kan zelfs al tamelijk welbepaald zijn als er vlak vóór of vlak na de vermoedelijke argumentatie een bewering wordt gedaan waarvan de onaanvaardbaarheid zo duidelijk lijkt, dat het wel om een standpunt moet gaan dat verdedigd wordt.

Zo kan Jah Wobbles uitspraak dat religieuze fanatici zo verschrikkelijk toegewijd zijn, ook zonder nadere toelichting, als argument herkend worden doordat het standpunt dat aan dit argument voorafgaat zo opmerkelijk is:

> Religieuze fanatici zijn de beste musici ter wereld. Ze zijn verschrikkelijk toegewijd.

3.4 Andere hulpmiddelen bij het interpreteren

Als de context onbepaald is, moeten er andere hulpmiddelen worden gevonden. Iemand die een verschil van mening wil oplossen, heeft er belang bij dat de luisteraar of lezer zijn argumentatie op de juiste wijze weet te interpreteren. Daarom is het aannemelijk dat het zijn bedoeling is dat zijn argumentatie als zodanig herkenbaar is. Is het niet op grond van de verbale context van de uitspraken die hij naar voren brengt, dan toch wel op grond van de niet-verbale context. De specifieke situatie waarin iets gezegd wordt en de algemene culturele achtergrond waarin dat gebeurt, kunnen soms veel verklaren:

> 'De vergadering is nog niet begonnen. Maarten loopt op de gang.'
> Uit een advertentie: 'Duizenden huisvrouwen gebruiken Andy!'

Volgens de spreker uit het eerste voorbeeld is de vergadering nog niet begonnen. Wie er niet van op de hoogte is dat Maarten de vergadering moet voorzitten, kan niet weten dat het op de gang lopen van Maarten een argument is voor dit standpunt. En wie niet op de hoogte is van het doel van reclame, kan ook niet weten dat de mededeling omtrent het veelvuldig gebruik van Andy in het tweede voorbeeld een argument moet zijn om het ook te kopen.

Bij het interpreteren van een betoog kan algemene en specifieke achtergrondkennis van groot belang zijn. Als de interpretator niet dezelfde is als degene voor wie het bestemd is, is dat niet altijd eenvoudig. Soms is voor het interpreteren ook specifieke vakkennis nodig. Dit geldt al snel bij een betoog over een specialistisch onderwerp. De volgende passage uit een betoog over discuswerpen vormt daar een voorbeeld van:

> 'Nu zegt een eenvoudige weergave van de wet van Bernouilly dat verschillende snelheden van luchtdeeltjes ook verschillende luchtdrukken veroorzaken. Hierbij geldt dat daar waar de snelheid het hoogste is de druk het laagst is en omgekeerd. De druk (kracht/oppervlak) aan de

onderzijde van de discus is derhalve hoger dan die aan de bovenzijde. Er is dientengevolge een draagkracht (d) aanwezig, die loodrecht op de snelheidsvector van de discus staat.'

3.5 Verklaring, toelichting en uitleg

Bij het interpreteren van een betoog dient in eerste instantie uit te worden gegaan van hetgeen de spreker of schrijver precies heeft gezegd. Pas als er interpretatieproblemen ontstaan, mogen andere hulpmiddelen worden ingeschakeld. Er moet met name voor gewaakt worden dat men 'naar zich toe interpreteert'.
Zelfs uitspraken waarvan de strekking duidelijk door middel van een indicator lijkt te zijn aangegeven, kunnen gemakkelijk te snel en daardoor incorrect worden geduid. Dit gevaar bestaat bijvoorbeeld bij 'omdat'-uitspraken die, zoals in het tegenwoordige taalgebruik heel gewoon is, een oorzaak aanduiden in plaats van een reden. De betreffende uitspraken dienen dan als verklaring, uitleg of toelichting:

> De pudding is niet stijf geworden, omdat ik er te weinig gelatine in heb gedaan.

Kenmerkend voor een verklaring, een toelichting of uitleg is dat hetgeen verklaard, toegelicht of uitgelegd wordt in principe al aanvaard wordt. Dit is een belangrijk verschil met een argumentatie, die betrekking heeft op een standpunt dat juist nog aanvaard moet worden. Soms wordt dit kenmerk van verklaringen, toelichtingen en uitleg door de spreker of schrijver uitgebuit: hij probeert dan bijvoorbeeld zijn standpunt voor een constatering en zijn argumentatie voor een toelichting te laten doorgaan en zo de indruk te wekken dat zijn standpunt geen verdediging behoeft:

> Hoe pijnlijk het ook is, het mes moet in de sociale voorzieningen. Ik zal dat proberen uit te leggen. We leven al jaren boven onze stand en het hoge verzorgingsniveau remt de productiviteit.

Ook wanneer er geen sprake is van een bewuste poging tot misleiding, is het toch vaak zo dat wat zich in eerste instantie als een verklaring of iets soortgelijks lijkt aan te dienen, bij nader inzien wel degelijk een rechtvaardigende of ontkrachtende functie heeft en daarom als argumentatie dient te worden beschouwd. In geval van twijfel is het zaak maar het zekere voor het onzekere te nemen en de verklaring, toelichting of uitleg als argumentatie op te vatten.

3.6 Een maximaal argumentatieve interpretatie

Als uitspraken in geval van twijfel als argumentatie worden opgevat, volgt men de strategie van de maximaal argumentatieve interpretatie. Uitspraken die ook mededelingen of uitleg of iets dergelijks zouden kunnen zijn, worden dan als argumentatie geïnterpreteerd. Daarmee is de kans zo klein mogelijk dat uitspraken die voor de oplossing van een verschil van mening van belang zijn, in de analyse buiten beschouwing blijven.

In de volgende beschouwing over de vormgeving van bankbiljetten is duidelijk dat het volgen van de strategie van de maximaal argumentatieve interpretatie in het belang is van ieder die oprecht naar de oplossing van een meningsverschil streeft. Zowel de schrijver, die meent dat eurobiljetten hemelsbreed verschillen van de Amerikaanse dollarbiljetten, als de lezer die dat niet zonder meer vindt, is gebaat bij een maximaal argumentatieve interpretatie van de zin waarvan het begin gecursiveerd is:

> Eurobiljetten vallen op door goed leesbare opschriften en afwijkende formaten en kleuren voor ieder biljet van verschillende waarde. Daarmee verschilt dit papiergeld hemelsbreed van bijvoorbeeld de Amerikaanse dollars. *Deze vallen juist op door* uniformiteit: zelfde formaat, zelfde algemene aanblik, zelfde kleur, alleen de figuren op de biljetten verschillen én natuurlijk de waarde. Ook al lijkt het verschil voor verwarring hierdoor groot, in de praktijk is gebleken dat Amerikanen zich niet vaker vergissen dan anderen.

De strategie van de maximaal argumentatieve interpretatie moet ook gevolgd worden in gevallen waarin anders geen zinnige interpretatie mogelijk is en er geen aanleiding is om aan te nemen dat dit ook de bedoeling is:

> Je moet maar een paraplu meenemen. Of wou je soms nat worden?

Letterlijk genomen is het stellen van de vraag 'Of wou je soms nat worden?' absurd. Nat worden is immers geen reëel alternatief. Normaal gesproken vindt iedereen dat vervelend. Er kan dan ook moeilijk sprake zijn van een gewone vraag. Wie de spreker serieus neemt, zal er in een dergelijk geval van moeten uitgaan dat de vraag dient om indirect iets anders over te brengen. Hier bijvoorbeeld een mededeling zoals 'Anders word je nat' of 'Dat is de enige manier om niet nat te worden'. Anders dan de letterlijke vraag is die mededeling in een maximaal argumentatieve interpretatie een argument voor het door de spreker verkondigde standpunt: 'Je moet maar een paraplu meenemen'. En zo zal de spreker het, als hij serieus is, natuurlijk ook bedoeld hebben.
Een duidelijke vraag blijft uiteraard altijd een vraag, maar als er geen aanwijzingen zijn dat dit niet terecht is, moet bij het interpreteren van een betoog in twijfelgevallen altijd gekozen worden voor een maximaal argumentatieve interpretatie.

Samenvatting

3

▶ De argumentatie ter verdediging van een standpunt wordt in een betoog veelal niet uitdrukkelijk als zodanig aangeduid. Wel zijn er vaak indicatoren van argumentatie aanwezig. Sommige horen bij een vooruitwijzende presentatie, waarin het verdedigde standpunt op de argumentatie volgt. Andere bij een terugwijzende presentatie, waarin het standpunt eraan voorafgaat. Interpretatieproblemen treden eerder op in een onbepaalde context dan in een welbepaalde context. Als zich zulke problemen voordoen, moet er vaak een beroep worden gedaan op (algemene of specifieke) achtergrondkennis. In twijfelgevallen dient gekozen te worden voor een maximaal argumentatieve interpretatie.

Achtergrond-literatuur

In Eemeren, F.H. van, Grootendorst, R., Jackson, S. & Jacobs, S. (1993). *Reconstructing argumentative discourse*. Tuscaloosa: The University of Alabama Press, maken de auteurs mede aan de hand van voorbeelden duidelijk hoe uiteenlopende gesprekken en teksten gereconstrueerd kunnen worden in termen van een kritische discussie. Deze problematiek komt ook aan de orde in Eemeren, F.H. van, Grootendorst, R., Jackson, S. & Jacobs, S. (1997). Argumentation. In T.A. van Dijk (Ed.), *Discourse as structure and process. Discourse studies: a multidisciplinary introduction*, vol. 1, 208-229. London: Sage. Zie ook Tindale, C.W. (1999). *Acts of arguing* (hoofdstuk 5). Albany, NY: State University of New York Press; en Eemeren, F.H. van & Houtlosser, P. (2000). Rhetorical analysis within a pragma-dialectical framework: The case of R.J. Reynolds. *Argumentation*, 14(3), 293-305.

Zie voor de reconstructie van probleemoplossende discussies Rees, M.A. van (1999). *We komen er wel uit! Over rationaliteit in probleemoplossende discussies*. Amsterdam: Boom. Een overzicht van methoden voor de interpretatie en reconstructie van argumentatie is te vinden in Rees, M.A. van (2001). Argument interpretation and reconstruction. In: F.H. van Eemeren (Ed.), *Crucial concepts in argumentation theory* (hoofdstuk 7). Amsterdam: Amsterdam University Press.

Een belangrijke studie over argumentatieve indicatoren is Anscombre, J.-C. & Ducrot, O. (1983). *L'argumentation dans la langue*. Luik: Pierre Mardaga. In Eemeren, F.H. van, Houtlosser, P. & Snoeck Henkemans, A.F. (2005). *Argumentatieve indicatoren in het Nederlands. Een pragma-dialectische studie*. Amsterdam: Rozenberg Publishers, geven de auteurs een systematisch overzicht van de belangrijkste indicatoren die in het Nederlands in elk van de vier dialectische discussiefasen kunnen worden onderscheiden.

4

Verzwegen standpunten en argumenten

Vaak brengt een spreker of schrijver niet alles wat hij bedoelt letterlijk onder woorden, omdat hij aanneemt dat de luisteraar of lezer sommige gedachtestappen zelf wel kan maken. Bij het interpreteren van het betoog moet daarom gekeken worden welke stappen die belangrijk zijn voor het oplossen van het verschil van mening in het betoog impliciet zijn gebleven. Die stappen moeten dan expliciet gemaakt worden, zodat er een zo compleet mogelijk beeld ontstaat van de manier waarop de spreker of schrijver zijn standpunt verdedigt. In dit hoofdstuk wordt uitgelegd hoe dit expliciet maken van impliciet gebleven betoogstappen zo verantwoord mogelijk kan gebeuren. Daarbij wordt zowel aandacht besteed aan het expliciteren van verzwegen standpunten als aan het expliciteren van verzwegen argumenten.

⬤4.1 Verzwegen onderdelen van het betoog

Het komt in de praktijk veelvuldig voor dat er in een betoog onderdelen worden weggelaten. Als het daarbij om onderdelen van de argumentatie gaat die, gezien wat er wél staat of gezegd wordt, geacht mogen worden als het ware impliciet aanwezig te zijn, dan is er sprake van 'verzwegen' argumenten.

Verzwegen argument

Zo is in het volgende betoogje van een portier van een universiteitsgebouw het tussen haakjes toegevoegde argument verzwegen (het is de gewoonte om verzwegen onderdelen tussen haakjes te plaatsen):

> Ik denk niet aan een andere baan, want bij andere banen kan ik Sherry, mijn hond, niet meenemen (en Sherry moet mee kunnen).

Verzwegen standpunt

Maar ook standpunten kunnen verzwegen zijn. In het volgende betoogje is het tussen haakjes toegevoegde standpunt alleen impliciet aanwezig:

> Er is heel wat ellende op de wereld. Als God bestond, zou er niet zóveel ellende zijn.
> (Dus God bestaat niet.)

Al suggereert het woord verzwijgen misschien anders, achter het impliciet laten van argumenten of standpunten hoeft zeker niet altijd de bedoeling te zitten anderen te misleiden. Vaak worden er in een betoog onderdelen weggelaten omdat ze vanzelfsprekend lijken. Dat neemt niet weg dat in gevallen waarin er wél iets vreemds aan de hand is, het dubieuze karakter van de argumentatie dan ook meteen aan de aandacht onttrokken wordt. Neem het volgende betoogje:

> Het is duidelijk dat kinderen het beste kunnen opgroeien in een gezin met een vader en een moeder, want dat is al duizenden jaren zo.

Hier is duidelijk een argument verzwegen. 'Het is al duizenden jaren zo' kan immers alleen als rechtvaardiging dienen van 'Kinderen kunnen het beste opgroeien in een gezin met een vader en een moeder' indien er aan dat argument iets wordt toegevoegd als 'Alles wat al duizenden jaren het geval is, is goed' of 'Als iets al duizenden jaren op een bepaalde manier gaat, dan is dat de beste manier'. Omdat het toegevoegde element al impliciet besloten zit in wat in de argumentatie expliciet gezegd is, wordt het als het verzwegen argument beschouwd.
Hoewel het verzwegen argument niet expliciet naar voren is gebracht, kan er wel degelijk kritiek op worden geleverd:

> Ik ben het daar helemaal niet mee eens. Waarom zou iets goed zijn alleen maar omdat het al heel lang zo gaat? Er wordt ook al duizenden jaren oorlog gevoerd, maar dat wil nog niet zeggen dat dat ook in orde is.

Degene wiens argumentatie hier wordt aangevallen, had zelf ook meteen rekening kunnen houden met het discutabele karakter van zijn verzwegen argument. Om de kritiek vóór te zijn, had hij argumentatie naar voren kunnen brengen om het verzwegen argument te verdedigen:

> Het is duidelijk dat kinderen het beste kunnen opgroeien in een gezin met een vader en een moeder, want dat is al duizenden jaren zo. En als iets al duizenden jaren op een bepaalde manier gaat, dan is dat de beste manier. Dan is zo'n gang van zaken namelijk het resultaat van historische selectie.

Uit deze laatste voorbeelden blijkt dat verzwegen onderdelen, hoewel ze impliciet blijven, bepalend kunnen zijn voor het vervolg van de discussie en daardoor ook voor de afloop. Niet alleen de spreker of schrijver zelf, maar ook de discussiepartner kan doorgaan op een verzwegen argument. De discussiepartner kan ook zijn instemming betuigen met een verzwegen standpunt dat de impliciete conclusie vormt van de naar voren gebrachte redenering.

Verzwegen onderdelen kunnen bij de beoordeling van een betoog van groot belang zijn, bijvoorbeeld in verband met de evaluatie van de deugdelijkheid van de argumentatie. Daarom moet bij het analyseren van een betoog goed in de gaten worden gehouden of er in het betoog onderdelen verzwegen zijn en dient zorgvuldig te worden nagegaan welke uitspraken het beste als explicitering van het verzwegene kunnen worden beschouwd.

4.2 Algemene spelregels voor communicatie

Verzwegen argumenten en verzwegen standpunten zijn voorbeelden van 'indirect' taalgebruik die typerend zijn voor communicatie in de gewone omgangstaal. Indirectheid houdt in dat de spreker of schrijver niet rechtstreeks zegt wat hij bedoelt, maar via een omweg. Een spreker of schrijver kan ook indirect zijn zonder verzwegen argumenten of verzwegen standpunten te gebruiken. Dit is bijvoorbeeld het geval als hij 'Is het erg veel moeite om dit pakje nog even naar de post te brengen?' zegt met de bedoeling de aangesprokene daarmee meteen te verzoeken het bewuste pakje weg te brengen.

Er is bij indirectheid altijd sprake van een speciale vorm van impliciet taalgebruik. De implicietheid is heel anders dan wanneer een verkoopster 'Die is honderd zeventig' zegt in plaats van 'Ik deel u mee dat de prijs van die jurk honderd zeventig euro is'. Het verschil is dat bij 'gewoon' impliciet taalgebruik, zoals dat van de verkoopster, niet geprobeerd wordt om langs een omweg nog iets extra's over te brengen. Bij indirect taalgebruik bedoelt iemand niet alleen meer dan hij zegt, maar maakt hij in zijn presentatie in principe ook duidelijk dat dit zo is. Anders zou indirectheid geen effect hebben. De grote vraag is echter hoe de spreker of schrijver duidelijk maakt dat er van indirectheid sprake is. Hoe kan de luisteraar of lezer weten dat er nog iets anders bedoeld wordt dan er gezegd wordt?

Bij het beantwoorden van die vraag is het verhelderend om zich te realiseren dat mensen die met elkaar communiceren zich normaal gesproken trachten te houden aan het communicatiebeginsel. Dit beginsel houdt in dat de deelnemers aan de communicatie hun bijdragen zo goed mogelijk proberen af te stemmen op het doel dat door de communicatie gediend moet worden. Dit betekent dat ze weten dat ze zich dienen te houden aan bepaalde algemene spelregels voor communicatie. De belangrijkste spelregels zijn:

- Wees duidelijk.
- Wees eerlijk.
- Wees efficiënt.
- Wees ter zake.

De spelregel van duidelijkheid houdt in dat hetgeen gezegd of geschreven wordt zo begrijpelijk mogelijk moet zijn; de spelregel van eerlijkheid dat het niet onoprecht moet zijn; de spelregel van efficiëntie dat het niet overbodig of zinloos moet zijn. En de spelregel van het ter zake zijn houdt in dat het een passend vervolg of een passende reactie moet zijn op het voorafgaande.

De algemene spelregels voor communicatie zijn hier geformuleerd alsof het geboden zijn. Voor wie redelijk met anderen wil communiceren, zijn het dat in feite ook. Normaal gesproken mag ervan worden uitgegaan dat iedereen zich aan deze spelregels houdt, zodat het meteen opvalt wanneer iemand dat niet doet. Hiervan kan een spreker of schrijver gebruikmaken die indirect iets extra's wil overbrengen: door zich niet aan één of meer spelregels te houden en tegelijkertijd het communicatiebeginsel niet helemaal aan zijn laars te lappen, maakt hij de luisteraar of lezer duidelijk dat hij nog iets meer of iets anders bedoelt dan hij zegt. Op deze manier verschaffen het communicatiebeginsel en de algemene spelregels voor communicatie taalgebruikers de mogelijkheid om indirect te zijn en indirectheid te herkennen.

4.3 Correctheidsvoorwaarden voor taalhandelingen

De algemene spelregels voor communicatie zijn in principe altijd van kracht, of de spreker of schrijver nu een vraag stelt, een mededeling of een belofte doet, een verklaring geeft of argumenteert. Bij de uitvoering van al deze verschillende soorten taalhandelingen moeten de spelregels in acht genomen worden. Wat dat precies inhoudt, verschilt echter per type taalhandeling. Bij een belofte houdt de spelregel 'wees eerlijk' bijvoorbeeld in dat de spreker of schrijver ook werkelijk van plan moet zijn om te gaan doen wat hij belooft. Bij een verzoek moet hij echt willen dat de luisteraar of lezer aan zijn verzoek voldoet. Voor elk van de verschillende soorten taalhandelingen kan preciezer worden aangegeven wat het betekent om zich aan het communicatiebeginsel te houden. Dit gebeurt door de correctheidsvoorwaarden te formuleren waar de uitvoering van specifieke taalhandelingen aan moet voldoen.

Ook voor de taalhandeling argumentatie geldt een aantal correctheidsvoorwaarden, die net als bij andere taalhandelingen onderscheiden kunnen worden in voorbereidende voorwaarden en oprechtheidsvoorwaarden. De voorbereidende voorwaarden geven aan waar de spreker of schrijver van moet uitgaan om een zinvolle en niet-overbodige taalhandeling van een bepaald type uit te voeren en zich zo te houden aan de spelregel van efficiëntie. Bij argumentatie wil dat zeggen: om een zinvolle en niet-overbodige overtuigingspoging te ondernemen. De voorbereidende voorwaarden komen er bij argumentatie op neer dat de spreker of schrijver ervan moet uitgaan dat de luisteraar of lezer:

- Het verdedigde standpunt niet al bij voorbaat helemaal aanvaardt.

- De uitspraken die in de argumentatie gedaan worden wél zal aanvaarden.
- De argumentatie als een aanvaardbare rechtvaardiging (of ontkrachting) zal beschouwen van de propositie waarop het standpunt betrekking heeft.

Wie de spreker of schrijver krediet wil geven, moet aannemen dat deze drie voorwaarden vervuld zijn, tenzij er duidelijke aanwijzingen zijn dat dit niet zo is. Anders zou hij er immers zonder meer van uitgaan dat degene die de argumentatie naar voren brengt al bij voorbaat weet dat hij iets doet wat zinloos of overbodig is.

De oprechtheidsvoorwaarden geven aan wat de spreker of schrijver allemaal moet geloven, wil hij zich houden aan de spelregel van eerlijkheid. Dat betekent bij argumentatie: wil hij zonder misleiding een overtuigingspoging doen.

De oprechtheidvoorwaarden die bij argumentatie geacht mogen worden vervuld te zijn, houden in dat de spreker of schrijver zelf gelooft dat:

- Zijn standpunt aanvaardbaar is.
- De uitspraken die hij in zijn argumentatie naar voren brengt aanvaardbaar zijn.
- Zijn argumentatie een aanvaardbare rechtvaardiging of (ontkrachting) vormt van de propositie waarop zijn standpunt betrekking heeft.

Wie de spreker of schrijver geen krediet geeft en er zonder duidelijke aanwijzing van uitgaat dat deze drie voorwaarden niet vervuld zijn, gaat er zonder enige aanleiding zomaar van uit dat de spreker of schrijver zich schuldig maakt aan misleiding.

4.4 Overtredingen van de spelregels

Een spreker of schrijver die het communicatiebeginsel in acht neemt, zal zich in principe aan de algemene spelregels voor communicatie trachten te houden. En een luisteraar of lezer die het communicatiebeginsel in acht neemt, zal er in principe van uitgaan dat de algemene spelregels voor communicatie in acht zijn genomen. Problemen ontstaan pas als een van de spelregels overtreden lijkt te zijn terwijl het communicatiebeginsel toch niet wordt opgegeven. De welwillende luisteraar of lezer neemt dan niet meteen aan dat de spreker of schrijver zomaar door onduidelijkheid, oneerlijkheid, inefficiëntie of niet ter zake zijn de communicatie verstoort. Hij probeert juist een zodanige interpretatie aan de woorden van de spreker of schrijver te geven dat er een bedoeling aan diens wijze van communiceren wordt toegekend en de (schijnbare) overtreding een reële betekenis krijgt. Tenminste als het aannemelijk is dat het om een bewuste overtreding gaat en niet om een vergissing of een 'slip of the tongue' (of de pen).

Het blijkt in de praktijk zelfs nogal moeilijk te zijn evidente overtredingen van de algemene spelregels voor communicatie aan te wijzen en niet onmiddellijk naar een verklaring te zoeken die de overtreding weer recht breit. Als iemand een geanimeerd gesprek over het liefdesleven van een gezamenlijke kennis opeens onderbreekt met de opmerking

'Wel wat koud voor de tijd van het jaar', dan zal in deze niet ter zake doende opmerking algauw een waarschuwing worden herkend dat de besprokene eraan komt of iets dergelijks. De spreker of schrijver kan van deze verklarende neiging bij de luisteraar of lezer gebruikmaken om via een openlijke overtreding van een van de spelregels doelbewust iets extra's over te brengen. Dat is precies wat er bij indirectheid gebeurt. En de luisteraar of lezer weet dat het de bedoeling is dat dit gebeurt, omdat het anders een raadsel zou zijn waarom er zo'n openlijke en evidente overtreding van de spelregels plaatsvindt.

4.5 Varianten van indirectheid

Alle algemene spelregels voor communicatie kunnen gebruikt worden om indirect iets over te brengen en overtredingen van de verschillende spelregels leiden tot verschillende varianten van indirectheid.
De spelregel van duidelijkheid zegt dat de spreker of schrijver ervoor moet zorgen dat voor de luisteraar of lezer begrijpelijk is wat hij bedoelt en op grond van deze regel mag de luisteraar of lezer ervan uitgaan dat de bedoeling van de spreker of schrijver door hem te achterhalen is. Zo kan een belofte via een evidente vaagheid of onduidelijkheid bijvoorbeeld indirect een gebrek aan bereidwilligheid uitdrukken of zelfs een weigering:

> Thea: 'Wanneer maak jij dat schuurwerk nou eens af?'
> Gert: 'Ooit.'

De spelregel van eerlijkheid zegt dat de spreker of schrijver oprecht moet zijn en op grond van deze regel mag de luisteraar of lezer ervan uitgaan dat hij dat is. Via een evidente onoprechtheid kan indirect bijvoorbeeld op een ironische manier het tegenovergestelde worden overgebracht van wat er letterlijk beweerd wordt:

> 'Dus je herkende je eigen ex-vriend niet meer? Dat zal hij leuk gevonden hebben.'

De spelregel van efficiëntie zegt dat de spreker of schrijver geen dingen naar voren mag brengen waarvan hij tevoren weet dat ze overbodig of zinloos zijn en op grond van deze regel mag de luisteraar of lezer ervan uitgaan dat ze dat niet zijn. Via een evidente overbodigheid kan iemand die vindt dat er op een vergadering tot dan toe alleen maar wat gekletst is, bijvoorbeeld indirect duidelijk maken dat het tijd wordt om eens echt te beginnen:

> 'En dan open ik hierbij de vergadering!'

En via een vraag die zinloos is, omdat hij onbeantwoordbaar is, kan indirect een klacht worden geuit:

> 'Wanneer word ik nu eens gelukkig?'

De spelregel van het ter zake zijn zegt dat de spreker of schrijver ervoor moet zorgen dat zijn uitlatingen een passende reactie of een passend vervolg vormen op hetgeen eraan voorafgaat en op grond van deze regel mag de luisteraar of lezer ervan uitgaan dat dit inderdaad zo is. Via een reactie waarvan het evident is dat hij niet aansluit bij hetgeen er net gezegd is, kan iemand bijvoorbeeld duidelijk maken dat hij het gespreksonderwerp afwijst:

> Thea: 'Wat voel jij eigenlijk precies als je Lenie na het weekend weer terugziet?'
> Gert: 'Ik denk dat ik maar eens ga kijken of er nog een koud pilsje in de ijskast staat.'

In al deze varianten van indirectheid geeft de spreker of schrijver er kennelijk de voorkeur aan niet rechtstreeks te zeggen wat hij precies bedoelt. Zijn motieven daarvoor kunnen wisselen. Het kan zijn dat hij een vraag beleefder vindt dan een verzoek of bevel. Het kan ook zijn dat hij bang is voor gezichtsverlies als zijn voorstel wordt afgewezen. Misschien wil hij de ander wel zoveel mogelijk ruimte geven om diens eigen reactie te bepalen. Hoe het ook zij, hij heeft met wat hij zegt altijd ook een indirecte bedoeling. Die kan alleen overkomen als hij ervoor zorgt dat de overtreding van de betreffende spelregel voor communicatie wordt opgemerkt en op de juiste wijze wordt geïnterpreteerd.

4.6 Het expliciteren van verzwegen standpunten

Als een spreker of schrijver zijn standpunt in een betoog niet expliciet vermeldt, is het in de regel zijn bedoeling dat de luisteraar of lezer dit standpunt zelf uit het betoog kan destilleren. Anders had hij immers geen betoog hoeven houden.
Bij een betoog zonder een expliciet standpunt is niet alleen meteen duidelijk dat het standpunt verzwegen is, maar is ook gemakkelijker te achterhalen dan bij andere indirecte taalhandelingen wat er in feite bedoeld is. Dat komt doordat er een extra hulpmiddel beschikbaar is: de logica. In een betoog worden altijd redeneringen tot uitdrukking gebracht en als de spreker of schrijver een oprecht betoog houdt, meent hij dat deze redeneringen geldig zijn. Alleen dan kan er in het betoog namelijk sprake zijn van een aanvaardbare rechtvaardiging of ontkrachting van de propositie waarop het standpunt betrekking heeft. Als de spreker of schrijver al bij voorbaat wist dat zijn redeneringen niet geldig waren, zou zijn betoog zinloos zijn. In elk geval moet een luisteraar of lezer die hem serieus neemt ervan uitgaan dat hij steeds geprobeerd heeft om een geldige redenering naar voren te brengen.
In het eenvoudigste geval bestaat een betoog uit één enkelvoudige argumentatie, die één redenering bevat. Als het verdedigde standpunt verzwegen is, ontbreekt van deze redenering de conclusie en zal een luisteraar of lezer die zich constructief opstelt, als het ook maar enigszins mogelijk is, moeten aannemen dat het om een geldige redenering gaat en, daarvan uitgaande, zelf de ontbrekende conclusie moeten aanvullen. Dit houdt in dat hij een conclusie probeert te formuleren die logisch uit de naar voren gebrachte redenering volgt. In het volgende fragment uit een interview laat beeldend kunstenaar Rob van Koningsbruggen duidelijk merken dat hij de lezer hiertoe heel best in staat acht:

'De enige goede museumdirecteur is natuurlijk hij die je werk aankoopt. Doet-ie dat niet, dan heeft-ie stront in zijn ogen. Fuchs heeft nog nooit iets van me aangekocht, dus...'

Het is niet moeilijk om in dit betoogje de volgende redenering te onderkennen:

[1]   Als een museumdirecteur mijn werk niet aankoopt, dan heeft hij stront in zijn ogen.
[2]   Fuchs heeft nog nooit iets van mij aangekocht.
       dus: Fuchs heeft stront in zijn ogen.

Deze redenering is geldig; er is geen speld tussen te krijgen. Wie de uitspraken 1 en 2 accepteert, kan er niet onderuit om ook de conclusie te accepteren. Ervan uitgaand dat Van Koningsbruggen het communicatiebeginsel niet wil schenden, mag 'Fuchs heeft stront in zijn ogen' daarom als het verzwegen standpunt worden beschouwd.
In vergelijkbare gevallen zal het net zo gaan. Eerst wordt vastgesteld wat een logische conclusie zou zijn. Bij meer mogelijkheden wordt gekozen voor het standpunt dat in het licht van wat er verder bekend is het meest recht doet aan alle spelregels voor communicatie.

⬤4.7 Het expliciteren van verzwegen argumenten

Ook verzwegen argumenten kunnen geëxpliciteerd worden met behulp van het communicatiebeginsel, de algemene spelregels voor communicatie en de logica. Dit gaat ongeveer als volgt.
Letterlijk genomen wordt er in argumentatie waarin een argument verzwegen wordt een ongeldige redenering naar voren gebracht. Neem het volgende betoogje:

Olga: 'Claus houdt van jodelen, want hij komt uit Tirol.'

Op zichzelf rechtvaardigt de uitspraak dat Claus uit Tirol komt niet de stelling dat hij van jodelen houdt. De redenering is pas geldig als er een uitspraak aan wordt toegevoegd. De toe te voegen uitspraak kan het gemakkelijkst gevonden worden door het wél verwoorde argument in een 'als... dan...'-uitspraak te verbinden met de als standpunt verwoorde conclusie. Na 'als' wordt het argument ingevuld, na 'dan' het standpunt:

Als Claus uit Tirol komt, dan houdt hij van jodelen.

Als deze uitspraak aan de redenering wordt toegevoegd, is de redenering logisch geldig: zij heeft een vorm die maakt dat als de argumenten waar zijn de conclusie onmogelijk onwaar kan zijn. Een redenering van deze vorm is een logisch geldige redeneervorm van het type dat modus ponens wordt genoemd:

[1]   Als p, dan q (Als Claus uit Tirol komt, dan houdt hij van jodelen.)
[2]   p (Claus komt uit Tirol.)
       dus: q (Claus houdt van jodelen.)

Bij een constructieve analyse van de argumentatie die de spreker of schrijver naar voren heeft gebracht, moet als er een argument verzwegen is de redenering die in de argumentatie gebruikt wordt eerst door toevoeging van een 'als... dan...'-uitspraak geldig worden gemaakt. Maar dat is niet voldoende. De toegevoegde uitspraak is immers in feite niet meer dan een letterlijke herhaling van wat al in de uitspraken besloten lag. Dat betekent dat hij in deze vorm overbodig is en dat toevoeging van deze uitspraak inhoudt dat de spreker of schrijver een overtreding van de spelregel van efficiëntie wordt toegeschreven. Omdat er geen enkele reden is om aan te nemen dat het communicatiebeginsel helemaal ter zijde is geschoven, is daar geen aanleiding toe. Het is meer voor de hand liggend – en in elk geval constructiever – om hem een uitspraak toe te schrijven die geen overtreding van de spelregel van efficiëntie inhoudt en informatiever is. Dit kan bijvoorbeeld gebeuren door de gereconstrueerde 'als... dan...'-uitspraak te vervangen door een van de volgende uitspraken:

[1]   Iedere Tiroler houdt van jodelen.
[2]   Alle Tirolers houden van jodelen.
[3]   Tirolers houden van jodelen.
[4]   De meeste Tirolers houden van jodelen.

Vervolgens moet worden nagegaan welke van deze uitspraken het best past in de verbale en niet-verbale context van het betoog en redelijkerwijs tot de gebondenheden van de spreker of schrijver kan worden gerekend. Dit is in het voorbeeld de uitspraak 'Tirolers houden van jodelen.' Er is immers geen enkele aanwijzing dat het er in de argumentatie om gaat hoeveel Tirolers er zijn die van jodelen houden. Er lijkt alleen te worden gesuggereerd dat het een typische eigenschap is van Tirolers dat ze van jodelen houden. Daarom is uitspraak [3], bij gebrek aan verdere aanwijzingen in de context, de beste keus. Als niets de keuze voor een bepaalde interpretatie in de weg blijkt te staan, mag die uitspraak als het verzwegen argument worden beschouwd. Dit betekent dat het aldus geëxpliciteerde verzwegen argument in de analyse tussen haakjes aan de argumentatie dient te worden toegevoegd:

Het standpunt van Olga is dat Claus van jodelen houdt, want hij komt uit Tirol (en Tirolers houden van jodelen).

4.8 Verzwegen argumenten in een welbepaalde context

Tot dusver is ervan uitgegaan dat de argumentatie plaatsvindt in een context die als het ware onbepaald is en geen speciale invloed heeft op de invulling van het verzwegen argument. Maar dit hoeft niet altijd zo te zijn. De context kan ook zo welbepaald zijn dat een specifieke invulling van het verzwegen argument geboden en verantwoord is.
Een te haastige of vooringenomen specifieke invulling van het verzwegen argument moet uiteraard vermeden worden. Als regel moet er daarom in eerste instantie steeds van worden uitgegaan dat de argumentatie plaatsvindt in een onbepaalde context. Tenzij duidelijk is dat

dit geen terecht uitgangspunt is en zo'n niet-specifieke interpretatie de spreker of schrijver geen recht doet. Dat wil zeggen: als hem dan een overtreding van een van de algemene spelregels voor communicatie wordt toegeschreven, terwijl de context een specifieke interpretatie toelaat waarbij er van deze overtreding geen sprake is.

Stel dat Saskia in reactie op een uitnodiging van haar vriendin Els om met haar naar een feestje te gaan, reageert met het volgende betoogje:

> Ik vind dat je mij niet kunt vragen om nu mee te gaan naar dat feestje. Ronald en Marjan zitten in Portugal!

Zonder nadere informatie omtrent de context, is het niet duidelijk wat het verband is tussen het argument ('Ronald en Marjan zitten in Portugal') en het standpunt ('Je kunt mij niet vragen om nu mee te gaan naar dat feestje'). In zo'n geval kan de luisteraar of lezer die het verzwegen argument probeert te achterhalen, niet veel anders doen dan de redenering met een 'als... dan...'-uitspraak aanvullen, zodat in elk geval aan de eis van logische geldigheid is voldaan.

Als er over de context meer bekend is, dan kan er vaak een andere (meer specifieke of juist meer algemene) invulling worden gegeven die meer recht doet aan de vermoedelijke intentie van de spreker of schrijver en die daarom de voorkeur verdient. Wanneer bijvoorbeeld bekend is dat Saskia heel bedroefd is doordat haar vriend Ronald er met haar vriendin Marjan vandoor is gegaan, dan is de volgende specifieke aanvulling mogelijk:

> Van iemand die liefdesverdriet heeft, kan niet gevergd worden dat hij mee naar een feestje gaat.

Samenvatting

▶ Het is heel gewoon dat er in betogen argumenten of standpunten worden verzwegen. Dit houdt in dat ze niet expliciet worden verwoord, maar wel indirect worden aangeduid. Zulke vormen van indirectheid vallen te verklaren met behulp van de algemene spelregels voor communicatie, die in principe door ieder die zich aan het communicatiebeginsel houdt in acht worden genomen. Door openlijk en expres één of meer van de spelregels (ogenschijnlijk) te overtreden, kan naast de letterlijke betekenis van een uitspraak nog een extra betekenis worden overgebracht. Bij verzwegen argumenten en verzwegen standpunten is er sprake van een speciale vorm van indirectheid, die met behulp van het communicatiebeginsel, de algemene spelregels voor communicatie en de logica kan worden onderkend en geïnterpreteerd.

4

Achtergrond-literatuur

Aan de problematiek van de verzwegen argumenten is onder meer aandacht besteed in Eemeren, F. H. van & Grootendorst, R. (1992). *Argumentation, communication and fallacies: A pragma-dialectical perspective* (hoofdstuk 6). Hillsdale, NJ: Lawrence Erlbaum; Gerritsen, S. (1999). *'Het verband ontgaat me': Begrijpelijkheidsproblemen met verzwegen argumenten*. Amsterdam: Uitgeverij Nieuwezijds; Govier, T. (1997). Het probleem van ontbrekende premissen. In: F.H. van Eemeren & R. Grootendorst (Red.), *Studies over argumentatie* (hoofdstuk 4). Amsterdam: Boom; en Hitchcock, D. (1998). Does the traditional treatment of the enthymeme rest on a mistake? *Argumentation*, 12(1), 15-37.

In Toulmin, S. (1958). *The uses of argument* (hoofdstuk 3). Cambridge: Cambridge University Press, is een andersoortige benadering te vinden. In Gerritsen, S. (2001). Unexpressed premises. In F.H. van Eemeren (Ed.), *Crucial concepts in argumentation theory* (hoofdstuk 3). Amsterdam: Amsterdam University Press, geeft de auteur een overzicht van verschillende benaderingen van verzwegen argumenten.

5

De argumentatie-structuur van het betoog

Wanneer is vastgesteld waarover er verschil van mening bestaat en welke (expliciete en impliciete) argumenten door de spreker of schrijver zijn aangevoerd ter verdediging van zijn standpunt, moet vervolgens worden nagegaan hoe de argumentatie is gestructureerd. De analyse is namelijk pas compleet wanneer ook duidelijk is hoe de argumenten in het betoog precies met elkaar en het verdedigde standpunt samenhangen. Inzicht in de argumentatiestructuur is bovendien een voorwaarde voor een adequate beoordeling van het betoog. In dit hoofdstuk worden verschillende manieren geïntroduceerd waarop argumenten in een betoog met elkaar en het verdedigde standpunt kunnen samenhangen. Ook wordt uitgelegd hoe de structuur van een betoog op een overzichtelijke wijze kan worden weergegeven in een schematisch overzicht.

5.1 Enkelvoudige argumentatie

Een standpunt wordt dikwijls verdedigd door middel van een betoog dat uit meer dan één enkelvoudige argumentatie bestaat en er zijn aanmerkelijke verschillen in de manier waarop de enkelvoudige argumentaties in het betoog gerangschikt kunnen zijn. Pas als duidelijk is hoe het betoog precies in elkaar zit, heeft het zin het aan een beoordeling te onderwerpen. Om de argumentatiestructuur van een betoog te kunnen vaststellen, moet echter eerst bekend zijn op welke wijze complexe argumentatie kan worden ontleed.

In het eenvoudigste geval bestaat een betoog uit één enkelvoudige argumentatie. Dit is een argumentatie die in volledig expliciete vorm uit twee en niet meer dan twee uitspraken bestaat. In de praktijk lijkt enkelvoudige argumentatie overigens vaak uit maar één uitspraak te bestaan, omdat er in de argumentatie doorgaans een uitspraak verzwegen is.

Betogen met maar één enkelvoudige argumentatie – het woord betoog is dan misschien wat overdreven – komen vaak voor. Dikwijls zit zo'n betoog verstopt in een groter geheel dat niet primair betogend is:

> Tot slot van dit overzicht van de werkzaamheden die jij in de loop der jaren voor ons bedrijf hebt verricht, De Wit, wil ik je namens alle collega's nogmaals hartelijk feliciteren met je jubileum. We hopen dat je ook verder nog een leuke dag zult hebben, samen met je vrouw en je kinderen. De aangeboden reis naar Oostenrijk is een reusachtig cadeau, maar je hebt het verdiend, want je hebt er hard voor gewerkt.
> Veel plezier!

Bij een betoog dat uit één enkelvoudige argumentatie bestaat, is het probleem eerder het betoog als zodanig te herkennen dan het te ontleden. De 'argumentatiestructuur' is dan de eenvoudigst mogelijke. Om een volledig beeld van het minimale betoog te krijgen, kan het soms, bijvoorbeeld in verband met de beoordeling, nuttig zijn om het argument te expliciteren dat in de enkelvoudige argumentatie verzwegen is. Dit is met name nuttig als er op het verzwegen argument wordt doorgegaan. In het jubileumvoorbeeld is het verzwegen argument iets als 'Je hebt recht op loon naar werken'.

5.2 De complexiteit van de argumentatie

De argumentatie in een betoog kan meer of minder complex zijn, al naargelang het aantal enkelvoudige argumentaties waaruit het betoog bestaat en het soort relaties tussen die argumentaties.

De argumentatiestructuur van een betoog is in de eerste plaats afhankelijk van het verschil van mening dat door middel van het betoog moet worden opgelost. Voor de oplossing van een meervoudig verschil van mening zijn uiteraard ook meer enkelvoudige argumentaties nodig. Het rechtvaardigen of ontkrachten van elke propositie vergt ten minste één enkelvoudige argumentatie. Dus als er meer proposities gerechtvaardigd of ontkracht moeten worden, zullen er in principe ook meer enkelvoudige argumentaties moeten worden aangevoerd:

> Anders dan jij misschien, vond ik Bloemsma geen goede minister en Van Geel wél, want Bloemsma was niet meer dan een handige bureaucraat, terwijl Van Geel echt een creatief politicus was.

En als het verschil van mening gemengd is, dan moeten er door meer dan één partij betogen worden gehouden, die elk ook weer uit meer dan één enkelvoudige argumentatie kunnen bestaan:

> Max: 'Die Bloemsma was een goede minister.'
> Els: 'Dat ben ik helemaal niet met je eens.'
> Max: 'Hij heeft toch maar mooi een gigantisch aantal bezuinigingsmaatregelen door het parlement geloodst en vervolgens alle protesten handig gepareerd, terwijl toch het hele onderwijs overhoop werd gehaald.'
> Els: 'Hij heeft alleen maar op een fantasieloze manier de plannen van anderen uitgevoerd, zonder daar zelf ook maar één originele gedachte aan toe te voegen.
> En van de scholen heeft hij een puinhoop gemaakt. Om nog maar te zwijgen van de universiteiten, die die naam sindsdien nauwelijks meer verdienen.'

De argumentatiestructuur van het betoog hangt ook af van de reacties waar in het betoog op gereageerd of geanticipeerd wordt. Als degene die het betoog houdt twijfel ontmoet (of denkt te ontmoeten) aan onderdelen van de argumentatie die hij ter verdediging van zijn standpunt naar voren brengt, is hij genoodzaakt die onderdelen van zijn argumentatie ook weer met argumentatie te verdedigen, zodat er argumentatie voor argumentatie ontstaat:

> Jacobs: 'De Wit kan best ontslagen worden, want die heeft al 35 dienstjaren en hij zou het ook niet erg vinden.'
> Peters: 'Hoezo zou De Wit dat niet erg vinden?'
> Jacobs: 'Nou, hij wil het al een hele tijd kalmer aan gaan doen en daar krijgt hij op deze manier mooi de kans voor!'
> Peters: 'Maar is het wel echt waar dat hij het kalmer aan wil gaan doen?'
> Jacobs: 'Ja, want dat heeft hij me zelf verteld.'

De twijfel waar in de argumentatie op geanticipeerd of gereageerd wordt, betreft niet altijd de inhoud van de uitspraken die in de argumentatie gedaan worden, maar kan ook betrekking hebben op de rechtvaardigingskracht van deze uitspraken. De luisteraar of lezer vindt dan dat een bepaalde uitspraak op zichzelf wel acceptabel is, maar twijfelt of hij inderdaad een voldoende ondersteuning vormt van het standpunt. Om zulke kritiek te bestrijden, kan de spreker of schrijver, in plaats van argumentatie voor argumentatie naar voren te brengen, ook zijn oorspronkelijke argumentatie aanvullen met andere argumenten. Deze ondersteunen dan zijn standpunt rechtstreeks, zodat er een gecombineerde argumentatie ontstaat of een bestaande combinatie van argumentaties wordt uitgebreid:

> Wim: 'Het is een rothuisje, want er is niet eens een kurkentrekker.'
> Els: 'Vind je niet dat je een beetje overdrijft?'
> Wim: 'Ja, maar er zijn ook geen wijnglazen, de stoelen zitten beroerd en er is geen open haard.'

De (potentiële) reacties van een luisteraar of lezer kunnen iemand die een standpunt verdedigt niet alleen brengen tot het aanvoeren van gecombineerde argumentatie of argumentatie voor argumentatie, maar ook tot het naar voren brengen van verschillende argumenten die helemaal los van elkaar staan. Omdat argumenten die helemaal los van elkaar staan alternatieve verdedigingen van hetzelfde standpunt vormen, die elk voor zich afdoende zouden moeten kunnen zijn, is er dan in feite sprake van een zekere 'overkill'. Een mogelijke verklaring voor het naar voren brengen van argumenten die helemaal los van elkaar staan is dat de spreker of schrijver er rekening mee houdt dat één of meer van zijn verdedigingspogingen best eens zouden kunnen mislukken doordat het ene argument de luisteraar wel zal aanspreken en het andere niet. Als de argumentatie tot een grote groep mensen is gericht, kunnen de reacties inderdaad heel divers zijn en is het verstandig daar in de argumentatie rekening mee te houden. Dat lijkt bijvoorbeeld gebeurd te zijn bij het opstellen van de volgende affichetekst door de Bond tegen het vloeken:

> Toen de stationsaffiche werd ontworpen hebben we gemeend het niet alleen bij de hoofdspreuk 'Trein gemist? Vloek niet!' te moeten laten. Veel mensen kunnen zich bij het zien van het affiche immers afvragen 'Waarom mag of zou ik niet vloeken?'. Om antwoord te geven op deze laatste vraag is de verklarende tekst toegevoegd. Hierin wordt een drietal argumenten opgesomd, die een groot deel van de Nederlandse bevolking naar onze mening herkent. Natuurlijk zijn wij ons ervan bewust dat deze argumenten elk afzonderlijk niet iedereen evenveel aanspreken.

Aanvaardbaarheid is ook altijd een kwestie van gradatie, omdat men iets in meer of minder sterke mate kan aanvaarden. Dat kan een andere verklaring zijn waarom er in een betoog alternatieve verdedigingen naar voren worden gebracht. De argumenten die boven op de al gegeven argumenten komen, kunnen de mate van aanvaarding die door deze argumenten bereikt is mogelijk vergroten. Natuurlijk kan een overdaad aan argumenten ook juist averechts werken:

> Ik heb niets met haar, want ik ken haar helemaal niet. Ik val trouwens niet op blonde vrouwen. Overigens heb ik het de laatste tijd – met al die bezuinigingen – veel te druk voor dat soort affaires. En je moet ook niet vergeten dat ik nog steeds erg veel van jou houd.

Uiteindelijk wordt de manier waarop een betoog in elkaar zit natuurlijk bepaald door de keuzes die door degene die het betoog houdt gemaakt worden. In sommige gevallen zal hij volstaan met het naar voren brengen van één enkelvoudige argumentatie, in andere zal hij een hele reeks enkelvoudige argumentaties aanvoeren, die zich op verschillende manieren tot elkaar en het verdedigde standpunt kunnen verhouden. De wijze waarop de naar voren gebrachte enkelvoudige argumentaties zich tot elkaar en het verdedigde standpunt verhouden, komt tot uitdrukking in de argumentatiestructuur van het betoog.

5.3 Meervoudige, nevenschikkende en onderschikkende argumentatie

Een eerste vorm van complexe argumentatie is meervoudige argumentatie. In dat geval is er sprake van alternatieve verdedigingen van hetzelfde standpunt, die na elkaar naar voren worden gebracht. Het gaat daarbij om verdedigingspogingen die los van elkaar staan en in principe gelijkwaardig zijn. Elke afzonderlijke argumentatie wordt gepresenteerd als een zelfstandige en onafhankelijke verdediging die op zichzelf afdoende zou moeten zijn:

> **Het is onmogelijk dat u mijn moeder vorige week in Bakel bij de Hema heeft ontmoet, want zij is twee jaar geleden overleden en in Bakel is trouwens helemaal geen Hema.**

Strikt genomen zou men kunnen volhouden dat er bij meervoudige argumentatie verschillende betogen worden gehouden voor hetzelfde standpunt. Bij een tweede vorm van complexe argumentatie, nevenschikkende argumentatie, is dat anders. Daarbij is juist sprake van één samenhangend betoog dat uit argumentaties bestaat die alleen gezamenlijk als een voldoende verdediging van het standpunt kunnen gelden. De enkelvoudige argumentaties die de onderdelen zijn van een nevenschikkende argumentatie vullen elkaar als het ware aan en vormen zo één gemeenschappelijke verdedigingspoging. De verschillende onderdelen van een nevenschikkende argumentatie zijn voor de verdediging van het standpunt van elkaar afhankelijk. Soms omdat de losse argumenten elk voor zich te zwak zijn om het standpunt voldoende ondersteuning te geven:

> **Het diner was perfect georganiseerd, want de zaal was precies groot genoeg voor het gezelschap, over de tafelschikking was goed nagedacht en de bediening was uitstekend.**

Omdat er bij de beoordeling van de argumentatie voor de geslaagdheid van de organisatie van het diner verschillende soorten criteria in het geding zijn, moet de argumentatie in dit voorbeeld als nevenschikkend worden gereconstrueerd. Ook al hebben de verschillende onderdelen van de argumentatie weinig met elkaar te maken, het zijn wel bij elkaar horende onderdelen van dezelfde argumentatie.

In andere gevallen zijn de argumenten in de nevenschikkende argumentatie ook van elkaar afhankelijk omdat het ene argument het andere aanvult, doordat het anticipeert op een mogelijke tegenwerping tegen het andere argument:

> **We moesten wel uit eten gaan, want er was niets te eten in huis en de winkels waren al dicht.**

Een tegenwerping tegen het eerste argument 'Er was niets te eten in huis', zou kunnen zijn dat er dan toch nog eten gekocht had kunnen worden. Het tweede argument 'De winkels waren al dicht' maakt duidelijk dat deze tegenwerping niet opgaat.
Kenmerkend voor de derde vorm van complexe argumentatie, onder-

schikkende argumentatie, is dat er argumentatie wordt gegeven voor argumentatie of een onderdeel van de argumentatie (dat daardoor als een 'tussenstandpunt' gaat fungeren). De verdediging van het standpunt waar het uiteindelijk om begonnen is, gebeurt dan als het ware trapsgewijs. Als dat nodig lijkt, wordt een ondersteuning zelf ook weer ondersteund, die ondersteuning eventueel op zijn beurt ook weer, enzovoort. Net zolang tot er geen verdere ondersteuning meer nodig lijkt. Een onderschikkende argumentatie kan dan ook uit een heleboel lagen bestaan:

> **Ik hoef jou volgende week niet met schilderen te helpen,**
> **want**
> **Ik heb volgende week geen tijd,**
> **omdat**
> **Ik dan aan een tentamen moet werken,**
> **want**
> **Anders raak ik mijn studiefinanciering kwijt,**
> **omdat**
> **Ik veel te lang over mijn studie doe,**
> **want**
> **Ik ben nu al meer dan vijf jaar bezig.**

Bij onderschikkende argumentatie gaat de spreker of schrijver ervan uit dat de argumentatie of een onderdeel daarvan verdediging behoeft. De argumentatie of het betreffende onderdeel daarvan wordt daarmee tot een substandpunt, dat verdedigd wordt door middel van een subargumentatie. Deze subargumentatie kan op zijn beurt weer een subsubstandpunt bevatten, dat verdedigd moet worden door middel van subsubargumentatie, enzovoort.

5.4 Een schematische weergave van de argumentatiestructuur

Bij complexe argumentatie kan het betoog altijd ontleed worden in een samenstel van enkelvoudige argumentaties. En dat is precies wat er bij het analyseren van de argumentatiestructuur gebeurt. Om de resultaten van deze analyse op een overzichtelijke manier te presenteren, wordt in de hiervoor onderscheiden gevallen gebruikgemaakt van verschillende soorten schematische weergaven.

Figuur 5.1 geeft de schematische weergave van enkelvoudige argumentatie weer.

FIGUUR 5.1 Schematische weergave enkelvoudige argumentatie

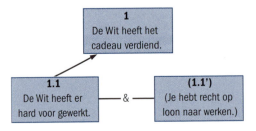

Figuur 5.2 toont de schematische weergave van meervoudige argumentatie.

FIGUUR 5.2   Schematische weergave meervoudige argumentatie

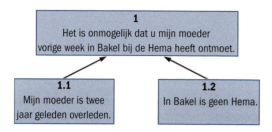

Figuur 5.3 laat de schematische weergave van nevenschikkende argumentatie zien.

FIGUUR 5.3   Schematische weergave nevenschikkende argumentatie

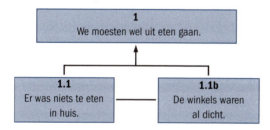

Een enkelvoudige argumentatie krijgt eerst het nummer van het standpunt waarop hij betrekking heeft (bijvoorbeeld 2) en vervolgens een eigen nummer (bijvoorbeeld 2.1). Als er een verzwegen argument geëxpliciteerd wordt, staat dat argument er in de schematische weergave tussen haakjes. Als het verzwegen argument een brugfunctie vervult tussen een expliciet argument en het standpunt dat door dit argument verdedigd wordt, dan wordt het voorzien van een apostrof ('), bijvoorbeeld (1.1'). De beide onderdelen van de enkelvoudige argumentatie worden door middel van een horizontaal streepje en een &-teken met elkaar verbonden en alleen van het expliciete argument gaat een pijl uit naar het verdedigde standpunt (zie figuur 5.1).

Om goed te laten uitkomen dat de onderdelen van een meervoudige argumentatie verschillende argumentaties zijn voor hetzelfde standpunt, krijgen ze in de analyse eerst het nummer van het verdedigde standpunt en vervolgens (na een punt) elk apart een eigen (doorlopend) nummer: 2.1, 2.2, 2.3 enzovoort. Alle afzonderlijke onderdelen worden bovendien door aparte pijlen met het standpunt verbonden.

Dat de enkelvoudige argumentaties bij een nevenschikkende argumentatie alleen samen als een afdoende verdediging van het standpunt worden gepresenteerd, wordt in de schematische weergave tot uitdrukking gebracht door ze met behulp van een accolade bijeen te voegen en gezamenlijk door middel van één pijl met het standpunt te verbinden. De onderlinge verbondenheid van de onderdelen van een nevenschikkende argumentatie wordt benadrukt door ze met behulp van een horizontale streep met elkaar te verbinden en de verschillende onderdelen van de argumentatie hetzelfde nummer te geven, gevolgd door a, b enzovoort (2.a, 2.b enzovoort).

Figuur 5.4 geeft de schematische weergave van onderschikkende argumentatie weer.

FIGUUR 5.4   Schematische weergave onderschikkende argumentatie

Door middel van 'decimalen' wordt aangegeven dat er van onderschikkende argumentatie sprake is. Voor de weergave van elke argumentatie is minimaal één punt nodig (2.1, 2.1a, 2.2); daarmee is de argumentatie nog niet onderschikkend. Pas bij twee punten (2.1.1, 2.1.1a, 2.1.2 enzovoort) is er sprake van subargumentatie en is de argumentatie onderschikkend. Bij drie punten is er sprake van subsubargumentatie enzovoort. Om goed te laten uitkomen dat onderschikkende argumentatie uit een keten van elkaar ondersteunende argumentaties bestaat, is de schematische weergave ervan een door pijlen verbonden reeks 'verticaal geschakelde' argumentaties.

Meervoudigheid, nevenschikking en onderschikking kunnen ook in combinatie voorkomen. Figuur 5.5 vormt hier een illustratie van.

FIGUUR 5.5   Voorbeeld van een combinatie van meervoudigheid, nevenschikking en onderschikking

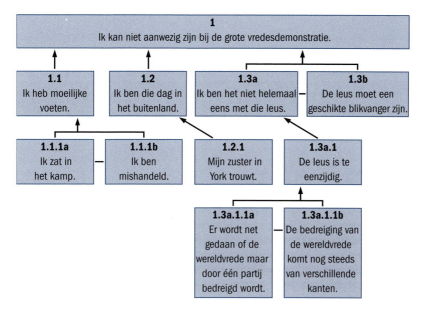

5.5 De presentatie van complexe argumentatie

Met het oog op een redelijke beoordeling van een betoog is het nodig dat zo goed mogelijk wordt nagegaan of de argumentatie enkelvoudig, meervoudig, nevenschikkend of onderschikkend of nog ingewikkelder gestructureerd is.
Het komt bijna nooit voor dat de spreker of schrijver expliciet aangeeft hoe zijn argumentatie in elkaar zit. Een uitzondering hierop vormt Battus, die in een stukje in *de Volkskrant* vooraf duidelijk maakte dat zijn argumentatie niet als meervoudig, maar als nevenschikkend moest worden opgevat:

> Waarom is de hoofdletter groter dan de niet-hoofdletter? Daar zijn zes redenen voor, geen een doorslaggevend.

Er is wel een aantal woorden en uitdrukkingen die als indicatoren van de verschillende argumentatiestructuren kunnen fungeren. Mogelijke indicatoren van meervoudige argumentatie zijn bijvoorbeeld: *overigens, trouwens, ten overvloede, nog afgezien van, en dan spreek ik nog niet eens over het feit dat, en dan noem ik nog niet eens, hiervoor pleit onder meer, argumenten hiervoor zijn onder andere, een eerste reden, in de eerste plaats, niet te vergeten, buitendien*. In de volgende betogen worden een paar van deze indicatoren gebruikt:

[1]   Ik vind dat je niet kon verwachten dat ik je zou afhalen. *In de eerste plaats* heb je me nooit verteld waar je woont. *In de tweede plaats* hadden we helemaal niets afgesproken. *En dan spreek ik nog niet eens over het feit dat* ik dan minstens een uur te vroeg van kantoor had moeten weggaan.

[2]   Het valt niet uit te maken of zo'n kampioenschap aan talent of aan training te danken is. *Nog afgezien van het feit dat* talent een uiterst onduidelijk begrip is, *heb ik hiervoor onder andere als argument dat* er zowel kampioenen zijn die veel trainen als kampioenen die juist weinig trainen. *Voor mijn stelling pleit verder onder meer dat* niemand er tot nu toe iets zinnigs over heeft weten te zeggen. *Ten overvloede* wijs ik er ook nog op dat de kwestie helemaal verkeerd gesteld is.

Mogelijke indicatoren van nevenschikkende argumentatie zijn bijvoorbeeld: *daarbij komt, daar komt nog bij dat, (daar)naast, een reden temeer om, temeer daar, vooral ook omdat, wat nog belangrijker is, sterker nog, zelfs, alsmede, benevens.*
In de volgende betogen worden er een paar gebruikt:

[1]   Het zal speciaal de gezinnen uit de lage-inkomensgroepen lelijk opbreken dat ze verplicht worden de vervallen verstrekkingen elders opnieuw te verzekeren, *vooral ook omdat* bij de herverzekering voor ieder persoon afzonderlijk premie zal worden gevraagd. Bovendien tikt dat stevig aan. *Daarbij komt nog* dat de werkgever niet meebetaalt aan de kosten van de herverzekering. *Sterker nog*: met aanvullende verzekeringen heeft de baas in geen enkel opzicht enige bemoeienis.

[2]   Je kunt beter Engels leren dan Frans. Engels is immers verwanter *alsmede* gemakkelijker. *Een reden temeer om* eerder Engels te gaan leren, is dat je er al het één en ander van weet. *Daarnaast* kun je het veel vaker horen op de televisie, zodat je hoort hoe het moet. En *wat nog belangrijker is*: we zouden het samen kunnen gaan leren.

Bij onderschikkende argumentatie wordt de ene argumentatie ondersteund door de andere en begint er in principe steeds een nieuwe argumentatie. De verschillende onderdelen van een onderschikkende argumentatie kunnen daarom telkens weer voorafgegaan worden door een van de algemene indicatoren van argumentatie: *immers, omdat, want, vandaar, daarom, aangezien, daar, : , dan ook*, enzovoort. Als elk onderdeel van de onderschikkende argumentatie gemarkeerd wordt door een algemene indicator van argumentatie, maakt dat de argumentatiestructuur een stuk duidelijker:

Bureau Jeugdzorg is een nuttige instelling. Het kan voor de opvang van jongeren *immers* niet gemist worden, *want* anders hebben sommige jongeren helemaal geen thuis meer, *omdat* ze bij hun ouders niet meer hoeven aan te komen, *aangezien* ze zich op geen enkele manier wensen aan te passen aan de daar heersende moraal, *daar* ze die als beknellend ervaren.

Er zijn weinig indicatoren die uitsluitend onderschikkende argumentatie aanduiden. Wel zijn er combinaties van algemene indicatoren van argumentatie die alleen bij onderschikking voorkomen. Dit geldt bijvoorbeeld voor de volgende paren: *want omdat, want immers, want aangezien, want gezien het feit dat, omdat immers, aangezien immers, immers omdat*. Deze combinaties doen op het eerste gezicht misschien wat vreemd aan, maar ze zijn in de praktijk heel gewoon:

[1] Ik kan beter niet langer blijven plakken, *want omdat* ik zo moe ben heb je toch niks aan me.

[2] U kunt helaas niet bij ons blijven logeren. *Immers omdat* mijn moeder tijdelijk bij ons verblijft, is er geen ruimte beschikbaar.

Er zijn ook uitdrukkingen die niet naar één bepaalde structuur verwijzen, maar wel wat te pontificaal zijn om er een enkelvoudige argumentatie mee af te sluiten, terwijl ze zeker geen betrekking hebben op meervoudige argumentatie. Als er zo'n uitdrukking gebruikt wordt, is de kans reëel dat er van nevenschikkende of van onderschikkende argumentatie sprake is. Dit geldt bijvoorbeeld bij de volgende uitdrukkingen: *ik concludeer, hieruit volgt, dat volgt uit, alles in aanmerking nemend meen ik te mogen zeggen dat, alles overwegend is duidelijk dat, bijgevolg, ergo, al met al, hiermee is bewezen dat.*

5.6 Een maximaal argumentatieve analyse

Nevenschikkende en meervoudige argumentatie zijn niet altijd eenvoudig uit elkaar te houden. Meestal zegt de spreker of schrijver er niet bij of hij zijn argumentatie als nevenschikkend of als meervoudig bedoelt. En indicatoren geven ook lang niet altijd uitsluitsel. Verwarrend is dat er veel woorden zijn – en niet de minst gebruikte – die zowel naar meervoudige als naar nevenschikkende argumentatie kunnen verwijzen. Dit geldt bijvoorbeeld voor: *en, ook, en ook* en *verder.*
Soms is het echter ook alleen al op grond van de inhoud van de argumenten en het standpunt duidelijk dat de argumentatie nevenschikkend of juist meervoudig moet zijn. Zo is voorbeeld 1 duidelijk nevenschikkend en voorbeeld 2 duidelijk meervoudig:

[1] Ik vind dat we deze sjaal maar moeten kopen, want hij is lekker warm en ze kan hem altijd nog ruilen.

[2] Natuurlijk moet je die laptop kopen. Hij is eigenlijk niet duur, en een apparaat waar je dagelijks mee werkt mag toch ook best wat duurder zijn?

Dat de sjaal geruild kan worden, kan op zich geen voldoende reden zijn om hem te kopen. Daarom is het duidelijk dat de argumenten in voorbeeld 1 samengenomen moeten worden. In voorbeeld 2 daarentegen moet wel sprake zijn van twee alternatieve (hier zelfs enigszins tegenstrijdige) verdedigingspogingen, aangezien uit het tweede argument blijkt dat er rekening mee is gehouden dat de eerste verdedigingspoging ('Hij is eigenlijk niet duur') wel eens zou kunnen mislukken.
Er zijn ook gevallen waarin het helemaal niet duidelijk is of elk argument afzonderlijk als een aparte en afgeronde verdediging van het

standpunt bedoeld is of dat alleen de argumenten gezamenlijk afdoende worden geacht, zoals in het volgende voorbeeld:

> Het boek is ernstig beschadigd tijdens het transport. Er zitten krassen op de kaft, en de eerste vijf pagina's hebben ezelsoren.

Het maakt bij de beoordeling een aanzienlijk verschil of een argumentatie als nevenschikkend of als meervoudig wordt beschouwd. Als een van de enkelvoudige argumentaties waaruit de complexe argumentatie is opgebouwd ondeugdelijk blijkt, dan heeft dat in het eerste geval heel andere consequenties dan in het laatste. Bij meervoudige argumentatie is er sprake van meer dan één verdedigingslijn en blijven de andere enkelvoudige argumentaties onverlet, zodat er nog best een afdoende verdediging van het standpunt kan plaatsvinden. Bij nevenschikkende argumentatie is maar van één verdedigingslijn sprake en als er een gedeelte van deze verdedigingslijn wegvalt, wordt de hele verdediging aangetast of mogelijk zelfs totaal onderuitgehaald.

Met het oog op de verschillende consequenties, moet de ontleding in nevenschikkende dan wel meervoudige argumentatie zo zorgvuldig mogelijk plaatsvinden. Daarbij moet niet alleen worden afgegaan op de verbale presentatie met behulp van specifieke indicatoren of andere aanwijzingen. Het communicatiebeginsel indachtig, moet er ook nadrukkelijk van worden uitgegaan dat de spreker of schrijver een serieuze bijdrage probeert te leveren aan het oplossen van het verschil van mening.

In echte twijfelgevallen, waarin er evenveel te zeggen valt voor een nevenschikkende als voor een meervoudige ontleding, verdient het in principe de voorkeur te kiezen voor een ontleding als meervoudige argumentatie. Op die manier wordt ervoor gezorgd dat elk onderdeel van het betoog afzonderlijk op zijn merites wordt beoordeeld en wordt aan elke enkelvoudige argumentatie maximaal krediet gegeven. Als elk van de enkelvoudige argumentaties afzonderlijk al toereikend zou zijn om het standpunt afdoende te verdedigen, dan moet een betoog dat uit meer van deze argumentaties bestaat wel ijzersterk zijn. En als een van de argumentaties wegvalt, wordt de rest van de argumentatie hierdoor niet automatisch onherstelbaar aangetast. Deze aanpak om bij twijfel te kiezen voor een ontleding van de argumentatie als meervoudig, wordt – naar analogie van de strategie van de maximaal argumentatieve interpretatie – aangeduid als de strategie van de maximaal argumentatieve analyse. Als het duidelijk is dat deze strategie in een bepaald geval nadelig is voor degene die de argumenten naar voren heeft gebracht, dan dient zij uiteraard niet te worden toegepast, want de strategie is erop gericht om hem maximaal krediet te geven.

Nevenschikkende en meervoudige argumentatie kunnen in een betoog overigens heel goed naast elkaar voorkomen:

> Ik vind dat dit geen bevredigend boek is geworden, want ten eerste is de prijs veel te hoog. Ten tweede is het in het Frans geschreven en in het Engels zouden meer mensen het kunnen lezen. En ten derde heb ik er zelf niet aan mogen meewerken.

Dit betoog heeft de volgende argumentatiestructuur:

1   Ik vind dat dit geen bevredigend boek is geworden.
1.1   De prijs is veel te hoog.
1.2a Het is in het Frans geschreven.
1.2b In het Engels zouden meer mensen het kunnen lezen.
1.3   Ik heb er zelf niet aan mogen meewerken.

⬤ 5.7 Verzwegen argumenten en complexe argumentatie

Zoals in hoofdstuk 4 is uiteengezet, verdient het aanbeveling om er bij het expliciteren van verzwegen argumenten van uit te gaan dat er in elke incomplete enkelvoudige argumentatie één argument verzwegen is. In een welbepaalde context kan er vaak een specifiekere invulling worden gegeven van het verzwegene. In plaats van één verzwegen argument kan er dan soms een hele onderschikkende argumentatie als verzwegen argument worden aangewezen.

Stel dat de beroemde filmster Angelina Jolie in een STER-spot verschijnt, te midden van een hele club aantrekkelijke collega's uit de jetset, en de volgende boodschap aan de kijkers toevertrouwt:

> Gebruik Wonderwel huidlotion. Dat doe ik ook!

In een maximaal argumentatieve interpretatie komen haar woorden hierop neer:

> Je moet Wonderwel huidlotion gebruiken, want dat doe ik ook.

Het is duidelijk dat hier iets verzwegen is. Als we helemaal niets van de context van deze uitspraken zouden weten, konden we bij het expliciteren van het verzwegene volstaan met de constatering dat het verzwegen argument een uitspraak moet zijn als 'Wat Angelina Jolie doet, is goed voor de huid'. Maar in deze context is dat onbevredigend. We weten immers dat Angelina Jolie in een reclamespot optreedt en dat zij tot de jetset behoort, waarvan we zojuist nog een glimp te zien hebben gekregen. Tegen die achtergrond is een specifiekere (en tevens complexere) invulling van het verzwegene mogelijk die tot de volgende reconstructie van het betoog van Angelina Jolie leidt:

1   Je moet Wonderwel huidlotion gebruiken.
1.1   Angelina Jolie gebruikt Wonderwel huidlotion.
(1.1')   (Wat Angelina Jolie doet, moet je ook doen.)
(1.1'.1) (Angelina Jolie behoort tot de jetset.)
(1.1'.1') (Alles wat de jetset doet, moet je navolgen.)

Wie zich even niet realiseerde dat Angelina Jolie tot de jetset behoort (1.1'.1), wordt daar door de beelden in het spotje duidelijk aan herinnerd. Het spotje schept een welbepaalde context. Zonder deze context zou de invulling van het verzwegen argument als 'Wat Angelina Jolie doet, moet je ook doen' (1.1') op een wat al te vrije interpretatie berusten. En zonder de aanvulling van dit verzwegen argument met de verdere verzwegen onderschikkende argumentatie, zou deze invulling verstoken blijven van de verantwoording die in deze welbepaalde context gegeven kan en moet worden.

In dit geval is de context welbepaald doordat het kader van de reclame waarin het betoog plaatsvindt een duidelijke achtergrond verschaft en Angelina Jolie een bekende persoonlijkheid is. Maar de welbepaaldheid kan natuurlijk ook tot stand komen door wat er allemaal in en om het betoog gezegd wordt. Dan gaat het om een welbepaalde verbale context. In alle gevallen moet de welbepaaldheid van de context bij het analyseren van het betoog zo goed mogelijk worden benut. In de regel zal dat inhouden dat via het expliciteren van een verzwegen onderschikkende argumentatie een meer specifieke invulling wordt gegeven van hetgeen er in het betoog verzwegen is.

Ook verzwegen standpunten kunnen op deze manier soms een specifiekere invulling krijgen. Een variant op het voorbeeld van Angelina Jolie, tegen dezelfde achtergrond, kan hier als illustratie dienen:

> **Ik gebruik Wonderwel huidlotion.**

Uitgaande van deze uitspraak, kan het betoog als volgt worden gereconstrueerd:

(1)	**(Je moet Wonderwel huidlotion kopen.)**
(1.1)	**(Je moet Wonderwel huidlotion gebruiken.)**
(1.1')	**(Je kunt huidlotion alleen gebruiken als je hem koopt.)**
(1.1).1	**Angelina Jolie gebruikt Wonderwel huidlotion.**
((1.1).1')	**(Wat Angelina Jolie doet, moet je ook doen.)**
((1.1).1'.1)	**(Angelina Jolie behoort tot de jetset.)**
((1.1).1'.1')	**(Alles wat de jetset doet, moet je navolgen.)**

5.8 Het opstellen van een analytisch overzicht

Bij het analyseren van een argumentatieve tekst of discussie moet een aantal punten duidelijk zijn geworden. Er dient te zijn vastgesteld op wat voor manier de verschillende fasen, die bij het op een redelijke wijze oplossen van een verschil van mening moeten worden onderscheiden, precies in de tekst of discussie vertegenwoordigd zijn. Daarbij moet vervolgens zijn bepaald welke standpunten er precies ter discussie staan, wie precies de partijen vormen en om wat voor type verschil van mening het gaat. Ook moet zijn vastgesteld welke argumenten er expliciet of impliciet door de protagonist(en) van de verschillende standpunten zijn aangevoerd en dienen de verzwegen argumenten op een verantwoorde wijze te zijn geëxpliciteerd. Door na te gaan hoe de aangevoerde argumenten precies met elkaar en de verdedigde standpunten samenhangen, moet de argumentatiestructuur worden bepaald van het betoog dat door elk van de protagonisten gehouden wordt. Uiteraard moet ook worden vastgesteld of de partijen, die bij het verschil van mening betrokken zijn, aangeven in hoeverre hun verschil van mening door de gevoerde discussie en de betogen die daarin gehouden zijn, geacht mogen worden te zijn opgelost. Bij een betoog dat deel uitmaakt van een discussie die volledig impliciet blijft, zal dat laatste uiteraard alleen aangegeven kunnen zijn door de protagonist van de standpunten die ter discussie zijn gesteld.

Met het oog op de overzichtelijkheid van de resultaten van de analyse en ter voorbereiding op een mogelijke beoordeling van de argumentatieve tekst of discussie, verdient het aanbeveling om de belangrijkste resultaten van de analyse gezamenlijk weer te geven in een analytisch overzicht. Dit analytisch overzicht dient alle resultaten van de analyse te bevatten die van belang zijn voor een verantwoorde beoordeling van de argumentatieve tekst of discussie. Een verantwoorde beoordeling dient gebaseerd te zijn op een zorgvuldige, volledige en controleerbare reconstructie van alle aspecten en onderdelen van de beoordeelde tekst of discussie die voor een redelijke oplossing van het verschil van mening relevant zijn. Dit betekent dat het analytisch overzicht een samenvatting moet geven van alle punten die we zojuist de revue hebben laten passeren:

1 De fasen van een kritische discussie die in de argumentatieve tekst of discussie kunnen worden onderscheiden (confrontatiefase, openingsfase, argumentatiefase, afsluitingsfase).
2 Het verschil van mening waar het in de argumentatieve tekst of discussie om draait (standpunten, partijen, posities van de partijen en typering van het verschil van mening).
3 De argumenten die in de argumentatieve tekst worden aangevoerd en die samen een of meer betogen vormen voor standpunten die ter discussie staan (expliciete argumenten, impliciete argumenten, verzwegen argumenten).
4 De argumentatiestructuur die gevormd wordt door de verschillende argumenten die deel uitmaken van het naar voren gebrachte betoog of de naar voren gebrachte betogen (enkelvoudige argumentatie, meervoudige argumentatie, nevenschikkende argumentatie, onderschikkende argumentatie en verbindingen tussen enkelvoudige, meervoudige, nevenschikkende en onderschikkende argumentaties).
5 De conclusies die door de deelnemende partijen worden getrokken over de afsluiting van de argumentatieve tekst of discussie (voor elk standpunt eindpositie protagonist, eindpositie antagonist, consequenties voor de oplossing van het oorspronkelijke verschil van mening).

Samenvatting

▶ In het eenvoudigste geval bestaat een betoog uit slechts één enkelvoudige argumentatie. Maar de argumentatie-structuur kan ook ingewikkelder zijn. Dat is bijvoorbeeld het geval bij meervoudige argumentatie, die uit een aantal gelijkwaardige alternatieve verdedigingen van hetzelfde stand-punt bestaat. En bij nevenschikkende argumentatie, waar verschillende argumenten samen één afgeronde verdediging van het standpunt vormen. Ook kan er sprake zijn van onderschikkende argumentatie: argumentatie voor argumentatie. Met behulp van bepaalde indicatoren wordt in de presentatie soms duidelijk gemaakt of er van meervoudige, nevenschikkende of onderschikkende argumentatie sprake is. In de praktijk ontbreken dergelijke indicatoren echter nog al eens. Daardoor zijn met name nevenschikkende en meervou-dige argumentatie soms moeilijk van elkaar te onderscheiden. In twijfelge-vallen verdient het in dat geval de voorkeur om te kiezen voor een maximaal argumentatieve analyse als deze de spreker of schrijver het meeste krediet geeft. Een maximaal argumen-tatieve analyse houdt in principe in dat de argumentatie als meervoudig wordt opgevat. Onderschikkende argumentatie kan in een welbepaalde context ook gebruikt worden om een specifiekere invulling te geven aan onderdelen die in het betoog verzwe-gen zijn.

Achtergrond-literatuur

Zie voor nadere uiteenzettingen over het ontleden van de argumentatiestructuur
Eemeren, F.H. van & Grootendorst, R. (1992). *Argumentation, communication and fallacies: A pragma-dialectical perspective* (hoofdstuk 7). Hillsdale, NJ: Lawrence Erlbaum; Freeman, J.B. (1991). *Dialectics and the macrostructure of arguments.* Berlijn: Foris/Walter de Gruyter; Walton, D.N. (1996). *Argument structure: a pragmatic theory.* Toronto: University of Toronto Press; Snoeck Henkemans, A.F. (1992). *Analysing complex argumentation.* Amsterdam: Sic Sat; en Eemeren, F.H. van, Houtlosser, P. & Snoeck Henkemans, A.F. (2005). *Argumentatieve indicatoren in het Nederlands: een pragma-dialectische studie* (hoofdstuk 7). Amsterdam: Rozenberg Publishers.
In Snoeck Henkemans, A.F. (2001). Argumentation structures. In: F.H. van Eemeren (Ed.), *Crucial concepts in argumentation theory* (hoofdstuk 5). Amsterdam: Amsterdam University Press, is een overzicht te vinden van benaderingen van de argumentatiestructuur.

5

DEEL C

Het beoordelen van een betoog

6
De deugdelijkheid van argumentatie

Als de analyse van een betoog is afgerond en de resultaten van de analyse zijn opgenomen in een analytisch overzicht, kan begonnen worden met de beoordeling. Van elk afzonderlijk argument moet worden nagegaan of het een aanvaardbare argumentatieve uitspraak is. Van alle in de argumentatie gebruikte redeneringen, die aanspraak maken op logische geldigheid, moet worden vastgesteld of ze inderdaad geldig zijn. En van elk type argumentatie dat wordt aangevoerd, dient te worden nagegaan of het deugdelijk is en correct wordt gebruikt. In dit hoofdstuk wordt aangegeven welke criteria in elk van deze drie gevallen een rol spelen. Om dit mogelijk te maken, wordt tevens uiteengezet wat de belangrijkste argumentatietypen zijn en hoe ze in de argumentatieve praktijk beoordeeld moeten worden.

6.1 De beoordeling van een betoog

Er kan aan een betoog van alles mis zijn, waardoor men zich er niet
door zou moeten laten overtuigen. Er kunnen in het betoog tegenstrij-
digheden voorkomen en de argumenten kunnen ook onjuistheden
bevatten of andere tekortkomingen vertonen. Om vast te kunnen stellen
wat de argumentatie waard is en of het standpunt afdoende is verdedigd, moeten al dergelijke gebreken worden opgespoord.

De beoordeling van een betoog dient gebaseerd te zijn op een verantwoorde analyse. Het maakt immers een groot verschil of een onderdeel
van een meervoudige argumentatie onaanvaardbaar wordt bevonden of
een onderdeel van een nevenschikkende of van een onderschikkende
argumentatie. Bij een onderschikkende argumentatie valt er in zo'n
geval een schakel weg uit de verdedigingsketen. Bij een nevenschikkende argumentatie is de verdediging als geheel in meer of mindere
mate verzwakt. En bij een meervoudige argumentatie blijven de
resterende verdedigingslijnen in principe onverlet, zodat de verdediging
nog best volkomen afdoende kan zijn.

Om te kunnen vaststellen wat het betoog waard is, moet een complexe
argumentatie in de analyse ontleed worden in een samenstel van
enkelvoudige argumentaties, die stuk voor stuk beoordeeld moeten
worden. Het verdient echter de voorkeur om pas tot een beoordeling
van de afzonderlijke enkelvoudige argumentaties over te gaan, als eerst
is nagegaan of het betoog als geheel wel consistent is.

De mogelijke inconsistenties in een betoog kunnen 'logisch' of 'pragmatisch' van aard zijn. Een logische inconsistentie houdt in dat er in het
betoog uitspraken worden gedaan die, omdat ze logisch met elkaar in
strijd zijn, onmogelijk allemaal waar kunnen zijn. Zo kan het – zoals een
psycholoog eens in *de Volkskrant* heeft opgemerkt – niet tegelijkertijd
waar zijn dat andragologie een vak is waarin men 'doelgericht beïnvloedend bezig is' en dat andragologie een vak is waarin men 'niet doelgericht beïnvloedend bezig is'. Hij vat in zijn stukje twee verschillende
betogen over andragologie als één (meervoudige) argumentatie op en
constateert dan dat er tussen beide onderdelen van de argumentatie
een logische tegenspraak bestaat:

> 'Neem Open Forum van vorige week zaterdag, waarin twee stukken
> stonden ter verdediging van de andragologie. Wat is dat? Dit vakgebied is
> gericht op het bevorderen van de handelingscompetentie van actoren.
> Wat zijn actoren? De mensen "die doelgericht beïnvloedend bezig zijn".
> Vreemd dat de stichter van de christelijke godsdienst niet in de lijst
> voorkomt. Misschien slaat wel om die reden het noodlot op dezelfde
> pagina genadeloos toe. In de tweede bijdrage over andragologie lezen we
> namelijk dat er juist niet doelgericht beïnvloed wordt. Wat is dus
> andragologie, aldus de optelsom van deze auteurs? Ik moet het antwoord
> schuldig blijven.'

Een pragmatische inconsistentie houdt in dat er in het betoog dingen
worden gezegd die logisch gesproken weliswaar niet met elkaar in strijd
zijn, maar die in de praktijk toch strijdige consequenties hebben. De
belofte 'Ik breng je wel even met de auto' is strikt logisch gezien niet in
strijd met de mededeling 'Ik kan niet autorijden', maar in de praktijk van
de communicatie is het onaanvaardbaar als deze belofte in een betoog

door die mededeling gevolgd wordt. Het doen van de belofte is immers niet te rijmen met de betreffende mededeling.

Een ander voorbeeld van pragmatische inconsistentie wordt gesignaleerd door E.J. Bomhoff naar aanleiding van de uitspraken van Felix Rottenberg in een discussie met de voormalige CDA-politicus Elco Brinkman:

> 'Rottenberg scoort niet hoog in dit tweegesprek voor wat betreft de interne consistentie van zijn opvattingen, omdat hij keer op keer de uitspraken van zijn opponent Brinkman verklaart uit diens familieachtergrond en het daarbij zelfs zo bont maakt dat Brinkman op een bepaald moment – geïrriteerd – uitroept: "laat mijn vader er nu eens buiten". Hoe kan Rottenberg afgeven op het gezinsverhaal van het CDA en tegelijkertijd te pas en te onpas aannemen dat iemands standpunten hoofdzakelijk afhangen van de sfeer in het ouderlijk huis?'

Als de eventuele logische en pragmatische inconsistenties aan de kaak zijn gesteld, kan er een begin worden gemaakt met de beoordeling van de afzonderlijke enkelvoudige argumentaties die samen het betoog vormen.

De diverse enkelvoudige argumentaties hebben met elkaar gemeen dat ze allemaal ter verdediging van een standpunt dienen. De deugdelijkheid van elk van de enkelvoudige argumentaties wordt bepaald door de bijdrage die deze argumentatie levert aan het aanvaardbaar maken van het verdedigde standpunt.

Dat wil zeggen dat elke enkelvoudige argumentatie beoordeeld moet worden op de mate waarin hij de propositie waarop het standpunt betrekking heeft rechtvaardigt (bij een positief standpunt) of ontkracht (bij een negatief standpunt).

Om deugdelijk te zijn, moet een enkelvoudige argumentatie aan drie eisen voldoen:

1 De uitspraken waaruit de argumentatie bestaat moeten aanvaardbaar zijn.
2 Aan de argumentatie moet een geldige redenering ten grondslag liggen.
3 Het gebruikte 'argumentatieschema' moet terecht en op een correcte manier zijn toegepast.

6.2 De aanvaardbaarheid van argumentatieve uitspraken

De aanvaardbaarheid van argumentatieve uitspraken is in het ene geval gemakkelijker te bepalen dan in het andere.

Er zijn uitspraken waarvan de aanvaardbaarheid zonder problemen kan worden vastgesteld. Dat geldt voor feitelijke uitspraken waarvan de waarheid op eenvoudige wijze kan worden gecontroleerd door bijvoorbeeld een encyclopedie of een ander naslagwerk te raadplegen, een eenvoudige proef te doen of gewoon goed te kijken:

> Pailleron was een Franse toneelschrijver uit de negentiende eeuw.
> Een palindroom is een woord dat zowel van voren naar achteren als van

achteren naar voren kan worden gelezen.
Negen is een palindroom.
Porselein is bijzonder breekbaar.
Mijn bureau is donkergrijs.
Saartje, de poes, weegt nu precies drie kilo.

Soms is ook over de aanvaardbaarheid van niet-feitelijke uitspraken
snel overeenstemming te bereiken, bijvoorbeeld als het algemene
morele oordelen of principes betreft:

Ouders moeten voor hun kinderen zorgen.
Je moet iets niet opgeven als je er bijna bent.
Kwaliteit is altijd beter dan rommel.
Men mag zijn kanariepiet niet doodknijpen.

Maar het zal duidelijk zijn dat het in veel andere gevallen heel moeilijk is
om het eens te worden over de aanvaardbaarheid van een uitspraak. Dat
geldt bijvoorbeeld als de uitspraak op een nogal ingewikkelde kwestie
betrekking heeft of sterk gebonden is aan specifieke waarden en normen:

Lezen is de beste methode om de taalvaardigheid te vergroten.
Borstvoeding verdient de voorkeur boven de fles.
Kanker ontstaat in veel gevallen door stress.
Een man hoort niet achter de kinderwagen.
Kinderen zijn gebaat bij een werkende moeder.
Jonge kinderen zijn niet gebaat bij een werkende moeder.

Als zulke uitspraken niet op hun beurt weer door argumentatie worden
ondersteund, zal een betoog waarin deze uitspraken als argumenten
worden aangevoerd niet door iedereen als een adequate rechtvaardiging of ontkrachting van een standpunt worden beschouwd. Bij de
beoordeling van het betoog dient aan zulke niet verder ondersteunde
argumentatieve uitspraken speciale aandacht te worden besteed.

6.3 De geldigheid van redeneringen

Een enkelvoudige argumentatie kan alleen maar deugdelijk zijn als de
redenering die in de argumentatie tot uitdrukking wordt gebracht geldig
is of geldig kan worden gemaakt. Als de argumentatie op een ongeldige
redenering blijkt te berusten, kan er van een aanvaardbare rechtvaardiging of ontkrachting geen sprake zijn.
In principe kan een enkelvoudige argumentatie slechts in één geval niet
tot een geldige redenering worden herleid, namelijk als er in de argumentatie expliciet een ongeldige redenering naar voren wordt gebracht.
Een incomplete redenering kan namelijk vrijwel altijd tot een geldige
redenering worden aangevuld. Als er een argument ontbreekt, hoeft
immers alleen de bijpassende 'als... dan...'-uitspraak aan de redenering
te worden toegevoegd. Weliswaar kan die uitspraak soms nogal vreemd
zijn, maar de redenering is dan in elk geval geldig.
Het komt zelden voor dat iemand volledig expliciet een ongeldige
redenering tot uitdrukking brengt. Een voorbeeld doet dan ook gauw
nogal geforceerd aan:

[1]   Als God bestaat, krijg ik een gezonde baby.
[2]   God bestaat niet.
Dus: Ik krijg geen gezonde baby.

Deze ongeldige redenering heeft een vorm die net even anders is dan de standaardvormen van geldige 'als... dan...'-redeneringen die bekend-staan als modus ponens en modus tollens.

a   Modus ponens:

[1]   Als --, dan...
[2]   --
Dus: ...

b   Modus tollens:

[1]   Als --, dan...
[2]   Niet...
Dus: Niet --

Redeneringen die de vorm a of b hebben, zijn geldig, wat er ook voor de streepjes en de puntjes wordt ingevuld. Wel moet in de redenering voor de streepjes beide keren precies hetzelfde worden ingevuld, evenals voor de puntjes. Ook mag natuurlijk niet worden gesjoemeld met de vorm. Dat gebeurt in het God-voorbeeld wél.

6.4 De deugdelijkheid van argumentatieschema's

Het feit dat een enkelvoudige argumentatie op een geldige redenering gebaseerd is, wil nog niet automatisch zeggen dat de argumentatie als rechtvaardigingspoging (of ontkrachtingspoging) volledig geslaagd is. De deugdelijkheid van de argumentatie hangt ook af van de toepassing van het in de argumentatie gebruikte argumentatieschema. De argu-menten en het verdedigde standpunt worden door het gebruikte argumentatieschema namelijk op een specifieke manier met elkaar in verband gebracht. En die manier kan correct zijn, maar ook minder correct.
Er zijn drie hoofdklassen van argumentatieschema's, die in de argumen-tatie tot uitdrukking komen in drie verschillende argumentatietypen. In elk argumentatietype bestaat er een andersoortige relatie tussen de argumentatie en het verdedigde standpunt doordat het aangevoerde argument via een ander 'pragmatisch principe' in verband wordt gebracht met het standpunt dan in de beide andere argumentatietypen. Vergelijk de volgende drie argumentaties maar eens met elkaar:

1   Herman is een echte jongen.
1.1   Herman is stoer.
(1.1' Stoerheid is kenmerkend voor echte jongens.)

2   Loting voor toelating op de universiteit is absurd.
2.1   Er wordt ook niet bij loting bepaald wie naar de Olympische Spelen
        gaat.
(2.1'   Op de universiteit gelden dezelfde maatstaven als in de sport.)

3   Mariekes hoofdpijn zal nu wel verdwijnen.
3.1   Zij heeft net twee aspirines genomen.
(3.1'   Aspirines helpen tegen hoofdpijn.)

Qua argumentatieschema vertegenwoordigen deze argumentaties elk
een ander argumentatietype omdat er bij de rechtvaardiging een beroep
wordt gedaan op verschillende pragmatische principes. Dat dit zo is,
valt duidelijk te zien aan de geëxpliciteerde verzwegen argumenten. In
argumentatie 1 wordt de argumentatie in verband gebracht met het
standpunt door het één (stoerheid) als een kenmerk voor te stellen van
het ander (een echte jongen zijn). In argumentatie 2 wordt een vergelijking getrokken tussen het één (sport) en het ander (de universiteit). In
argumentatie 3 wordt het één (het nemen van aspirines) als oorzaak
gepresenteerd van het ander (het verdwijnen van hoofdpijn).
Voor argumentatie van het ene type gelden andere deugdelijkheidscriteria dan voor argumentatie van het andere type. Om na te gaan of een
bepaalde argumentatie aan de criteria die bij dat type argumentatie
horen voldoet, moet er een aantal kritische vragen worden gesteld. Voor
een adequate beoordeling is het daarom noodzakelijk de belangrijkste
argumentatietypen ('hoofdtypen') goed van elkaar te onderscheiden en
de daarbij behorende kritische vragen te stellen.

6.5 Argumentatie gebaseerd op een kentekenrelatie

In argumentatie die gebaseerd is op een kentekenrelatie wordt een
standpunt verdedigd door in het argument een bepaald kenmerk,
kenteken of symptoom te noemen van hetgeen in het standpunt
beweerd wordt. Op dit automatisch samengaan ('co-existentie') moet
het standpunt volgens de spreker of schrijver aanvaard worden:

> Jaap is een geboren leraar, want hij hoeft zijn lessen nauwelijks voor te
> bereiden. (En nauwelijks hoeven voorbereiden van lessen wijst op
> leraarstalent.)

Of de in het argument genoemde eigenschap nu als exemplarisch wordt
voorgesteld voor een bepaalde soort, als tekenend voor een bepaalde
situatie of als kenmerkend voor een bepaald karakter, in al deze gevallen wordt er bij het overtuigen gebruikgemaakt van een argumentatieschema dat gebaseerd is op een kentekenrelatie. Volgens deze presentatie houdt het één min of meer vanzelf ook het ander in.
In het voorbeeld van Jaap is het feit dat hij zijn lessen nauwelijks hoeft
voor te bereiden een teken van zijn leraarstalent. Uit het geëxpliciteerde
verzwegen argument wordt al duidelijk dat de verbinding tussen de
argumentatie en het standpunt op een kentekenrelatie berust: 'Nauwelijks hoeven voorbereiden van lessen is kenmerkend voor leraarstalent'.

Bij de beoordeling van de argumentatie voor het standpunt dat Jaap een geboren leraar is, moet niet alleen worden vastgesteld of het inderdaad zo is dat Jaap zijn lessen nauwelijks voorbereidt, maar ook of er wel van zo'n hechte kentekenrelatie sprake is als wordt gesuggereerd. Een belangrijke vraag in dat verband is of er behalve geboren leraren niet ook andere typen leraren zijn die hun lessen nauwelijks hoeven voorbereiden. Als dat zo is, zou Jaaps gewoonte om nauwelijks voor te bereiden bijvoorbeeld ook een kenmerk kunnen zijn van diens vermogen om alles gemakkelijk voor elkaar te krijgen.

Het algemene argumentatieschema van de kentekenrelatie, waarvan de argumentatie in het Jaap-voorbeeld een specifieke invulling vormt, is:

> Voor   X geldt Y,
> *want*:   Voor X geldt Z,
> *en*:   Z is kenmerkend voor Y.

De belangrijkste kritische vragen bij argumentatie die gebaseerd is op een kentekenrelatie zijn:
- Is Z wel kenmerkend voor Y?
- Zijn er niet ook Y's die niet kenmerk Z hebben?
- Zijn er niet ook niet-Y's die evenzeer kenmerk Z hebben?

Zoals uit dit en andere voorbeelden blijkt, zijn deze kritische vragen niet allemaal bij alle varianten van kentekenargumentatie van toepassing. Dezelfde kentekenrelatie kan overigens ook in omgekeerde richting gebruikt worden. Dan wordt het kenmerk niet in het argument genoemd, maar juist in het standpunt. De argumentatie over Jaap had bijvoorbeeld ook als volgt kunnen luiden:

> Jaap hoeft zijn lessen nauwelijks voor te bereiden, want hij is een geboren leraar. (En geboren leraren hoeven hun lessen nauwelijks voor te bereiden.)

Bij deze omgekeerde variant is een relevante kritische vraag of het wel echt zo is dat geboren leraren hun lessen nauwelijks hoeven voorbereiden. Zijn er niet ook geboren leraren die wél veel voorbereidingstijd kwijt zijn?

Argumentatie die gebaseerd is op een kentekenrelatie kan in verschillende varianten voorkomen. Zo kan iets wat iemand doet als typerend worden voorgesteld voor zijn karakter ('Lia is een jaloers kreng, ze sprong bijna uit haar vel toen ze hoorde dat Olga wél voor haar examen was geslaagd'). Een bepaald verschijnsel kan ook als een symptoom of een teken worden voorgesteld van iets algemeners ('Dat gedrag van die voetbalfans maakt wel duidelijk dat de maatschappij behoorlijk verruwd is'). Een andere argumentatie die gebaseerd is op een kentekenrelatie is de voorbeeldargumentatie waarin een generalisatie wordt gemaakt of een regel wordt geïntroduceerd door een aantal afzonderlijke gevallen als representatief voor te stellen voor iets algemeens:

> 'Met het ingaan van de middelbare leeftijd is niet tevens het gevoelsleven vervlakt of zelfs afgestorven. Tot op hoge leeftijd kunnen romantische gevoelens ons blijven beheersen. Schreef Huizinga op hoge leeftijd niet

prachtige brieven aan zijn jonge geliefde en componeerde niet Richard Strauss zijn gevoeligste liederen toen hij al tachtig jaar oud was?'

Ook een definitie kan een kentekenrelatie leggen tussen een argument en een standpunt. Maartje Somers betoogt bijvoorbeeld op deze manier in Het Parool dat een toespraak van de politicus Bolkestein trekken vertoont van het door hem verfoeide postmodernisme:

'Niet alleen hangt de rede van citaten aan elkaar, ze is ook nog eens stilistisch onzuiver, eclectisch en historiserend en geeft eens te meer blijk van verlies aan diepte en betekenis, om maar wat andere definities van postmodernisme aan te halen.'

⬤6.6 Argumentatie gebaseerd op een vergelijkingsrelatie

In argumentatie die gebaseerd is op een vergelijkingsrelatie wordt een standpunt verdedigd door duidelijk te maken dat hetgeen in het standpunt beweerd wordt, overeenkomt met iets wat in de argumentatie genoemd wordt en dat het standpunt op grond van deze vergelijkbaarheid aanvaard moet worden:

Het is nergens voor nodig om Jesse twintig euro zakgeld te geven, want zijn broertje kreeg ook altijd een tientje per week. (En het ene kind dient hetzelfde behandeld te worden als het andere.)

Of de in het argument genoemde zaak of omstandigheid nu als een analoog geval wordt voorgesteld, als een navolgenswaardig model of juist als een afschrikwekkend voorbeeld, in al deze gevallen wordt er bij het overtuigen gebruikgemaakt van een argumentatieschema dat gebaseerd is op een vergelijkingsrelatie. Volgens deze presentatie komt het één ongeveer op hetzelfde neer als het ander en gaat wat in het ene geval geldt ook voor het andere op.

In het voorbeeld van het zakgeld wordt, om aannemelijk te maken dat het niet nodig is Jesse twintig euro zakgeld te geven, impliciet verwezen naar de onderlinge vergelijkbaarheid van de twee broertjes als het om zakgeld gaat en dus naar de gelijke rechten van de twee broertjes in dit opzicht. Het geëxpliciteerde verzwegen argument geeft aan dat de verbinding tussen de argumentatie en het standpunt op een vergelijkingsrelatie berust.

Om na te gaan of de argumentatie voor het standpunt dat het niet nodig is om Jesse twintig euro zakgeld te geven deugdelijk is, moet worden nagegaan of de vergeleken gevallen inderdaad vergelijkbaar zijn. Zijn er geen significante verschillen tussen de vergeleken gevallen die maken dat de vergelijking niet opgaat? Het kan bijvoorbeeld zijn dat er tegenwoordig anders gedacht wordt over wat een redelijk bedrag aan zakgeld is. Misschien ligt een andere vergelijking, bijvoorbeeld van leeftijdgenootjes, wel meer voor de hand dan van broertjes.

Het algemene argumentatieschema van de vergelijkingsrelatie waarvan de argumentatie in het zakgeldvoorbeeld een specifieke invulling vormt, is:

Voor   X geldt Y,
want: Voor Z geldt Y,
en: Z is vergelijkbaar met X.

De belangrijkste kritische vraag bij argumentatie die gebaseerd is op een vergelijkingsrelatie is:

Zijn er geen significante verschillen tussen Z en X?

Zulke verschillen kunnen op twee manieren worden aangewezen: door te stellen dat Z een bepaalde eigenschap heeft die X niet heeft of andersom. Beide vormen van kritiek zijn even serieus, omdat er bij een vergelijkingsrelatie juist van wordt uitgegaan dat X en Z alle (relevante) eigenschappen gemeenschappelijk hebben.
Als er in argumentatie die gebaseerd is op een vergelijkingsrelatie een vergelijking wordt getrokken tussen de manier waarop zaken in het ene gebied zich tot elkaar verhouden en de manier waarop zaken in een heel ander gebied zich tot elkaar verhouden, dan is er sprake van een figuurlijke vergelijking die bekendstaat als een analogie. Zo maakt Karel van het Reve in in een reactie op Somerset Maughams stelling dat mensen die boeken herlezen een beetje dom zijn, nadat hij eerst enkele 'gewone' vergelijkingen heeft gemaakt, gebruik van een analogie-argumentatie door een vergelijking te trekken tussen het nooit meer herlezen van een mooi boek en het niet voor een tweede keer genieten van een mooi uitzicht:

'Waarom zou je een boek dat je mooi vindt niet af en toe herlezen? Je gaat toch ook telkens naar dezelfde schilderijen kijken? En je luistert toch steeds naar dezelfde muziek? Maugham lijkt op iemand die een kamer bewoont met een mooi uitzicht en die, nadat hij een keer of wat uit het raam heeft gekeken, dat raam laat dichtmetselen of van matglas laat voorzien.'

⬤6.7 Argumentatie gebaseerd op een causale relatie

In argumentatie die gebaseerd is op een causale relatie wordt een standpunt verdedigd door een zodanig oorzakelijk verband te leggen tussen het argument en het standpunt, dat het standpunt, gegeven het argument, op grond van dit verband aanvaard dient te worden:

Lydia zal wel zwakke ogen hebben, want ze zit altijd bij slecht licht te lezen. (En van lezen bij slecht licht krijg je zwakke ogen.)

Of iets in het argument nu als oorzaak van een in het standpunt vermeld gevolg wordt voorgesteld, als middel tot een bepaald doel of als handelwijze met een bepaald effect, in al deze gevallen wordt er bij het overtuigen gebruikgemaakt van een argumentatieschema dat gebaseerd is op een causale relatie. Volgens deze presentatie leidt het één als het ware vanzelf tot het ander.
In het voorbeeld van Lydia wordt lezen bij slecht licht als de oorzaak

gepresenteerd van het (beweerde) feit dat ze wel zwakke ogen zal hebben. Het geëxpliciteerde verzwegen argument geeft aan dat de verbinding tussen de argumentatie en het standpunt via een causale relatie wordt gelegd.
Om vast te stellen of hij zich in het Lydia-voorbeeld door de argumentatie moet laten overtuigen, dient de beoordelaar na te gaan of je van lezen bij slecht licht inderdaad altijd zwakke ogen krijgt. Misschien heeft het één wel niets met het ander te maken of kunnen zich omstandigheden voordoen die maken dat het voorspelde gevolg niet optreedt. Misschien zijn Lydia's ogen bijvoorbeeld wel zo goed dat lezen bij slecht licht haar helemaal niet deert.
Het algemene argumentatieschema van de causale relatie waarvan het voorbeeld van Lydia een specifieke invulling vormt, is:

Voor   X geldt Y,
want: Voor X geldt Z,
en: Z leidt tot Y.

De belangrijkste kritische vragen bij argumentatie die gebaseerd zijn op een causale relatie zijn:

- Leidt Z wel tot Y?
- Treedt Y wel eens op zonder Z?
- Zijn er gevallen waarin Z niet tot Y leidt?

Net als bij argumentatie die gebaseerd is op een kentekenrelatie bestaat er bij argumentatie van het causale type ook een omgekeerde variant, waarbij het argument aan het gevolg refereert en het standpunt aan de oorzaak:

Lydia heeft vast veel bij slecht licht gelezen, want ze heeft zwakke ogen.

Bij deze omgekeerde variant kan nog een tweede kritische vraag gesteld worden, namelijk of het gevolg (zwakke ogen hebben) niet ook door iets anders veroorzaakt kan zijn (dan lezen bij slecht licht).
Een subtype van argumentatie waarbij in het argument aan een gevolg wordt gerefereerd van hetgeen in het standpunt genoemd wordt, is een pragmatische argumentatie. Daarvan is sprake als in het standpunt een bepaald doel of een bepaalde handelwijze wordt aanbevolen en de argumentatie bestaat uit het opsommen van gunstige effecten of consequenties van het te bereiken doel of van de uit te voeren handeling:

Artsen zouden weer een witte jas moeten gaan dragen, want dat schept afstand (en het is goed als er afstand is tussen arts en patiënt).

Pragmatische argumentatie kan uiteraard ook gebruikt worden om een bepaald doel of een bepaalde handelwijze af te raden:

Artsen zouden geen witte jas meer moeten dragen, want dat schept afstand (en het is niet goed als er afstand is tussen arts en patiënt).

6.8 De presentatie van verschillende typen argumentatie

Voordat een argumentatie beoordeeld kan worden met behulp van de kritische vragen die bij het gebruikte argumentatieschema horen, moet de argumentatie uiteraard eerst herkend worden als een argumentatie van dat specifieke type. Soms is vrij eenvoudig vast te stellen van wat voor type argumentatie er sprake is, doordat er fraseringen worden gebruikt die aangeven welke relatie er tussen het argument en het standpunt gelegd wordt. Zo kunnen de hierna gecursiveerde uitdruk-kingen gebruikt worden om een kentekenrelatie aan te geven:

> Steven is een echte puber, want hij is vreselijk tegendraads; en
> - *het is kenmerkend voor* pubers dat ze tegendraads zijn.
> - *het is karakteristiek voor* pubers dat ze tegendraads zijn.
> - het *is eigen aan* pubers *dat ze* tegendraads *zijn*.
> - tegendraadsheid is *typerend* voor pubers.
> - pubers *zijn* tegendraads.

Een vergelijkingsrelatie kan met behulp van de volgende uitdrukkingen worden aangeduid:

> De democratiseringsbeweging van de jaren zestig moest wel mislukken, want de Franse Revolutie is ook mislukt; en
> - de democratiseringsbeweging van de jaren zestig *is te vergelijken met* de Franse Revolutie.
> - de democratiseringsbeweging van de jaren zestig *komt overeen met* de Franse Revolutie.
> - de democratiseringsbeweging van de jaren zestig *correspondeert in cruciaal opzicht met* de Franse Revolutie.
> - de democratiseringsbeweging van de jaren zestig *is verwant aan* de Franse Revolutie.
> - de democratiseringsbeweging van de jaren zestig *doet denken aan* de Franse Revolutie.

Om een causale relatie aan te geven kunnen de volgende uitdrukkingen dienen:

> Harrie moet wel dronken geweest zijn, want hij had een hele fles whisky op; en
> - het drinken van een hele fles whisky *heeft onherroepelijk tot gevolg dat* je dronken wordt.
> - het opdrinken van een hele fles whisky *leidt tot dronkenschap.*
> - van een hele fles whisky *word je dronken.*
> - een hele fles whisky opdrinken *kan niet anders dan eindigen in* dronkenschap.

Helaas komen de uitdrukkingen die aangeven van wat voor type een enkelvoudige argumentatie is, in principe alleen voor in het onderdeel van de argumentatie dat in de praktijk veelal verzwegen wordt. Gelukkig verschaft ook het expliciete argument vaak wel aanwijzingen voor de identificatie van het type argumentatie.

Bij argumentatie die gebaseerd is op een kentekenrelatie komt er hetzij in het argument hetzij in het standpunt vaak een naamwoordelijk gezegde voor dat nader gekwalificeerd wordt met woorden als *echt(e)*, *doorgewinterde, typische* en *het prototype van*:

> Gijs weet een groep meteen te boeien, want hij is een doorgewinterde onderwijzer.
> Het KNMI-rapport is eerder een brochure dan een echt rapport, want er staan niet eens literatuurverwijzingen in.
> Ik ben er weer snel helemaal bovenop gekomen, want ik ben typisch een Leeuw.

Argumentatie die gebaseerd is op een vergelijkingsrelatie is vaak te herkennen aan woordjes als *ook, evenmin* en *ook niet* in het expliciete argument en *net zo* en *hetzelfde* in het standpunt:

> Het zou absurd zijn als TNT mensen voor niet-totstandgekomen telefoongesprekken liet betalen. Ik betaal toch *ook niet* voor een bioscoopkaartje als de film is uitverkocht?
> Je moet *hetzelfde* orkestje nemen als Erik op zijn feest had, want dat was toen een doorslaand succes.

Dat er van argumentatie sprake is die gebaseerd is op een causale relatie, kan duidelijk worden uit woorden die aangeven dat er een bepaald gevolg zal optreden, zoals *dan, anders, daardoor* en *dat heeft tot gevolg dat*. Als dergelijke woorden in de argumentatie voorkomen, is dat vaak tegelijkertijd een aanwijzing voor pragmatische argumentatie, zoals in het tweede en derde voorbeeld:

> De verkoop van belangrijke kunstwerken aan anonieme kopers zal het voor musea moeilijk maken om kunst van particulieren te lenen, omdat de kopers *dan* niet te achterhalen zijn.
> Natuurlijk wil een schrijver behoorlijk betaald worden. *Anders* kan hij niet van zijn werk leven.
> Wij kunnen niet meedelen wat er werkelijk aan de hand is, want *dan* brengen we bepaalde hoge partijleden in verlegenheid.

Andere aanwijzingen dat er van argumentatie van het causale type sprake is, zijn werkwoorden en uitdrukkingen die verwijzen naar het ontstaansproces of het resultaat van iets, zoals *schept, creëert, dat maakt dat, is ontstaan* en *heeft opgelopen*:

> Je moet niet zo blijven mokken, want *dat maakt dat* ik me schuldig ga voelen.
> Frits kan best een verkoudheid *opgelopen hebben*, want hij heeft voortdurend op de tocht gezeten.

Samenvatting

▶ Bij het beoordelen van een betoog moet eerst worden nagegaan of er geen logische of pragmatische inconsistenties in het betoog voorkomen. Vervolgens of enkelvoudige argumentaties die als logisch geldig worden gepresenteerd inderdaad geldig zijn. Om na te gaan of de verschillende typen argumentatie die in het betoog naar voren worden gebracht deugdelijk zijn, dienen eerst de verzwegen onderdelen te worden geëxpliciteerd. Het geëxpliciteerde verzwegen argument geeft in de regel ook aan wat het argumentatieschema is dat aan de argumentatie ten grondslag ligt, dat wil zeggen via wat voor pragmatisch principe het expliciete argument en het standpunt met elkaar verbonden worden. De deugdelijkheid van elke enkelvoudige argumentatie wordt beoordeeld door bij alle enkelvoudige argumentaties na te gaan of de naar voren gebrachte argumentatieve uitspraken aanvaardbaar zijn en of de kritische vragen die relevant zijn voor het gebruikte argumentatieschema op de verlangde manier beantwoord kunnen worden.

6

Achtergrond-
literatuur

Voor een uitgebreidere behandeling van de pragma-dialectische benadering van argumentatieschema's, zie Eemeren, F.H. van & Grootendorst, R. (1992). *Argumentation, communication, and fallacies* (hoofdstuk 9). Mahwah, NJ: Lawrence Erlbaum Associates. Studies over argumentatieschema's zijn bijvoorbeeld Brockriede, W. & Ehninger, D. (1963). *Decision by debate*. New York: Dodd, Mead; Garssen, B.J. (1997). *Argumentatieschema's in pragma-dialectisch perspectief*. Amsterdam: IFOTT; Kienpointner, M. (1992). *Alltagslogik*. Stuttgart: Frommann-Holzboog; Schellens, P.J. (1985). *Redelijke argumenten*. Dordrecht: Foris; Walton, D.N. (1996). *Argumentation schemes for presumptive reasoning*. Mahwah, NJ: Lawrence Erlbaum Associates.

De klassieke benadering van argumentatieschema's komt aan bod in Leff, M. (1996). Commonplaces and argumentation in Cicero and Quintilian. *Argumentation*, *10*(2), 445-454.

Een overzicht van de belangrijkste benaderingen van argumentatieschema's is te vinden in Garssen, B.J. (2001). Argument schemes. In: F.H. van Eemeren (Ed.). *Crucial concepts in argumentation theory* (hoofdstuk 4). Amsterdam: Amsterdam University Press.

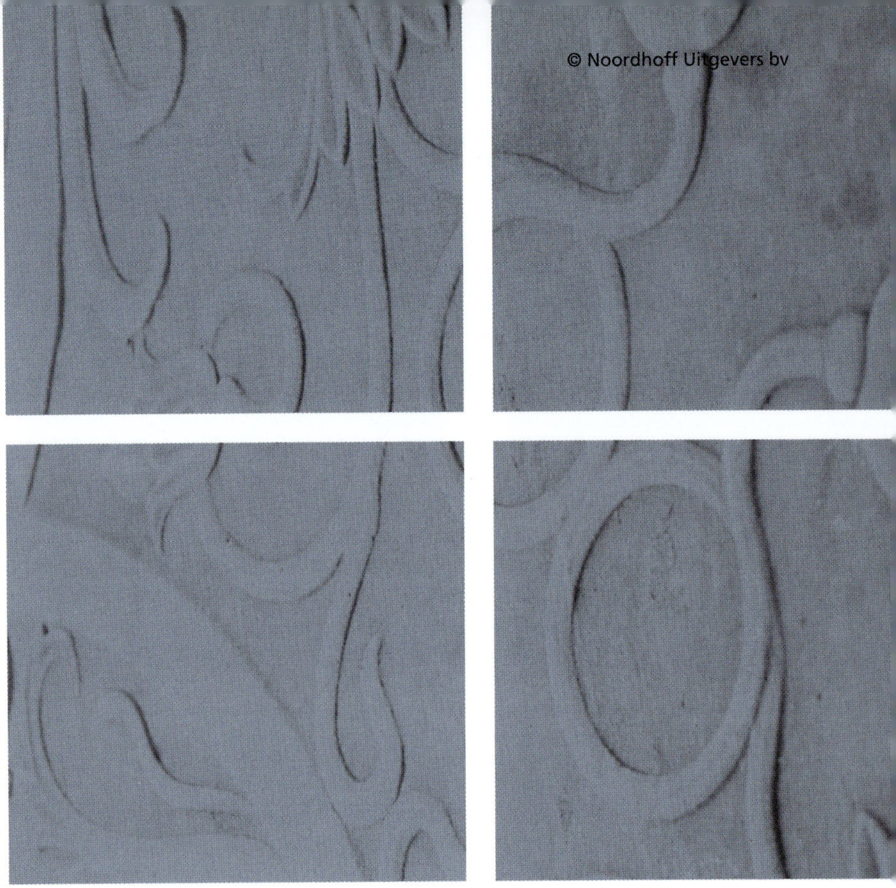

7

Drogredenen als overtredingen van discussieregel 1-5

7

In het ideale geval houden de discussianten zich bij het oplossen van een verschil van mening aan een tiental regels voor een goed verloop van een kritische discussie. Wanneer ze zich niet aan deze regels houden, kunnen hun verschillen van mening niet op een redelijke wijze worden opgelost. Als een van deze regels wordt overtreden, wordt er een ondeugdelijke discussiezet of 'drogreden' begaan. Bij het beoordelen van een betoog moet worden nagegaan of elke bijdrage aan de discussie wel in overeenstemming is met de discussieregels. In dit hoofdstuk worden de eerste vijf discussieregels geïntroduceerd en wordt tevens per regel aangegeven op welke manieren deze discussieregel kan worden overtreden en tot wat voor drogredenen die overtredingen kunnen leiden.

7.1 Drogredenen en discussieregels

Discussianten kunnen op allerlei manieren de oplossing van een
verschil van mening bemoeilijken of zelfs verhinderen. Dat kan in alle
discussiefasen en door beide partijen gebeuren. Er hoeft niet per se
opzet achter verkeerde discussiezetten te schuilen, maar ze zijn wel stuk
voor stuk overtredingen van de discussieregels die bij het oplossen van
een verschil van mening in acht moeten worden genomen. Dergelijke
overtredingen van de discussieregels staan bekend als drogredenen.
Het is lang niet altijd meteen duidelijk dat er een discussieregel overtreden is. Daarin schuilt juist het verraderlijke van drogredenen. Strikt
genomen kan er alleen van een drogreden sprake zijn in een argumentatieve discussie waarin naar het oplossen van een verschil van mening
wordt gestreefd, maar lang niet alle gedachtewisselingen hebben een
argumentatief karakter: ze kunnen ook louter informatief zijn of alleen
ter verstrooiing dienen. In twijfelgevallen is het aan te bevelen om maar
het zekere voor het onzekere te nemen en (het betreffende onderdeel
van) de gedachtewisseling als een argumentatieve discussie op te
vatten, zodat de deelnemers in elk geval de bereidheid wordt toegeschreven om echt naar een oplossing van hun verschil van mening te
streven en zich daarbij aan de regels te houden.
Er zijn tien regels die specifiek zijn voor argumentatieve discussies. De
eerste vijf betreffen de wijze waarop de discussianten zich bij het naar
voren brengen van argumenten en standpunten dienen te gedragen om
te bevorderen dat meningsverschillen tot een oplossing kunnen worden
gebracht. Deze regels worden in dit hoofdstuk besproken. De volgende
vijf regels hebben betrekking op de beoordeling van argumentatie en de
afsluiting van de discussie. Ze worden in hoofdstuk 8 besproken.
Hoewel het in acht nemen van de tien regels geen garantie vormt dat
een verschil van mening ook werkelijk wordt opgelost, verwoorden ze
wel noodzakelijke voorwaarden daarvoor. Drogredenen kunnen aan de
hand van deze regels worden geïdentificeerd. Achter in het boek is een
overzicht te vinden van de verschillende discussieregels en drogredenen.

7.2 De vrijheidsregel

> Regel 1
> De discussianten mogen elkaar niet beletten standpunten of
> twijfel naar voren te brengen.

Een verschil van mening kan alleen goed worden opgelost als het eerst
volledig aan het licht is gekomen. Om zoveel mogelijk te bevorderen dat
dit gebeurt, mogen de deelnemers aan een discussie elkaar niet beperken in hun vrijheid om standpunten en argumenten naar voren te
brengen of in twijfel te trekken. Dit is onder woorden gebracht in
regel 1.
Overtredingen van regel 1 spelen een rol in de confrontatiefase. Ze
hebben tot gevolg dat een verschil van mening niet of slechts gedeelte-
lijk aan de orde komt, zodat het ook niet goed kan worden opgelost.
Regel 1 kan op twee manieren worden overtreden: er kunnen beperkingen worden gesteld aan de standpunten of twijfel die geuit mogen

worden en aan de vrijheid van handelen van de discussiepartner.
Een beperking aan standpunten of twijfel is bijvoorbeeld aan de orde als
bepaalde standpunten heilig worden verklaard, zodat ze niet ter
discussie mogen worden gesteld. Kees Beerepoot laat in het Amsterdamse universiteitsblad *Folia* weten dat er bij de christelijke studenten-
vereniging Cyclades van deze vorm van heilig verklaren gelukkig geen
sprake is:

> 'De sfeer is enorm open. Je kunt alles ter sprake brengen, ook je twijfels.
> Heel anders dan bij andere studenten, waar een gesprek over het geloof
> meestal binnen vijf minuten wordt afgekapt.'

Een ander soort beperking is dat bepaalde standpunten taboe worden
verklaard:

> Ik vind niet dat je dat mag zeggen, dat oma nooit had moeten
> hertrouwen. Over de doden niets dan goeds.

Het aantasten van de vrijheid van handelen van de tegenpartij komt
neer op een poging hem als serieuze discussiepartner uit te schakelen.
Dat kan op twee manieren: door hem onder druk te zetten een bepaald
standpunt niet naar voren te brengen of het in twijfel te trekken en door
zijn deskundigheid, integriteit of geloofwaardigheid in diskrediet te
brengen en hem daardoor in de ogen van het publiek onmogelijk te
maken.

Er zijn allerlei middelen om te verhinderen dat een standpunt naar
voren gebracht of in twijfel getrokken wordt. Het meest doeltreffend is
natuurlijk de tegenstander met fysiek geweld uit te schakelen. Maar ook
het dreigen met geweld of met een andere sanctie kan al heel effectief
zijn.
Een dreigement dat tot doel heeft de andere partij te beletten vrijelijk
zijn standpunt naar voren te brengen of twijfel te uiten, heet een
argumentum ad baculum (drogreden van de stok). Soms wordt een
dreigement heel direct geuit: 'Als je dat door de gemeenteraad probeert
te krijgen, dan stuur ik mijn jongens op je af.' Meestal gebeurt het wat
subtieler. Er wordt dan alleen gezinspeeld op mogelijk vervelende
gevolgen voor de tegenpartij als de spreker zijn zin niet krijgt. Of er
wordt juist met veel nadruk verzekerd dat het niet de bedoeling is om
druk uit te oefenen: 'U moet natuurlijk zelf weten wat u doet, maar u
dient zich wel te realiseren dat wij een grote klant van u zijn.'
Een ander probaat middel om de tegenpartij onder druk te zetten, is op
zijn gevoel te werken: 'Hoe kunt u me nou een onvoldoende geven voor
mijn scriptie. Ik heb er nachten aan doorgewerkt.' Een dergelijk beroep
op medelijden wordt een argumentum ad misericordiam genoemd.

Naast dreigementen, morele chantage en andere middelen om de
tegenpartij buiten spel te zetten, zijn er ook methoden om hem onmogelijk te maken. Als hij bij de luisteraar of lezer als dom, onbetrouwbaar,
bevooroordeeld of anderszins ongeloofwaardig wordt voorgesteld, dan
wordt hij in feite monddood gemaakt. Hem wordt het recht ontzegd aan
de discussie deel te nemen: naar hem hoeft niet geluisterd te worden. In
principe zouden persoonlijke eigenschappen van de discussiepartner

bij het oplossen van een meningsverschil alleen in het geding mogen worden gebracht als ze een rechtstreekse rol spelen, bijvoorbeeld doordat de betrouwbaarheid van een getuigenverklaring of ooggetuigenverslag ter discussie staat.

Een algemeen kenmerk van een persoonlijke aanval is dat hij niet op de inhoudelijke merites van iemands standpunt of twijfel gericht is, maar op diens persoon. De traditionele Latijnse benaming van deze drogreden is daarom argumentum ad hominem. Er zijn verschillende soorten persoonlijke aanvallen. Een eerste variant is de directe persoonlijke aanval op de tegenpartij, die vanwege zijn beledigende karakter bekendstaat als de 'abusive'-variant. Een duidelijk voorbeeld hiervan is de volgende reactie van Ayaan Hirsi Ali op Hans Wiegels standpunt dat het bijzonder onderwijs moet blijven bestaan:

'Ik dacht: ach die man woont in Dieren of Diever of zoiets, op zo'n ideale, idyllische plek. Volkomen levend in het ''land van ooit'', literally.'

Bij de directe persoonlijke aanval wordt, zoals dat wel heet, op de man gespeeld in plaats van op de bal. Er wordt gedaan alsof iemand die dom of slecht is nooit een juist standpunt kan innemen of terecht twijfel kan hebben. De aanvaller lijkt daardoor ontslagen te zijn van de verplichting om zijn kritiek te motiveren.

In de tweede variant worden de motieven die de tegenpartij tot zijn standpunt of twijfel gebracht hebben, verdacht gemaakt: hij heeft er persoonlijk belang bij en is dus bevooroordeeld. Dit is een indirecte persoonlijke aanval, die bekendstaat als de 'circumstantial'-variant. De volgende passage uit een ingezonden brief in *de Volkskrant* bevat zo'n indirecte persoonlijke aanval:

'Marilyn French meent dat de man de oorzaak is van de achtergestelde positie van de vrouw en het milieuprobleem. Ik kan niet aan de indruk ontsnappen dat French waarschijnlijk ooit de vuile sokken waste van een man die zij niet bijzonder lief had, en daarmee haar verstand voor altijd op nul zette.'

Bij de indirecte persoonlijke aanval wordt iemands mening teruggebracht tot een onzuiver persoonlijk motief en worden zijn argumenten 'ontmaskerd' als rationalisaties.

In de derde variant van het argumentum ad hominem wordt geprobeerd de geloofwaardigheid van de tegenpartij te ondermijnen door een tegenstrijdigheid aan het licht te brengen in zijn woorden of daden, bijvoorbeeld tussen zijn opvattingen in het verleden en het heden of tussen wat hij zegt en wat hij doet. Deze variant wordt de tu quoque-variant of jij ook-variant genoemd: *ook jij* doet (of vindt) iets anders dan redelijkerwijs verwacht mocht worden. In de volgende ingezonden brief uit *de Volkskrant* wordt in deze zin gewezen op een tegenstrijdigheid tussen de opvattingen van mevrouw Van Doorn over AFP-onderzoek en haar eigen gedrag:

'In *de Volkskrant* van 3 juli raadt M. van Doorn in het artikel "Elke zwangere vrouw testen is onverantwoord" iedereen af om mee te doen aan het zogenaamde AFP-onderzoek, waarbij wordt gemeten of een aanstaande moeder een grotere kans heeft op een kind met spina bifida

of met het syndroom van Down. Mevrouw Van Doorn was op de hoogte van
de consequenties van AFP-onderzoek, vlokkentest en vruchtwaterpunctie.
Maar ze doet toch mee aan het AFP-onderzoek, waarom?
Omdat ze liever toch geen mongoloïde kind wilde?'

Het uitgangspunt bij de tu quoque-variant is dat wie niet consequent is
ook geen gelijk kan hebben. Wie anders predikt dan hij zelf doet, is
inderdaad inconsequent, maar dit betekent nog niet automatisch dat
zijn standpunt onjuist is. Om de aanvaardbaarheid van zijn standpunt
te kunnen vaststellen, moeten zijn argumenten beoordeeld worden.
Overigens is het alleen een drogreden om te wijzen op tegenstrijdighe-
den als er gewezen wordt op een tegenstrijdigheid met een standpunt
dat iemand buiten de discussie heeft ingenomen. Als iemand in één en
dezelfde discussie tegenstrijdige standpunten of argumenten naar
voren brengt, dan is het natuurlijk geen drogreden om daarop te wijzen.
Integendeel, het opsporen van inconsistenties is juist een noodzakelijk
onderdeel van de beoordeling.

⬤7.3 De verdedigingsplichtregel

> Regel 2
> Een discussiant die een standpunt naar voren brengt, mag niet
> weigeren dit standpunt desgevraagd te verdedigen.

Om een verschil van mening te kunnen oplossen, moet iemand die een
standpunt naar voren brengt ook bereid zijn dit standpunt te verdedigen en iemand die het standpunt in twijfel heeft getrokken, moet bereid
zijn het aan te vallen. Het laatste levert in de praktijk meestal geen
problemen op, omdat iemand die uit eigen beweging een standpunt in
twijfel heeft getrokken er moeilijk bezwaar tegen kan hebben de rol van
antagonist op zich te nemen. Maar wie een standpunt uit, is er niet
altijd zo op gebrand dit ook te verdedigen.
De protagonist kan van deze verdedigingsplicht ontslagen worden
geacht als hij hetzelfde standpunt tegenover dezelfde antagonist al eens
eerder afdoende verdedigd heeft, terwijl er noch aan de uitgangspunten
noch aan de discussieregels intussen iets veranderd is. De verdediging
zou in dat geval immers alleen maar neerkomen op een herhaling. Hij
kan ook van zijn verdedigingsplicht ontslagen worden geacht als hij met
een uitdager te maken heeft die zich nergens op wil vastleggen en zich
ook niet aan de regels wil houden. Het verdedigen van het standpunt is
dan zinloos, omdat de noodzakelijke voorwaarden voor het oplossen
van een verschil van mening niet vervuld zijn.
Overtredingen van regel 2 houden in dat de betreffende discussiant zich
probeert te onttrekken aan zijn verdedigingsplicht. Als dat lukt, blijft de
discussie steken in de openingsfase, waarin de rolverdeling bepaald
wordt. De meest drastische manier om van je verdedigingsplicht af te
komen is deze op de schouders te leggen van degene die je standpunt in
twijfel heeft getrokken: 'Dan moet jij eerst maar eens bewijzen dat het
niet zo is'. Er is dan sprake van de drogreden van het verschuiven van de
bewijslast.
Bij niet-gemengde verschillen van mening is er maar één partij die een
standpunt naar voren heeft gebracht, dus is er ook maar één partij die

iets te verdedigen heeft. Het verschuiven van de bewijslast is in dat geval volstrekt ongerechtvaardigd, want het in twijfel trekken van een standpunt creëert geen enkele verplichting. De antagonist in spe krijgt zo de rol opgedrongen van protagonist van het tegengestelde standpunt, terwijl hij zelf helemaal geen standpunt naar voren heeft gebracht.
De Bond van Nederlandse Predikanten bespreekt het gevaar van het verschuiven van de bewijslast voor predikanten:

> Rond het voornemen van de regering om seksuele intimidatie op te nemen in de Wet gelijke behandeling van mannen en vrouwen, is enige commotie ontstaan. Bernard Luttikhuis vraagt zich af of bij de omkering van de bewijslast (je moet bewijzen dat er geen sprake is van seksuele intimidatie) predikanten niet vogelvrij worden als een klacht tegen hen wordt ingediend. Want hoe kun je in een pastorale relatie ooit bewijzen dat er geen sprake was van seksuele intimidatie?

Bij gemengde geschillen is de situatie wat ingewikkelder. Aangezien beide partijen dan een standpunt naar voren hebben gebracht, hebben ze allebei de bewijslast voor hun eigen standpunt. De enige beslissing die er genomen moet worden, is in welke volgorde zij zich van hun bewijslast moeten kwijten.
Dit volgordeprobleem wordt in de praktijk vaak voorgesteld als een keuzeprobleem. Daardoor wordt geprobeerd de bewijslast uitsluitend bij een van de partijen te leggen, meestal bij degene die een gevestigde opinie, heersende traditie of bestaande stand van zaken aanvalt. De bewijslast wordt in de regel namelijk gelegd bij degene die de status-quo wil veranderen: hij moet maar bewijzen dat het door hem gepropageerde alternatief beter is. Met een aan het strafrecht ontleende term kan gezegd worden dat de status-quo de status heeft van presumptie.
De econoom A. Kapteyn past dit presumptiebeginsel in een artikel in *de Volkskrant* toe op de discussie over arbeidstijdverkorting:

> 'Voorstanders vragen tegenstanders om maar eens aan te tonen dat arbeidstijdverkorting inderdaad ongewenste gevolgen heeft zoals vraaguitval of verstarring in het bedrijfsleven. Het is goed gebruik dat voorstanders van een ingrijpende maatregel (en arbeidstijdverkorting is zeer ingrijpend) aantonen dat zo'n maatregel een gunstig effect heeft, niet dat anderen moeten bewijzen dat het wellicht kwade gevolgen heeft.'

Toepassing van het presumptiebeginsel mag er in een argumentatieve discussie niet toe leiden dat de bewijslast bij een gemengd verschil van mening uitsluitend bij een van de twee partijen wordt gelegd.
Er is nog een ander criterium dat bij gemengde geschillen uitkomst kan bieden bij het bepalen van de verdedigingsvolgorde: het uit het civiele procesrecht bekende billijkheidsbeginsel. Dit beginsel houdt in dat bij de verdediging begonnen moet worden met het standpunt dat het gemakkelijkst te verdedigen is. De jurist Maarten Henket geeft een duidelijk voorbeeld van een verdeling van de bewijslast volgens het billijkheidscriterium:

> 'Een voorbeeld van inbreuk op de regel "Wie iets beweert moet dat bewijzen" vinden wij in alimentatieprocedures. Laat ik voor het gemak maar het vertrouwde voorbeeld nemen van een vrouw die recht heeft op

alimentatie van haar ex-man. De vrouw constateert dat haar ex-man op een gegeven ogenblik meer gaat verdienen en wil meer alimentatie. Volgens de hoofdregel zou zij dan moeten bewijzen dat hij meer verdient. Dat is heel moeilijk, gegeven zaken als het bankgeheim en dergelijke, en in de praktijk draagt de rechter dan ook het bewijs aan de man op: die moet met zijn papieren op tafel komen en dan zal wel blijken of hij inderdaad meer verdient of niet. Dat is dus in strijd met de regel "wie stelt, moet bewijzen".'

Het presumptiebeginsel en het billijkheidsbeginsel kunnen in specifieke gevallen uitkomst bieden over de te volgen procedure, maar een gemengd verschil van mening kan in een argumentatieve discussie nooit helemaal worden opgelost als slechts een van beide partijen zich van zijn verdedigingsplicht kwijt.

Een subtiele methode om onder de verdedigingsplicht voor een standpunt uit te komen, is het standpunt voor te stellen als iets wat helemaal geen verdediging behoeft. De protagonist maakt zich dan schuldig aan de drogreden van het ontduiken van de bewijslast. Hij kan deze drogreden begaan door ten onrechte het standpunt voor te stellen als iets vanzelfsprekends, dat geen ondersteuning nodig heeft: 'Het spreekt vanzelf dat...', 'Geen weldenkend mens zal ontkennen dat...', 'Het behoeft uiteraard geen betoog dat...'. Als deze truc werkt, laat de antagonist zijn twijfel varen doordat hij zich door zulke formuleringen laat overdonderen.

Eenzelfde effect kan de protagonist soms ook bereiken door als het ware persoonlijk in te staan voor de juistheid van het standpunt: 'Ik kan je persoonlijk, met de hand op mijn hart, verzekeren dat...', 'Het lijdt voor mij geen enkele twijfel dat...', 'Je kunt gerust van me aannemen dat...'. De spreker of schrijver staat dan met al zijn – al of niet vermeende – deskundigheid of autoriteit borg voor het standpunt.

Nog een truc om de bewijslast voor een standpunt te ontduiken is het standpunt zo te formuleren dat het immuun wordt voor kritiek, doordat het zich onttrekt aan elke vorm van toetsing of beoordeling. Voorbeelden van zulke 'hermetische' formuleringen van standpunten zijn: 'De vrouw heeft van nature iets bezitterigs', 'De man is eigenlijk een jager', 'De Fransman is in wezen onverdraagzaam' en 'De jeugd is gemakzuchtig'. Er wordt in deze standpunten steeds gesproken van *de* man, *de* vrouw, enzovoort en kwantificerende aanduidingen zoals 'alle', 'sommige', 'de meeste' of 'de gemiddelde', worden vermeden. Vaak worden er bovendien nog ongrijpbare ('essentialistische') kwalificaties als 'eigenlijk', 'in wezen' en 'van nature' gebruikt. Als gevolg van deze kunstgrepen is het onduidelijk hoeveel voorbeelden iemand moet geven om een dergelijk standpunt te rechtvaardigen of – wat vaker het probleem is – te weerleggen. Wie met een tegenvoorbeeld aankomt tegen het standpunt 'Vrouwen hebben van nature iets bezitterigs', zal bijvoorbeeld algauw ontdekken dat zijn kritiek geen hout snijdt, omdat de bij wijze van tegenvoorbeeld opgesomde vrouwen volgens de tegenpartij 'geen echte' vrouwen zijn of vrouwen die zich anders voordoen dan ze zijn. Alle aanvalspogingen ketsen af op een pantser van immuniteit.

7

▰7.4▰ De standpuntregel

> Regel 3
> Een aanval op een standpunt mag geen betrekking hebben op
> een standpunt dat niet werkelijk door de andere partij naar
> voren is gebracht.

Overtredingen van regel 3 houden in dat er een ander standpunt wordt
aangevallen dan door de tegenpartij naar voren is gebracht. Er treedt
dan een verschuiving op in de propositie ten opzichte waarvan de ene
partij een standpunt inneemt en die door de andere partij in twijfel
wordt getrokken. Daardoor wordt het verschil van mening in feite, maar
dikwijls ongemerkt, meervoudig. Wanneer de partijen op deze manier
langs elkaar heen praten, kan het oorspronkelijke verschil van mening
nooit worden opgelost. Als er al van een oplossing sprake lijkt te zijn,
dan is dit hoogstens een schijnoplossing. Wat de één met succes lijkt
aangevallen te hebben, is immers iets anders dan wat de ander naar
voren had gebracht. Dergelijke vertekeningen van standpunten kunnen
in alle fasen van de discussie voorkomen. Al meteen in de confrontatiefase kan de twijfel van de antagonist op een ander standpunt betrekking hebben dan de protagonist naar voren heeft gebracht. In de
openingsfase kunnen de partijen van een andere propositie uitgaan dan
op grond van de confrontatiefase zou moeten. In de argumentatiefase
kan het zijn dat de naar voren gebrachte argumenten en de geleverde
kritiek op verschillende proposities betrekking hebben. En het resultaat
van de discussie kan zo onder woorden worden gebracht dat de afsluitingsfase van de discussie in feite op een andere propositie betrekking
heeft dan waar de discussie om begonnen was.
Er zijn twee verschillende manieren om standpunten aan te vallen die
niet echt door de tegenpartij naar voren zijn gebracht. Het standpunt
van de tegenpartij kan vertekend worden en hem kan een fictief
standpunt in de schoenen worden geschoven. In beide gevallen zal de
manoeuvre eerder succes hebben bij een publiek dat niet zo precies
weet wat de tegenstander beweerd heeft dan bij de tegenpartij zelf.
Wie het standpunt van de tegenpartij vertekent of hem een fictief
standpunt in de schoenen schuift, maakt zich schuldig aan de drogreden van de stroman. In beide gevallen kiest hij bij zijn aanval de weg
van de minste weerstand: hij schrijft zijn tegenstander een standpunt
toe dat (doorgaans) gemakkelijker kan worden aangevallen. Door het
standpunt van zijn tegenstander te verdraaien, richt hij als het ware een
stroman op die hij moeiteloos omver kan duwen. In het meest extreme
geval bestaat er geen enkele gelijkenis tussen het aangevallen standpunt
en het oorspronkelijke standpunt, maar de twee standpunten kunnen
ook slechts een nuance verschillen.

Een van de technieken om de andere partij een fictief standpunt in de
schoenen te schuiven, is zonder enige introductie met veel nadruk het
tegengestelde standpunt naar voren brengen. Wie bijvoorbeeld met veel
aplomb stelt: 'Ik persoonlijk vind de verdediging van onze democratie van
het grootste belang', suggereert daarmee dat zijn tegenstander daar
anders over denkt. Als de tegenstander zich dan niet haast te verklaren dat
hij ook een groot voorvechter is van de democratie, laadt hij onmiddellijk
de verdenking op zich geen boodschap aan de democratie te hebben.

Een andere techniek om de tegenpartij een fictief standpunt in de schoenen te schuiven, is verwijzen naar een partij of groepering waartoe de tegenpartij behoort en die met het fictieve standpunt in verband brengen:

> **Hij zegt nu wel dat hij dit onderzoek nuttig vindt, maar als zakenman vindt hij het natuurlijk eigenlijk alleen maar geldverspillerij.**

Er wordt dan zonder meer van uitgegaan dat het volstrekt duidelijk is wat de groep over de kwestie zal denken en dat dit ook voor alle individuele leden van de groep geldt.

Bij een derde techniek is niet alleen het standpunt fictief, maar ook de tegenstander. Door formuleringen te gebruiken als 'Bijna iedereen denkt dat...', 'Menig leraar vindt dat...' en 'Je hoort de laatste tijd vaak zeggen dat...' wordt in het midden gelaten wie nu eigenlijk het aangevallen standpunt inneemt. Een verwijzing naar enquêtes of ander bewijsmateriaal dat er werkelijk mensen bestaan die de aangevallen stelling aanhangen, ontbreekt.

Bij het vertekenen van het standpunt van de tegenpartij wordt diens standpunt zo weergegeven dat het moeilijker te verdedigen wordt of zelfs onhoudbaar of belachelijk wordt. Dit kan bijvoorbeeld bereikt worden door het standpunt uit zijn context te halen, te simplificeren of te overdrijven. In *de Volkskrant* beschuldigde de socioloog C.J.M. Schuyt een collega-wetenschapper van dergelijke praktijken:

> **'Het resultaat is zeer ontmoedigend: enkele zinnen volledig uit de context citeren, zelf bedoelingen suggereren die er niet staan, en ten slotte met enkele welgemikte overdrijvingen – die er ook niet staan – de prooi rijp maken voor zijn alleswetende en allesetende verslindzucht. Ik vind dit een nogal gemakkelijke manier om wetenschappelijk werk te bespreken.'**

Van overdrijving is sprake als het standpunt wordt veralgemeniseerd, bijvoorbeeld door kwalificaties zoals *sommige, enkele* of *een paar* te vervangen door *alle*. Wie het standpunt verdedigt dat sommige mannen kleinzerig zijn, is klaar als hij een paar van die kleinzerige mannen weet aan te wijzen, maar het standpunt dat álle mannen kleinzerig zijn, is uiteraard aanzienlijk moeilijker afdoende te verdedigen en de aanvalsmogelijkheden zijn navenant groter.

Veelgebruikte technieken bij het simplificeren van standpunten zijn het afzien van nuances en het weglaten van restricties. Een duidelijk voorbeeld van het eerste is de klacht die de medisch socioloog C.W. Aakster bij de Raad voor de Journalistiek indiende tegen de journalist Rob Sijmons: volgens Aakster had Sijmons geschreven dat natuurgenezers louche zijn, terwijl Sijmons in werkelijkheid schreef dat natuurgenezers een gezelschap vormen 'waar de scheidslijn tussen integer en louche vaak nauwelijks waarneembaar is'.

Als het aangevallen standpunt in zijn oorspronkelijke formulering beschikbaar is, is het in principe mogelijk om uitsluitsel te krijgen over de correctheid van de weergave. Lastiger wordt het als de oorspronkelijke formulering niet bij de hand is. In sommige gevallen is de weergave echter zo onwaarschijnlijk dat hij alleen daardoor al verdacht is. Dat geldt bijvoorbeeld voor de weergave van Joop van Holsteyn in *Mare* van

7

de argumenten van de belastingdienst om een uitgebreide voorlichting over de zorgtoeslag nodig te achten:

> Nu moet dus heel Nederland geïnformeerd worden over de zogenaamde zorgtoeslag, een vergoeding voor de hogere ziektekosten, uitbetaald door de belastingdienst. Hierover vielen deze week 24 brieven op de deurmat van mijn huis. [...]
> Natuurlijk is het niet zo dat de belastingdienst aanbelt en het geld zo handje contantje in je knuistje stopt. Je moet er eerst wat arbeid voor verrichten: er moet een formulier worden ingevuld. En dat blijkt geen halve maatregel te zijn, te zien aan de hoeveelheid informatie die doorgespit moet worden. De belastingdienst vreest duidelijk scenario's waarin mensen, diep gekwetst door de eigen onkunde om een formulier in te vullen, nog meer haat zouden gaan voelen jegens de blauwe-enveloppenproducent. Dus werden er uitgebreide voorzorgsmaatregelen genomen.

In andere gevallen moet er gelet worden op bepaalde signalen in de wijze waarop het standpunt wordt gepresenteerd. Enige achterdocht is op zijn plaats als de weergave van een standpunt al te nadrukkelijk als correct wordt aangeprezen: 'Het is duidelijk dat de auteur van mening is dat...', 'De auteur gaat er kennelijk van uit dat...', enzovoort. Hoewel de formuleringen anders suggereren, is het dan vaak zo dat de auteur niet precies het standpunt inneemt dat hem wordt toegeschreven.

7.5 De relevantieregel

> Regel 4
> Een standpunt mag niet worden verdedigd door non-argumen-tatie naar voren te brengen of argumentatie die geen betrekking heeft op het standpunt.

In regel 4 worden aan de verdediging van standpunten twee minimum-eisen gesteld: de verdediging mag alleen plaatsvinden met behulp van argumenten en die argumenten moeten ook echt op het standpunt slaan dat verdedigd wordt. Als het de antagonist niet duidelijk is dat niet aan deze eisen is voldaan, dan kan het gebeuren dat hij het standpunt abusievelijk aanvaardt en het verschil van mening niet echt is opgelost, maar alleen opgelost lijkt.
Overtredingen van regel 4 komen voor in de argumentatiefase. Er zijn twee soorten overtredingen. Ten eerste kan een standpunt met andere middelen dan argumentatie worden verdedigd, terwijl gedaan wordt of er argumentatie wordt aangevoerd. Dan is er sprake van non-argumen-tatie. Ten tweede kan het zijn dat de argumentatie die wordt aangevoerd helemaal geen betrekking heeft op het standpunt dat in de confronta-tiefase naar voren is gebracht. In dat geval is er sprake van irrelevante argumentatie.

Bij het gebruik van non-argumentatie staat doorgaans niet het overtui-gen van de andere partij voorop, maar het winnen van bijval bij ande-ren. In plaats van argumentatie naar voren te brengen voor het stand-punt dat ter discussie staat, wordt bijvoorbeeld ingespeeld op de

emoties, sentimenten of vooroordelen van het geïnteresseerde publiek. Uitgaande van de klassieke indeling van de overredingsmiddelen met behulp van de begrippen logos, ethos en pathos, zou men kunnen zeggen dat pathos hier de plaats inneemt van logos. Daarom spreekt men bij inspelen op het gevoel van het publiek van pathetische drogredenen.
Pathetische drogredenen gedijen over het algemeen het best in discussies met een massaal karakter, waar velen zich bij betrokken voelen. Wie bij dergelijke gelegenheden de (positieve of negatieve) emoties van de aanwezigen het best weet te manipuleren, heeft de grootste kans zijn zin te krijgen. Tot de positieve emoties die geëxploiteerd kunnen worden, behoren bijvoorbeeld gevoelens van veiligheid en loyaliteit. Tot de negatieve emoties behoren angst, hebzucht en schaamte. In de volgende ingezonden brief wordt geklaagd over het bespelen van de sentimenten van het publiek door een van de deelnemers aan een discussie over terreurbestrijding:

> Wanneer u het bijvoorbeeld heeft over onschuldige vrouwen en kinderen die het slachtoffer van terreur zijn geworden, is dat een vals bespelen van het sentiment van de juryleden. En wel omdat het even erg is als mannen het slachtoffer worden. Gewone mannen of agenten van politie of soldaten.

De vooroordelen en sentimenten waarop wordt ingespeeld, worden doorgaans niet echt als argumenten gepresenteerd. Vaak is het voldoende om de betekenis van bepaalde belangen of waarden op emotionele wijze te benadrukken. Het publiek legt dan zelf wel de gewenste verbinding met het standpunt dat ter discussie staat.
Naast het retorische overtuigingsmiddel van de pathos, kan een protagonist bij de verdediging van zijn standpunt ook een beroep doen op ethos. Volgens Aristoteles is dit zelfs het meest effectief. Een spreker die een ethische drogreden begaat, probeert het verschil van mening in zijn voordeel te beslechten louter door te schermen met eigen kwaliteiten. Hij is eropuit het vertrouwen van het publiek in zijn deskundigheid, geloofwaardigheid of integriteit te vergroten, opdat hij op zijn woord geloofd zal worden. Het crëeren van een bijzonder sterk ethos kan het aanvoeren van argumentatie voor een standpunt zelfs helemaal overbodig maken.
Op zichzelf is er aan een beroep op ethos niets verwerpelijks. In veel gevallen heeft men geen andere keus dan iets op gezag van deskundigen aan te nemen. Sommige onderwerpen vereisen nu eenmaal zoveel specialistische kennis dat een leek de standpunten niet zelfstandig naar waarde kan schatten. Er zijn ook gevallen waarin de protagonist de enige getuige is van een bepaalde gebeurtenis of de enige die de juistheid van een bepaalde uitspraak kan controleren. Dat laatste is bijvoorbeeld dikwijls zo bij uitspraken over zijn gemoedstoestand of fysieke welzijn. Dat men in dergelijke gevallen op iemands gezag moet afgaan, is op zich niet erg, maar men moet zich wel realiseren dat er dan niet echt sprake is van het oplossen van een verschil van mening: men laat de deskundige het geschil beslechten.
Er is natuurlijk wel iets mis wanneer degene op wie men geacht wordt af te gaan de vereiste deskundigheid helemaal niet bezit of wanneer de geclaimde deskundigheid helemaal niet relevant is voor de kwestie waar het in de discussie om gaat. Dan is er sprake van een argumentum ad

verecundiam. Dit laatste is bijvoorbeeld het geval als iemand zich nadrukkelijk als professor afficheert en in die hoedanigheid uitspraken doet over de gevaren van kernenergie, terwijl hij in feite egyptoloog is. Bij irrelevante argumentatie wordt er in feite een ander standpunt verdedigd dan waarover verschil van mening bestaat. Net als bij de stroman treedt er een verschuiving op in de propositie ten opzichte waarvan een standpunt wordt ingenomen. Maar bij irrelevante argumentatie is het de protagonist die zijn eigen standpunt vertekent. In plaats van op het vergemakkelijken van de aanval, is de verschuiving er in dit geval op gericht het standpunt gemakkelijker te verdedigen te maken. De drogreden van het naar voren brengen van argumentatie die alleen relevant is voor een standpunt dat in feite niet ter discussie staat, heet ignoratio elenchi. Een voorbeeld van zulke irrelevante argumentatie is:

> De Nederlandse amateursport gaat kapot aan het schenken van alcohol, want uit onderzoek blijkt dat in 85% van alle sportkantines alcohol wordt geschonken.

Op het eerste gezicht lijken het argument en het standpunt misschien wel iets met elkaar te maken hebben, maar toch kan het argument dat in dit voorbeeld wordt aangevoerd ('Uit onderzoek blijkt dat in 85% van alle sportkantines alcohol wordt geschonken') niet ter ondersteuning dienen van het standpunt dat de Nederlandse amateursport kapotgaat aan het schenken van alcohol. Het zou wel een ander standpunt kunnen ondersteunen: 'Het is zeer waarschijnlijk dat iemand in een sportkantine alcohol te drinken kan krijgen.'

7.6 De verzwegen-argumentregel

> Regel 5
> Iemand mag de tegenpartij niet ten onrechte verzwegen argumenten toeschrijven of zich aan de verantwoordelijkheid voor een van zijn eigen verzwegen argumenten onttrekken.

Overtredingen van regel 5 houden verband met het feit dat er in communicatie in de omgangstaal doorgaans allerlei onderdelen van het betoog impliciet blijven of alleen indirect tot uitdrukking worden gebracht. Het is natuurlijk niet goed als een discussiant door misbruik te maken van bepaalde kenmerken van impliciet of indirect taalgebruik voordeel tracht te behalen in de discussie. Dat is bijvoorbeeld het geval als de antagonist een invulling van het verzwegen argument geeft die verder gaat dan waar de protagonist aan gehouden kan worden. Deze vorm van overdrijving, die maakt dat het standpunt gemakkelijker kan worden aangevallen, kan worden aangeduid als de drogreden van het opblazen van wat er verzwegen is. Ook de protagonist kan zich aan een overtreding van regel 5 schuldig maken. Dat gebeurt wanneer hij zich tracht te onttrekken aan de gebondenheden die hetgeen hij zegt meebrengt en de drogreden begaat van het loochenen van een verzwegen argument.
Overtredingen van regel 5 vinden plaats in de argumentatiefase. Ze hebben tot gevolg dat het verschil van mening niet goed tot een oplos-

sing kan worden gebracht doordat de deelnemers zich aan hun gebondenheden onttrekken of elkaar iets ten onrechte in de schoenen
schuiven. In feite houdt regel 5 in dat de protagonist niet gehouden kan
worden aan iets waaraan hij niet echt gebonden is en aan alles gehouden kan worden waaraan hij echt gebonden is.

Bij de drogreden van het opblazen van wat er verzwegen is, gaat de
antagonist bij het expliciteren van een verzwegen argument verder dan
toelaatbaar is en schrijft hij de protagonist een argument toe dat niet tot
diens gebondenheden behoort. In het volgende gesprek maakt Hester
zich aan deze drogreden schuldig:

> Jeroen: 'Het zou kunnen zijn dat hij niet zo erg van honden houdt, want hij
> heeft een kat.'
> Hester: 'Dus jij denkt dat iedereen die een kat heeft honden per definitie
> haat?'
> Jeroen: 'Nee, dat zeg ik niet, maar er zijn vrij veel kattenbezitters die niet
> zo erg van honden houden.'

Gezien de voorzichtige manier waarop Jeroen zijn standpunt heeft
geformuleerd ('Het zou kunnen zijn dat...') is het niet terecht hem het
verzwegen argument toe te schrijven dat iedereen die een kat heeft per
definitie honden haat. Bovendien is 'niet zo erg van honden houden'
zeker niet hetzelfde als 'honden haten'. Ook in dat opzicht is er sprake
van overdrijving en dus van het opblazen van wat er verzwegen is.

Bij de drogreden van het loochenen van een verzwegen argument
ontkent de spreker of schrijver dat hij verantwoordelijk is voor de
impliciete onderdelen van zijn betoog. Als het daarbij gaat om een
verzwegen argument dat op een correcte wijze is geëxpliciteerd, is dit
niet terecht. Door zich er ten onrechte achter te verschuilen dat hij 'dat
niet heeft gezegd', staat hij een echte oplossing van het verschil van
mening in de weg.
De neiging om verzwegen argumenten te loochenen is het sterkst als er
in een verzwegen argument zwakke of controversiële elementen
verstopt zitten. Het volgende tekstje is daar een duidelijk voorbeeld van:

> Ik heb niets tegen homoseksuelen. Ik vind alleen dat de leeftijdgrens voor
> homoseksueel geslachtsverkeer met jonge kinderen niet omlaag moet,
> want anders bestaat het gevaar dat ze homoseksueel gemaakt worden.

Door het gebruik van het woord 'gevaar' is duidelijk dat van de tolerante
houding waarvan de spreker in zijn eerste uitlating blijk geeft in
werkelijkheid geen sprake is: het verzwegen argument in deze (pragmatische) argumentatie is dat homoseksualiteit iets is wat zo mogelijk
voorkomen dient te worden.

Samenvatting

▶ Drogredenen zijn overtredingen van discussieregels. Het zijn discussiezetten die het oplossen van een verschil van mening bemoeilijken of zelfs verhinderen. Ze kunnen in alle discussiefasen voorkomen en beide partijen kunnen zich er schuldig aan maken. Bij het naar voren brengen van standpunten en argumenten komen de volgende verkeerde discussiezetten regelmatig voor: het onder druk zetten of persoonlijk aanvallen van de tegenstander (vrijheidsregel, 1), het verschuiven of ontduiken van de bewijslast (verdedigingsplichtregel, 2), het creëren van een stroman (standpuntregel, 3), het gebruik van irrelevante argumentatie en retorische trucs (relevantieregel, 4), het op een oneigenlijke manier omspringen met verzwegen argumenten (verzwegen-argumentregel, 5).

7

Achtergrond-literatuur

Een invloedrijk historisch boek over de studie van de drogredenen is Hamblin, C.L. (1970). *Fallacies*. Londen: Methuen, herdrukt door Newport News VA: Vale Press. Een belangrijk leerboek over drogredenen is Woods, J. & Walton, D. (1982). *The logic of the fallacies*. Toronto: McGraw-Hill: Ryerson.

De pragma-dialectische benadering van de drogredenen wordt uiteengezet in Eemeren, F.H. van & Grootendorst, R. (1992). *Argumentation, communication and fallacies: A pragma-dialectical perspective* (hoofdstuk 8-19). Hillsdale, NJ: Lawrence Erlbaum.

Een overzicht van de belangrijkste benaderingen van drogredenen wordt gegeven door Eemeren, F.H. van (2001). Fallacies. In F.H. van Eemeren (Ed.), *Crucial concepts in argumentation theory* (hoofdstuk 6). Amsterdam: Amsterdam University Press.

7

8
Drogredenen als overtredingen van discussieregel 6-10

8

De behandeling van discussieregels die in hoofdstuk 7 is begonnen, wordt in hoofdstuk 8 voortgezet. In hoofdstuk 7 werden de eerste vijf regels besproken van de discussieregels die bij het op redelijke wijze oplossen van een verschil van mening in acht moeten worden genomen, in hoofdstuk 8 de laatste vijf regels. Daarmee zijn alle discussieregels behandeld die voor de verschillende fasen (of voor alle fasen) van een kritische discussie gelden. Tevens is aangegeven welke drogredenen in de verschillende discussiefasen precies kunnen worden begaan als er een bepaalde discussieregel wordt overtreden. Uiteraard kunnen drogredenen pas op een verantwoorde wijze worden geïdentificeerd als de argumentatieve tekst of discussie eerst zorgvuldig is geanalyseerd en de discussieregels op de juiste manier kunnen worden toegepast.

8.1 Het afdoende verdedigen van een standpunt

Om een verschil van mening te kunnen oplossen, moeten de discussianten elkaar de vrijheid geven het verschil van mening volledig tot uitdrukking te brengen, bereid zijn aan de bewijslast voor hun standpunten te voldoen door argumentatie naar voren te brengen ter verdediging van die standpunten, de ander niet ten onrechte standpunten of argumenten toeschrijven en zelf niet onder eigen gebondenheden proberen uit te komen. Hoewel er al veel gewonnen is als de partijen dit allemaal doen, is dat nog niet voldoende. Het is ook nodig dat de aangevoerde argumentatie aan een aantal eisen voldoet.
Een verschil van mening is opgelost ten gunste van de protagonist als deze zijn standpunt afdoende weet te verdedigen en ten gunste van de antagonist als dit niet lukt. Van een afdoende verdediging kan alleen sprake zijn als de argumenten voor de tegenstander direct aanvaardbaar zijn doordat ze deel uitmaken van de gemeenschappelijke uitgangspunten of als de argumenten op grond van geldige redeneringen en deugdelijke argumentatieschema's aanvaardbaar zijn. Wanneer de discussianten zich niet aan de regels voor het afdoende verdedigen van standpunten houden, bevat hun argumentatie drogredenen die maken dat de verdedigingspoging niet aanvaardbaar is.

8.2 De uitgangspuntregel

> Regel 6
> Iemand mag niet ten onrechte iets als gemeenschappelijk uitgangspunt presenteren of ten onrechte ontkennen dat iets een gemeenschappelijk uitgangspunt is.

Net zoals het geen zin heeft een argumentatieve discussie te voeren met iemand die weigert zich aan welke discussieregel dan ook te houden, heeft het geen zin met iemand te discussiëren die zich op geen enkel uitgangspunt wil vastleggen. Om een verschil van mening te kunnen oplossen, moeten de partijen ten minste een minimum aan feiten, waarheden, normen, waarden en waardehiërarchieën gemeen hebben. Als ze het helemaal nergens over eens zijn, zullen ze er ook nooit in slagen elkaar van de aanvaardbaarheid van een standpunt te overtuigen. In laatste instantie berust de verdediging van een standpunt immers op uitspraken die voor beide partijen aanvaardbaar zijn. In de praktijk worden er zelden expliciete afspraken gemaakt over wat gemeenschappelijke uitgangspunten zullen zijn. De discussianten gaan er stilzwijgend van uit dat er zulke uitgangspunten zijn. Naarmate ze elkaar beter kennen, zullen ze in de regel beter weten wat de gemeenschappelijke uitgangspunten zijn. Dan hoeven er soms ook geen afspraken te worden gemaakt.
De protagonist en de antagonist hoeven overigens niet echt allebei te geloven dat de proposities die als gemeenschappelijk uitgangspunt fungeren allemaal waar of aanvaardbaar zijn. Wel dienen ze te handelen alsof ze erin geloven. Soms wordt van bepaalde proposities alleen maar even aangenomen dat ze waar zijn, om ze beter te kunnen toetsen of juist te laten zien dat ze onaanvaardbaar zijn, omdat ze onhoudbare consequenties hebben. Dit zou niet kunnen als de

discussianten hun uitgangspunten echt allemaal aanvaardbaar moesten vinden.

Overtredingen van regel 6 houden in dat ten onrechte gedaan wordt alsof iets tot de gemeenschappelijke uitgangspunten behoort of ten onrechte ontkend wordt dat dit het geval is.

Regel 6 wordt overtreden door de antagonist als hij een propositie in twijfel trekt die volgens afspraak tot de gemeenschappelijke uitgangs-punten behoort of waarvan de protagonist op grond van controleer-bare achtergrondkennis mag aannemen dat de antagonist eraan gehouden kan worden. Een propositie die de status van uitgangspunt heeft, mag in de discussie niet in twijfel worden getrokken. Wel kan iemand de propositie in kwestie later natuurlijk alsnog ter discussie stellen in een andere discussie. Als alles tegelijk in twijfel zou worden getrokken, is een zinnige discussie uitgesloten en kan een verschil van mening niet worden opgelost. Dat kan ook niet als een antagonist die een propositie eerder tot zijn uitgangspunten rekende die propositie in de loop van de discussie om opportunistische redenen opeens in twijfel gaat trekken: 'Maar heb je mij dan ooit horen beweren dat de aarde rond is?', 'Maar wat is er eigenlijk tegen incest?'.

Regel 6 wordt overtreden door de protagonist als hij net doet of een propositie uit zijn argumentatie tot de gemeenschappelijke uitgangs-punten behoort terwijl dat niet zo is. Een bekende techniek om te voorkomen dat een propositie wordt aangevallen, is iets wat discuta-bel is een zo weinig prominente plaats geven in de formulering dat het niet opvalt. Dit kan gebeuren door de discutabele propositie niet naar voren te brengen als een gewone bewering die in twijfel kan worden getrokken, maar hem als een presuppositie (een vooronderstelling waar de spreker of schrijver stilzwijgend van uitgaat) bij een andere bewering op te nemen. In plaats van ronduit te zeggen: 'Felix is verslaafd aan gokken', wordt dan bijvoorbeeld gezegd: 'Onbegrijpelijk dat Felix niets aan die gokverslaving doet.' Doordat Felix' verslaafdheid aan gokken in deze alternatieve formulering is vooronderstel, wordt (ten onrechte) de indruk gewekt dat deze verslaafdheid een vaststaand feit is.

Niet alleen bij het doen van beweringen, maar ook bij het stellen van vragen kan de protagonist misbruik maken van presupposities:

Met wie heb je vandaag allemaal ruzie gemaakt?

Als nog ter discussie staat of er wel ruzie is geweest, dan is de formule-ring van deze vraag misleidend, omdat hij de indruk wekt dat het een gemeenschappelijk uitgangspunt is dat er ruzie is gemaakt. In feite bestaat deze vraag uit twee vragen: 'Heb je vandaag met iemand ruziegemaakt?' en 'Met wie heb je ruziegemaakt?'. Slechts een van deze beide vragen wordt duidelijk als zodanig gepresenteerd. Deze overtre-ding van regel 6 staat bekend als de drogreden van de meervoudige vraag.

Een ander geval waarin de protagonist ten onrechte aanneemt dat een propositie tot de gemeenschappelijke uitgangspunten behoort, doet zich voor als hij ter verdediging van zijn standpunt een argument aanvoert dat op hetzelfde neerkomt als het standpunt. Omdat het

standpunt nu juist ter discussie staat, kan hij weten dat een uitspraak die gelijk of synoniem is aan dit standpunt nooit tot de gemeenschappelijke uitgangspunten kan behoren. Als hij het toch doet voorkomen alsof dit wel zo is, maakt hij zich schuldig aan een cirkelredenering, ook wel petitio principii of begging the question genoemd.
Een eenvoudig voorbeeld van een cirkelredenering is:

Discriminatie is strafbaar, want het is tegen de wet.

De cirkel valt misschien niet onmiddellijk op, maar wél als men zich realiseert dat 'strafbaar' altijd een overtreding van de wet impliceert. Argument en standpunt zijn daarom vrijwel identiek. Een grappig voorbeeld van een minder doorzichtige cirkelredenering wordt in *Het avondrood der magiërs* aan de kaak gesteld door Rudy Kousbroek:

'In een recent nummer van Tirade leest G. van het Reve iemand de les die zich beroepen had op het motto van W.F. Hermans: 'de mens is een chemisch proces als een ander'. 'Ik heb nog nooit een brief van een chemisch proces gehad', luidde Van het Reves weerlegging van dat motto. Een klassiek voorbeeld van het te bewijzene als bewijs gebruiken: gesteld dat het motto juist is, dan krijgt Van het Reve geregeld en uitsluitend brieven van chemische processen, en zijn weerlegging is dan iets als juffrouw Lap die bewijst dat mensen geen zoogdieren zijn door te zeggen dat zij nog nooit een brief van een zoogdier (bv. een ezel) heeft gekregen (1970, p. 37).'

●8.3 De geldigheidsregel

Regel 7
De redeneringen die in de argumentatie als formeel geldig worden voorgesteld mogen geen logische fouten bevatten.

Overtredingen van regel 7 zijn lang als de belangrijkste drogredenen beschouwd. Toch is ongeldigheid van redeneringen zeker niet de belangrijkste oorzaak van het niet-bereiken van een oplossing van een verschil van mening. Al was het maar omdat de meeste redeneringen in de omgangstaal, die veelal incompleet zijn, gemakkelijk tot een geldige redenering kunnen worden aangevuld.
Om van een overtreding van regel 7 te kunnen spreken, moet de argumentatie een redenering bevatten die zowel compleet is als ongeldig. De overtredingen hebben te maken met de vorm van de redenering die aan de argumentatie ten grondslag ligt.
Er zijn een paar foute redeneervormen die in de argumentatiefase met een zekere regelmaat voorkomen. Twee bekende voorbeelden zijn de bevestiging van de consequens en de ontkenning van het antecedent, de ongeldige tegenhangers van de redeneringen van het modus ponens- en modus tollenstype.
Bij deze twee ongeldige redeneervormen is de fout dat een voldoende voorwaarde wordt aangezien voor een noodzakelijke voorwaarde. Redeneringen van het type bevestiging van de consequens en ontkenning van het antecedent vertonen het volgende patroon:

Als je bedorven vis eet (antecedent) word je misselijk. (consequens)
Annie is misselijk. (bevestiging consequens)
Dus: Annie heeft bedorven vis gegeten.

Als je bedorven vis eet (antecedent) word je misselijk. (consequens)
Annie heeft geen bedorven vis gegeten. (ontkenning antecedent)
Dus: Annie is niet misselijk.

De ongeldigheid van beide redeneringen wordt duidelijk als men zich realiseert dat Annie ook door andere oorzaken misselijk kan zijn dan door het eten van bedorven vis, bijvoorbeeld door zeeziekte, zwangerschap of zenuwen.

Een andere overtreding van regel 7 is het ten onrechte toekennen van een eigenschap van een geheel aan de samenstellende delen, of omgekeerd. In het eerste geval wordt de fout een divisiedrogreden genoemd, in het laatste een compositiedrogreden.
Bij deze drogredenen wordt ten onrechte gedaan alsof het geheel via een eenvoudige optelsom uit de afzonderlijke delen is af te leiden en alsof elke eigenschap van het geheel ook onverkort in elk van de samenstellende delen is terug te vinden. Maar niet alles wat voor de delen geldt, geldt op dezelfde manier voor het geheel. Als een gerecht uit alleen maar smakelijke ingrediënten is samengesteld, is dat nog geen garantie dat het gerecht zelf ook lekker is. De conclusie die in de aankondiging van de cursus 'Koken Voor Mannen' door buurthuis Lydia getrokken wordt, lijkt dan ook wat al te optimistisch:

Er wordt gewerkt met boter, slagroom en drank. De maaltijd is dan ook verrukkelijk!

Een ander voorbeeld van de compositiedrogreden is:

De rooms-katholieke kerk is een kerk van arme mensen.
Dus: De kerk is straatarm.

Wat is er nu precies mis met deze argumentatie? In de eerste plaats wordt er geen rekening mee gehouden dat de eigenschap 'arm' relatief is: op individuele personen zijn andere maatstaven voor rijkdom van toepassing dan op een kerk. Of de rooms-katholieke kerk arm is of niet kan alleen worden vastgesteld door de rijkdom van die kerk te vergelijken met andere kerken of soortgelijke instituties. In de tweede plaats wordt in deze argumentatie de indruk gewekt dat de rijkdom van een kerk eenvoudigweg de som is van het inkomen en bezit van de individuele lidmaten, terwijl er ook andere factoren in het spel zijn. Het is bijvoorbeeld van belang te weten welk deel van hun inkomen de lidmaten aan de kerk afstaan.

Relatief

Een voorbeeld van de divisiedrogreden is:

Het kabinet is besluiteloos.
Dus: De ministers zijn besluiteloos.

In deze argumentatie wordt ten onrechte aangenomen dat als het kabinet als geheel besluiteloos is, alle leden van het kabinet ook automatisch besluiteloos zijn, terwijl het best mogelijk is dat alle leden zeer besluitvaardig zijn maar toevallig wel allemaal iets anders willen, zodat het kabinet als geheel niet gemakkelijk tot een besluit kan komen.

8.4   De argumentatieschemaregel

> Regel 8
> Een niet door een formeel geldige redenering bewezen standpunt mag niet als afdoende verdedigd worden beschouwd als de verdediging niet plaatsvindt door middel van een geschikt argumentatieschema dat correct is toegepast.

Ook al zijn de uitspraken waaruit de argumentatie bestaat nog zo aanvaardbaar voor beide partijen, als ze geen adequate ondersteuning vormen van het standpunt (of van een van de argumenten) is de verdedigingspoging niet geslaagd. Alleen wanneer de protagonist bij zijn verdediging een geschikt argumentatieschema gebruikt en dat schema correct toepast, kan zijn verdediging van het standpunt slagen. Gebruikt hij daarentegen een ongeschikt schema of past hij een schema niet correct toe, dan is er sprake van een overtreding van regel 8. Omdat dergelijke overtredingen fouten zijn bij het verdedigen van een standpunt, treden ze op in de argumentatiefase.

Van sommige schema's wordt betwijfeld of ze wel geschikt zijn om er standpunten mee te verdedigen. Dit geldt bij voorbeeld voor een variant van argumentatie die gebaseerd is op een kentekenrelatie: populistische argumentatie. Bij populistische argumentatie bestaat de kans dat regel 8 wordt overtreden doordat de tegenstander het principieel oneens is met het gebruik van dit schema. In deze vorm van argumentatie wordt het aantal personen dat iets vindt als argument gebruikt voor de aanvaardbaarheid van het standpunt: het standpunt moet aanvaard worden omdat zoveel mensen het ermee eens zijn. De naam van deze drogreden, argumentum ad populum, verwijst naar dit beroep op de massa. Renate Rubinstein keerde zich in *Vrij Nederland* ooit eens fel tegen deze manier van argumenteren:

> 'Honderdduizenden juichende lezeressen, lezers, kijkers, luisteraars zijn geen enkel bewijs voor de juistheid van een denkbeeld en het is pure demagogie om het als argument te gebruiken.'

In een andere erkend ondeugdelijke manier van argumenteren wordt verkeerd gebruikgemaakt van een causale relatie. De fout bestaat erin dat feiten en normen door elkaar worden gehaald: ter ondersteuning van een standpunt met een feitelijke propositie wordt een argument aangevoerd dat een normatief karakter heeft doordat het wenselijke of juist onwenselijke consequenties van het standpunt noemt: 'Het is niet waar, want het mag niet waar zijn' of 'Het is waar, want het moet waar zijn'. Deze ondeugdelijke vorm van argumentatie staat bekend als het argumentum ad consequentiam:

Rationaliteit en analytisch vermogen zijn geen mannelijke eigenschappen. Immers, als wij hiervan uitgaan, dan geven wij – ongewild – mannen een voorsprong bij sollicitatie en promotie.

Ook al is een argumentatieschema in principe geschikt, niet elke toepassing ervan is meteen goed. Een argumentatieschema wordt alleen correct toegepast als alle kritische vragen die bij dit schema horen bevredigend kunnen worden beantwoord. Wanneer de argumentatie bijvoorbeeld gebaseerd is op een vergelijkingsrelatie, dan moet de vergelijking ook echt opgaan, wil er van een correcte toepassing sprake kunnen zijn. Dit betekent dat de vergeleken gevallen inderdaad vergelijkbaar moeten zijn en dat zich geen specifieke omstandigheden moeten voordoen die maken dat de vergelijking niet opgaat. Als de argumentatie in een van deze twee opzichten tekortschiet, is er sprake van de drogreden van de verkeerde analogie.

Een ander voorbeeld van een fout die veel gemaakt wordt, is een verkeerde toepassing van pragmatische argumentatie, een subtype van causale argumentatie.

De fout houdt in dat ten onrechte gesuggereerd wordt dat we met een bepaalde maatregel onherroepelijk van kwaad tot erger zullen vervallen, terwijl het helemaal niet vaststaat dat de voorspelde kwalijke gevolgen werkelijk zullen optreden. Een van de kritische vragen bij argumentatie die gebaseerd is op een causale relatie is daarom niet bevredigend beantwoord. Dit is de drogreden van het hellend vlak, die vaak wordt aangeduid met de Engelse benaming slippery slope. Een hellend vlak valt te bespeuren in de schets van Gerrit Komrij in *NRC Handelsblad* van de gevolgen van het alleen voor subsidie in aanmerking laten komen van activiteiten die gericht zijn op het terugdringen van seksueel geweld tegen vrouwen (en niet tegen homoseksuelen):

'Wie seksueel geweld alleen maar interessant vindt wanneer het is gericht tegen zo'n willekeurige, door de gril van de dag en de populariteitscoëfficiënt bepaalde categorie als vrouwen en meisjes zal op het laatst, doorgeredeneerd, elke vorm van geweld acceptabel gaan vinden mits het maar gericht is tegen een speciaal voor dat doel uitverkoren vijand.'

Bij het leggen van causale verbanden gaat er vaak iets mis. Zo wordt soms alleen uit het feit dat twee gebeurtenissen na elkaar plaatsvinden een oorzaak-gevolgrelatie afgeleid. Er is dan sprake van de drogreden post hoc ergo propter hoc ('daarna, dus daardoor'). Milan-trainer Sacchi leek zich aan deze drogreden te bezondigen toen hij suggereerde dat het gestegen aantal abonnementhouders sinds zijn komst op zijn conto te schrijven was:

'Milan-trainer Sacchi was na afloop vol complimenten voor het goede spel van Sampdoria en stak ook zichzelf een pluim op de hoed. "Dit Milan bevalt me," zei Sacchi.
"Zijn manier van spelen bevalt me, zijn moed, zijn wil om te winnen. Sinds ik er ben zijn we gestegen van 40 naar 71 duizend abonnementhouders. Daar moet een reden voor zijn".'

Ten slotte geven we twee voorbeelden van een incorrecte toepassing van een argumentatieschema dat gebaseerd is op een kentekenrelatie: misbruik van autoriteit en de overhaaste generalisatie of secundum quid. Autoriteitsargumentatie kan op zich een legitieme vorm van argumenteren zijn. Er is pas sprake van misbruik van autoriteit als iemand in de argumentatie ten onrechte als een autoriteit wordt opgevoerd, bijvoorbeeld omdat hij geen expert is op het betreffende gebied of omdat hij helemaal niet aanwezig is geweest bij het voorval waarover in de argumentatie wordt gesproken.

Bij de overhaaste generalisatie wordt uit een te klein aantal waarnemingen een algemene uitspraak afgeleid:

Na een vakantie op Cuba in 2009 gingen wij in 2010 weer, wat bewijst dat het er voor toeristen goed uit te houden is.

Dat één stel toeristen bereid is in twee opeenvolgende jaren met vakantie naar Cuba te gaan, bewijst nog niet dat het er voor toeristen in het algemeen goed uit te houden is.

8.5 De afsluitingsregel

> Regel 9
> Een niet-afdoende verdediging van een standpunt mag niet leiden tot het handhaven van dit standpunt door de protagonist en een afdoende verdediging van een standpunt mag niet leiden tot het handhaven van twijfel aan het standpunt door de antagonist.

Ook in het laatste stadium van het oplossingsproces, als de argumentatiefase is afgerond en de discussie alleen nog maar hoeft te worden afgesloten, kan de oplossing van het verschil van mening nog worden verhinderd. In de afsluitingsfase van de discussie moet worden vastgesteld of het verschil van mening is opgelost en ten gunste van welke partij. Als de partijen er niet in slagen om het hierover eens te worden, blijft het verschil van mening bestaan. De protagonist kan er zelf bijvoorbeeld van overtuigd zijn dat hij zijn standpunt afdoende heeft verdedigd, terwijl de antagonist volhoudt dat dit niet zo is. Dan eindigt de discussie in een patstelling en kan zij niet met een duidelijk resultaat worden afgesloten.

Als de protagonist en de antagonist het wél over de uitkomst eens worden, moeten ze daar ook nog de consequenties uit trekken. Als hij er niet in geslaagd is dit afdoende te verdedigen, moet de protagonist bereid zijn om zijn standpunt op te geven en als de protagonist daar wél in geslaagd is, moet de antagonist bereid zijn om zijn twijfel aan het standpunt te laten varen. Van deze laatste bereidheid is bij mevrouw Ripperda uit het rollenspel 'De Bijenkorf' (zie oefening 2.4) weinig te merken:

Mevrouw Ripperda: 'Nou, als dat zo is, tja, dan kan ik er weinig meer tegen inbrengen. Maar toch blijf ik het er niet mee eens.'

Andere overtredingen van regel 9 komen erop neer dat aan een geslaagde aanval of verdediging te sterke consequenties worden verbonden. Wie een standpunt met succes heeft verdedigd, mag van de andere partij verwachten dat deze zijn aanvankelijke twijfel aan dit standpunt opgeeft, maar meer ook niet. Als de protagonist aan zijn geslaagde verdediging bijvoorbeeld de conclusie verbindt dat hij nu bewezen heeft dat zijn standpunt de waarheid weergeeft, gaat hij duidelijk te ver. Hij heeft alleen laten zien dat zijn standpunt met behulp van de overeengekomen uitgangspunten afdoende kan worden verdedigd. Daarom hoeft het standpunt nog niet waar of in ruimere zin aanvaardbaar te zijn. Tenslotte staat de algemene aanvaardbaarheid van de uitgangspunten niet vast. De protagonist en de antagonist hoeven niet eens zelf te geloven dat hun gemeenschappelijke uitgangspunten waar of aanvaardbaar zijn.

Omgekeerd mag uit het mislukken van een verdedigingspoging ook niet automatisch worden geconcludeerd dat nu de onwaarheid van het standpunt bewezen is of dat nu bewezen is dat het tegengestelde standpunt waar is. Wie dat toch doet, maakt zich schuldig aan een argumentum ad ignorantiam.

De eerste fout die bij deze drogreden gemaakt wordt, is dat de rollen van protagonist en antagonist door elkaar gehaald worden. In een niet-gemengd geschil heeft maar een van beide partijen een verdedigingsplicht, namelijk de protagonist. De antagonist heeft het standpunt alleen maar in twijfel getrokken, dus kan er onmogelijk sprake zijn van een geslaagde verdediging van het tegengestelde standpunt van zijn kant. Alleen in een gemengde discussie zijn er twee protagonisten met twee standpunten en hebben beide protagonisten een verdedigingsplicht. Maar ook dan is de verdedigingsplicht van de één niet vervallen als de ander er niet in geslaagd is de zijne voor het tegengestelde standpunt waar te maken.

De tweede fout is dat er ten onrechte van wordt uitgegaan dat er ten opzichte van een propositie altijd hetzij een positief hetzij een negatief standpunt moet worden ingenomen. Er wordt voorbijgegaan aan de 'middenweg': het hebben van een neutrale positie, zonder standpunt. De protagonist van een standpunt hoeft na de mislukking van zijn verdediging bijvoorbeeld niet meteen overtuigd te zijn van het tegengestelde standpunt. Wie doet alsof dat wél zo is, doet net of er maar één alternatief is en dat is niet zo. In het volgende voorbeeld komen beide fouten voor:

Moeder: 'Je mag kinderen nooit slaan, want dan verliezen ze het vertrouwen in de maatschappij en slaan ze over tien jaar alles kort en klein.'
Onderwijzeres: 'Het is helemaal niet bewezen dat het slaan van kinderen later tot gewelddadigheid leidt. Af en toe een terechte tik kan dus helemaal geen kwaad.'

⬤8.6 De taalgebruikregel

> Regel 10
> De discussianten mogen geen formuleringen gebruiken die
> onvoldoende duidelijk of verwarrend dubbelzinnig zijn en ze
> mogen de formuleringen van de tegenpartij niet opzettelijk
> verkeerd interpreteren.

Onduidelijk of dubbelzinnig taalgebruik kan direct gevolgen hebben
voor de oplossing van een verschil van mening. Door onduidelijkheid in
de confrontatiefase kunnen er schijngeschillen ontstaan: louter verbale
meningsverschillen, waarin de gekozen formuleringen een meningsverschil suggereren dat in feite niet bestaat. Onduidelijkheid kan ook
leiden tot schijnovereenstemming: de partijen denken dat ze het met
elkaar eens zijn, maar hun eensgezindheid is uitsluitend te danken aan
het feit dat ze aan de in het standpunt gebruikte termen een verschillende uitleg geven.
Onduidelijkheden en dubbelzinnigheden die een overtreding vormen
van regel 10 kunnen in alle discussiefasen voorkomen. Zodra er gebruik
wordt gemaakt van onduidelijk of dubbelzinnig taalgebruik om de eigen
positie in de discussie te verbeteren, is er sprake van een drogreden. Bij
onduidelijkheid van een onduidelijkheiddrogreden, bij dubbelzinnigheid van een ambiguïteitdrogreden.
Beide drogredenen komen niet alleen voor als zelfstandige drogredenen, maar ook – vaak zelfs – in combinatie met overtredingen van één of
meer andere discussieregels. Onduidelijkheid is soms een begeleidend
verschijnsel van een drogreden dat het effect ervan versterkt. Een
argumentum ad baculum of een argumentum ad hominem is vaak
effectiever als het dreigement of de aantijging indirect of in bedekte
termen plaatsvindt. In sommige gevallen is onduidelijkheid zelfs onmis-
baar, bijvoorbeeld bij de drogreden van het opblazen van een verzwegen argument. De antagonist kan zo'n argument alleen opblazen
doordat het niet expliciet is verwoord.
Sommige typen onduidelijkheid hebben te maken met de opbouw van
grotere tekstgehelen. Dit zijn structurele onduidelijkheden op tekstueel
niveau. Ze kunnen het gevolg zijn van een 'onlogische' volgorde, een
gebrekkige of ondoorzichtige samenhang en dergelijke. Goudsblom
beschrijft in *Folia* bijvoorbeeld het verwarrende effect op discussies van
het door elkaar lopen van informatieverschaffende en evaluerende
elementen:

> 'In vele discussies en betogen [...] vindt een grillige vermenging plaats van
> beschrijvende, interpreterende, verklarende en waarderende elementen,
> met als resultaat dat er een moeilijk grijpbare combinatie van "zin" en
> "onzin" ontstaat, die misschien nog het best kan worden aangeduid met
> de term "wanzin". [...]
> Men merkt dat tal van discussies over politiek en moraal, over de
> samenleving dus, worden gevoerd bij gratie van de wanzin. De
> uitgangspunten, de termen, de conclusies, de hele probleemstelling vaak
> al, vormen met elkaar een onontwarbare kluwen van beschrijving,
> interpretatie, verklaring en waardering. Wie aan deze discussie meedoet
> steekt zich in een retorisch wespennest. Dit besef maakt machteloos en
> sprakeloos [...].'

Ook kunnen er vier hoofdtypen van onduidelijkheden op zinsniveau worden onderscheiden: onduidelijkheid als gevolg van implicietheid, als gevolg van onbepaaldheid, als gevolg van onbekendheid en als gevolg van vaagheid. Wat deze verschillende soorten onduidelijkheid precies inhouden, kan het best worden uitgelegd aan de hand van een voorbeeld. Stel dat iemand zegt: 'Karel is een kleptomaan'. De luisteraar zou vervolgens op een van de volgende manieren om toelichting kunnen vragen:

[1] 'Is dat een waarschuwing of zomaar een mededeling?'
[2] 'Karel? Wie is dat?'
[3] 'Een kleptomaan? Wat is dat?'
[4] 'Hoe bedoel je? Dat hij wel eens iets gestolen heeft, of dat hij regelmatig steelt?'

Bij vraag 1 is er sprake van onduidelijkheid door implicietheid: er is niet duidelijk aangegeven wat de communicatieve strekking is van de uitgevoerde taalhandeling en de context en situatie laten kennelijk meer dan één interpretatie toe.
Vraag 2 duidt op onduidelijkheid door onbepaaldheid en heeft betrekking op de propositionele inhoud. De luisteraar kan niet goed vaststellen over wie de spreker het heeft: de referentie is onduidelijk.
Vraag 3 wijst ook op een onduidelijkheid in de propositionele inhoud, maar dit keer is niet onduidelijk over wie of wat de spreker het heeft, maar is de predicatie problematisch: de luisteraar begrijpt niet goed wat de spreker nu precies over Karel wil zeggen, doordat hij het woord 'kleptomaan' niet kent en misschien zelfs wel helemaal niet van het bestaan van de ziekte kleptomanie op de hoogte is. De onduidelijkheid is dan het gevolg van onbekendheid met het woord of de zaak.
Met vraag 4 probeert de luisteraar een preciezer beeld te krijgen van wat de spreker onder een kleptomaan verstaat, om zo de vaagheid van deze term wat te verminderen. Ook al weet de luisteraar best wat een kleptomaan is, dit betekent nog niet dat hij ook weet welke criteria de spreker precies hanteert om iemand een kleptomaan te noemen. Hoe vaak en hoe regelmatig moet iemand stelen, wil hij het etiket 'kleptomaan' opgeplakt kunnen krijgen?

Bij ambiguïteit zijn er twee hoofdtypen: semantische en syntactische ambiguïteit. Semantische ambiguïteit houdt verband met het feit dat woorden en uitdrukkingen meer betekenissen kunnen hebben. Bij syntactische ambiguïteit is de dubbelzinnigheid te wijten aan de structuur van de zin: 'Dat is een portret van Herman'. Deze zin kan op drie verschillende manieren worden geïnterpreteerd:
1 Het portret is door Herman gemaakt.
2 Het portret is het eigendom van Herman.
3 Herman is op het portret afgebeeld.

Ook vragen kunnen syntactisch ambigu zijn:

Wie is Tony?

8

Op deze vraag zijn onder meer de volgende antwoorden mogelijk:

[1]   Die man aan de bar met een glas bourbon in z'n hand.
[2]   Ik.
[3]   Ik, als het een beetje meezit; 't hangt van de regisseur af.
[4]   Een filosoof uit Canada.
[5]   Een heel aardige man met een hart van goud.

Syntactische ambiguïteit kan ook ontstaan doordat de verwijzende woorden in een zin op verschillende woorden kunnen slaan:

Carla gaf Sandra de post; zij was vandaag voor het laatst.

Het volgende fragment uit een ingezonden brief bevat een aardig voorbeeld van misbruik van semantische ambiguïteit:

[...] hoewel de heer Wiegel zei met open vizier te strijden, begon hij eerst een grote sigaar op te steken en verdween hij al snel in rookwolken [...]. De heer Wiegel bedient zich van het 'grote zwijgen', waar hij als liberaal dient te spreken. [...] De heer Wiegel rookt, en waar rook is, is vuur.

De uitdrukking 'waar rook is, is vuur' wordt hier in twee betekenissen gebruikt. Aan de ene kant wordt hij letterlijk opgevat: 'rook' verwijst naar de rook van Wiegels sigaar. Aan de andere kant wordt de uitdrukking figuurlijk gebruikt: er moet van de praatjes over Wiegel wel iets waar zijn, al zwijgt hij er zelf over.
Door deze dubbelzinnigheid valt het wellicht minder op dat het standpunt dat Wiegel niet met open vizier strijdt, gerechtvaardigd wordt met het irrelevante argument dat hij sigaren rookt.

8

Samenvatting

► Ook in de argumentatie zelf komen regelmatig drogredenen voor, zoals het ten onrechte als gemeenschappelijk of als niet-gemeenschappelijk presenteren van uitgangspunten (uitgangspuntregel, 6), het gebruik van ongeldige redeneringen (geldigheidsregel, 7) en van ongeschikte of niet correct toegepaste argumentatieschema's (argumentatieschemaregel, 8). Bij het afsluiten van de discussie worden er soms geen consequenties of onjuiste consequenties verbonden aan een geslaagde of mislukte verdediging (afsluitingsregel, 9). Ten slotte kan de oplossing van een verschil van mening in alle fasen van de discussie belemmerd worden door onduidelijk of dubbelzinnig taalgebruik (taalgebruikregel, 10).

8

Achtergrond-
literatuur

Diepgaande studies over de drogredenen zijn te vinden in Woods, J. & Walton, D. (1989). *Fallacies: Selected papers 1972-1982*. Berlijn: Foris/Walter de Gruyter; en Hansen, H.V. & Pinto, R.C. (Red.) (1995). *Fallacies: Classical and contemporary readings*. University Park, PA: The Pennsylvania State University Press. Zie ook Walton, D.N. (1987). *Informal fallacies: Towards a theory of argument criticisms*. Amsterdam-Philadephia: John Benjamins; en Walton, D.N. (1995). *A pragmatic theory of fallacies*. Tuscaloosa: University of Alabama Press. Een bespreking van Walton's drogredenbenadering is te vinden in Tindale, C.W. (1997). Fallacies, blunder and dialogue shifts: Walton's contributions to the fallacy debate. *Argumentation* 11(3), 341-354.

Voor een typologie van autoriteitsargumenten zie Goodwin, J. (1998). Forms of authority and the real ad verecundiam. *Argumentation* 12(2), 267-280.

Een uitgebreid verslag van empirisch onderzoek naar de mate waarin de normen die gewone discussianten aanleggen overeenstemmen met de normen die vervat zijn in de regels voor het voeren van een kritische discussie staat Eemeren, F.H. van, Garssen, B. & Meuffels, B. (2009). *Fallacies and judgments of reasonableness. Empirical research concerning the pragma-dialectical discussion rules*. Dordrecht: Springer. Argumentation Library 16.

8

DEEL D

Het houden van een betoog

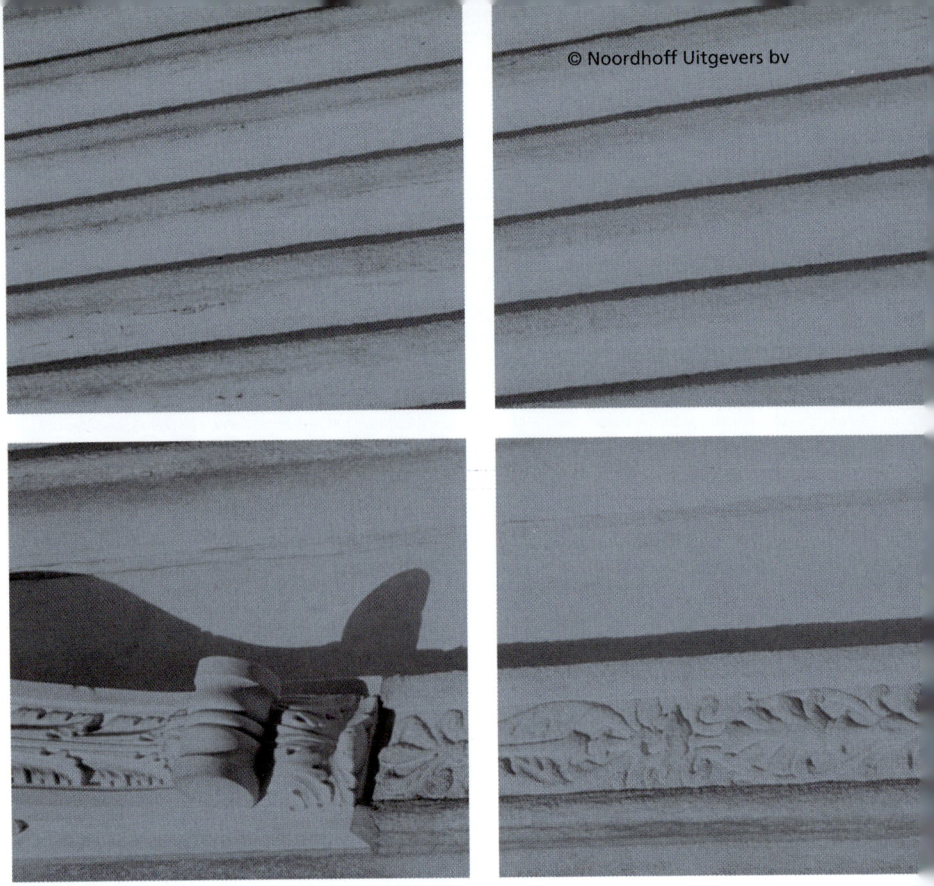

9

Schriftelijk argumenteren

Bij het schrijven van een betoog kan gebruik worden gemaakt van de inzichten die eerder over het analyseren en beoordelen naar voren zijn gebracht. Het betoog moet zo in elkaar zitten dat er over geen van de voor de beoordeling relevante punten onduide- lijkheid kan ontstaan. Wil het betoog bovendien redelijk zijn, dan mogen er geen drogredenen in voorkomen en moet de argumentatie kwalitatief in orde zijn. Of het betoog aan deze eisen voldoet, valt het beste na te gaan aan de hand van het analytisch overzicht. In dit hoofdstuk wordt met behulp van een voorbeeld gedemonstreerd hoe het schrijven en herschrijven van een betoog aan de hand van een analytisch overzicht het beste in zijn werk kan gaan.

9

9.1 Redelijkheid en toegankelijkheid

Niet alleen bij het analyseren en beoordelen maar ook bij het houden van betogen moet worden bedacht dat redelijkheid in een betoog voorop dient te staan. Anders kan het betoog niet tot de oplossing van een verschil van mening leiden. Om een oplossing te bereiken, moet het betoog bovendien toegankelijk zijn voor de luisteraar of lezer.

In een redelijk betoog komen in elk geval geen dingen voor die de oplossing van een verschil van mening bij voorbaat onmogelijk maken. Met het oog daarop is het nuttig dat degene die een betoog houdt, zich realiseert dat zijn betoog een onderdeel vormt van een (expliciete of impliciete) discussie met iemand anders. Het betoog moet de luisteraar of lezer overtuigen door diens twijfel weg te nemen of zijn kritiek te ondervangen. Een redelijk betoog is een poging de luisteraar of lezer op een faire en duidelijke manier van gedachten te doen veranderen. Een pasklaar recept voor hoe dit moet is niet te geven. Omdat drogredenen in een redelijk betoog uit den boze zijn, vormen de regels voor een kritische discussie wel een bruikbare leidraad bij het controleren van de redelijkheid. Zo mag men anderen niets in de schoenen schuiven wat ze niet echt vinden en is het daarom nodig goed naar hen te luisteren. Hun woorden mogen niet uit hun verband worden gehaald. Ook getuigt het niet van een redelijke discussiehouding als geprobeerd wordt anderen af te troeven, te overbluffen of te misleiden.

Ter wille van de toegankelijkheid van het betoog dienen alle onderdelen van het betoog in de presentatie voldoende uit de verf te komen en goed op elkaar aan te sluiten. Hiertoe dient het taalgebruik zowel in mondelinge als in schriftelijke betogen steeds zo begrijpelijk en aanvaardbaar mogelijk te zijn voor de beoogde luisteraar of lezer. Natuurlijk houdt dit niet in dat de luisteraar of lezer voortdurend naar de mond wordt gepraat. Als hij dat doorheeft, zal dit net zo min een overtuigend effect hebben als wanneer de spreker of schrijver steeds de leukste probeert te zijn of alsmaar zichzelf in de hoogte steekt. Het is in elk geval verstandig om bij het houden van een betoog in de allereerste plaats de algemene spelregels voor communicatie in acht te nemen. Dit betekent dat de spreker of schrijver steeds terzake moet zijn en niet om de kern van de zaak heen moet praten, zo helder mogelijk moet zeggen wat hij bedoelt, alle informatie moet geven die voor een goed begrip vereist is en niet onnodig moet uitweiden.

9.2 Een toegankelijke schriftelijke weergave

Bij een toegankelijke schriftelijke weergave van een betoog mag de lezer niets ontgaan wat voor de beoordeling van belang is. Een eerste vereiste daarvoor is dat het standpunt en de argumenten duidelijk onder woorden worden gebracht. Dit houdt niet in dat ze altijd expliciet moeten worden geformuleerd. Dat zou alleen maar onnatuurlijk en irritant zijn, omdat het een krampachtige en schoolse indruk maakt. In een aantrekkelijk betoog wisselen explicietheid en implicietheid elkaar op een evenwichtige manier af.

Als al zonneklaar is wat het standpunt is dat wordt verdedigd en wat de argumentatie is die ter verdediging van het standpunt wordt aangevoerd, hoeft de argumentatie niet meer nadrukkelijk als zodanig te

9

worden gepresenteerd. Dat is bijvoorbeeld het geval als er net een standpunt naar voren is gebracht dat zó verrassend of zó stellig is dat iedereen snapt dat het een standpunt is en dat er wel een verdediging op moet volgen.

In de praktijk is niet altijd zo duidelijk wat precies een argument is en wat een standpunt. Soms lijken standpunt en argumentatie zelfs verwisselbaar en kan zowel de ene uitspraak als de andere het argument of het standpunt zijn:

> Elly is heel nauwgezet. Ze komt altijd op tijd.

Er zijn hier twee mogelijkheden:

> [1] Elly is heel nauwgezet. Dus ze komt altijd op tijd.
> [2] Elly is heel nauwgezet. Ze komt immers altijd op tijd.

Het is een goede methode om bij het schrijven van de eerste versie van een betoog de argumenten en het standpunt eerst expliciet als zodanig te markeren. Vervolgens kan de tekst minder schools worden gemaakt door waar dat voor de hand ligt onnodig expliciete bewoordingen door impliciete of indirecte formuleringen te vervangen. Een betoog kan bijvoorbeeld een stuk levendiger worden door ter afwisseling van een reeks beweringen af en toe eens een retorische vraag, een uitroep of een andere uitdrukking van bepaalde gemoedsgesteldheid op te nemen, zoals in 2 is gedaan:

> [1] Het is bijzonder vreemd dat de regisseur zo'n wereldberoemde acteur voor de rol van de vader in deze film heeft genomen, aangezien dat een verspilling van geld en talent is, omdat de vader al na tien minuten doodgaat.

> [2] Welke regisseur neemt nou zo'n wereldberoemde acteur voor de rol van de vader in deze film? Al na tien minuten gaat de vader dood. Wat een verspilling van geld en talent!

9.3 Het analytisch overzicht als hulpmiddel

Normaal gesproken vormt een analytisch overzicht van de uitkomsten van de analyse het resultaat van een systematische reconstructie van een reeds voltooid betoog. Een analytisch overzicht is echter ook een nuttig hulpmiddel bij het herschrijven van een voorlopige versie van het betoog. In een analytisch overzicht staat de informatie die voor het beoordelen van een betoog van belang is immers op een overzichtelijke manier bij elkaar: welk verschil van mening door het betoog moet worden opgelost, wat de uitgangspunten en de partijen zijn, welke argumenten er precies naar voren zijn gebracht, wat de argumentatiestructuur is van het betoog enzovoort. Bovendien kan aan de hand van het analytisch overzicht worden nagegaan of het betoog wel bestand is tegen kritiek. Indien nodig kunnen er dan nog verbeteringen worden aangebracht. Het op deze wijze geamendeerde analytisch overzicht vormt een geschikt uitgangspunt voor het schrijven van een betere versie van het betoog.

Ook bij het schrijven van de eerste versie van een betoog kan een analytisch overzicht een geschikt uitgangspunt vormen. Dan wordt het betoog niet geschreven aan de hand van een analytisch overzicht dat gebaseerd is op een al bestaand betoog, maar aan de hand van een tevoren opgesteld geordend overzicht van aan te voeren argumenten en andere voor een beoordeling van het betoog relevante aspecten en onderdelen. Zo'n overzicht vooraf maakt het gemakkelijker de samenhang van het betoog op een heldere manier in de tekst tot uitdrukking te laten komen. Uiteraard dient het verschil van mening dat door het betoog moet worden opgelost in het analytisch overzicht op een ondubbelzinnige manier te zijn geformuleerd. Ook moet zijn aangegeven welke partijen er bij het verschil van mening betrokken zijn en welke posities ze precies innemen.

De aanleiding om een betoog te houden is niet altijd dezelfde. Soms vormt het betoog een reactie op een betoog van iemand anders. Dan is er sprake van een duidelijke discussiesituatie, waarin er een aanwijsbare tegenstander is die overtuigd moet worden. Soms heeft de schrijver zelf de behoefte om een bepaald standpunt naar voren te brengen en heeft hij nog geen idee wat anderen van zijn standpunt vinden.
In een betoog kan op twee manieren op de standpunten en argumenten van anderen worden gereageerd. Tegenover een bepaald standpunt kan een tegengesteld standpunt worden gesteld, zodat er een gemengd verschil van mening ontstaat. Er kan ook alleen geprobeerd worden om discutabele onderdelen in de argumentatie van de ander aan de kaak te stellen of aan te tonen dat diens argumentatie niet deugdelijk is, zonder dat er een tegengesteld standpunt wordt ingenomen.
In het analytisch overzicht moet worden aangegeven welk standpunt er verdedigd of aangevallen wordt, waarbij het eventuele standpunt van de tegenpartij zo consciëntieus mogelijk moet worden weergegeven. Vervolgens dienen de argumenten voor het eigen standpunt te worden opgesomd, waarbij rekening moet worden gehouden met mogelijke kritiek van de tegenpartij. De opsomming van argumenten kan het beste plaatsvinden in de vorm van een schematische weergave van de beoogde argumentatiestructuur van het betoog: die maakt duidelijk hoe de argumenten geordend zijn. Als er gereageerd wordt op een betoog van iemand anders, is het nuttig ook van diens argumenten zo'n overzicht te maken. Dat maakt het gemakkelijker om vast te stellen waarop in het betoog precies dient te worden ingegaan en na te gaan of dit ook inderdaad gebeurd is.
Het overzicht van de argumentatie in het betoog over de vredesdemonstratie in figuur 5.5 is een voorbeeld van een schematische weergave van de argumentatiestructuur van een betoog. De verzwegen argumenten zijn daar niet in het schema opgenomen. Er zijn gevallen waarin het aanbevelenswaardig is dat wel te doen, bijvoorbeeld als het schakels in het betoog betreft die onduidelijk of zelfs dubieus zijn. Als er op een verzwegen argument wordt doorgegaan, moet het altijd expliciet in het analytisch overzicht worden opgenomen. Dat is bijvoorbeeld het geval als het verzwegen argument door een ander argument wordt ondersteund. Als het verzwegen argument dan niet zou worden vermeld, is niet duidelijk waar het ondersteunende argument bij hoort.

9.4 De bewaking van de redelijkheid

Een betoog moet niet alleen goed zijn opgebouwd, het moet ook redelijk zijn. Bij de controle van de redelijkheid kan het analytisch overzicht, door zijn geordende weergave van de essentiële onderdelen van het oplossingsproces van meningsverschillen, goede diensten bewijzen. Het analytisch overzicht maakt het eenvoudiger om systematisch na te gaan of er geen drogredenen en logische of pragmatische inconsequenties in het betoog voorkomen.

Ook kan gemakkelijker worden vastgesteld of de redeneringen geldig zijn en de argumentatieschema's correct zijn en correct zijn toegepast. Aan de hand van het analytisch overzicht dient zorgvuldig te worden nagegaan of er voldoende rekening is gehouden met mogelijke scepsis of te verwachten bezwaren van de lezer. Als dat niet het geval is, is er aanleiding nieuwe argumenten aan het betoog toe te voegen of reeds opgenomen argumenten aan te vullen of nader te ondersteunen. Alleen als bij het schrijven wordt uitgegaan van een aldus bijgesteld analytisch overzicht, zal de opzet van de tekst beantwoorden aan het doel van het betoog: het op redelijke wijze oplossen van een verschil van mening met de lezer.

Hoe een schrijver zijn tekst met behulp van een analytisch overzicht kan verbeteren, kan gedemonstreerd worden aan de hand van een voorbeeld. Het voorbeeld betreft de eerste versie van een betoog van een student:

Geen commerciële gezondheidszorg in Nederland

Privéklinieken in Nederland blijken een goede investering, gezien het groeiende aantal. Of er van een doorslaand succes te spreken is, valt echter nog te bezien. Behalve dat de meeste klinieken tot nu toe nog verliesgevend zijn, zijn ze slechts toegankelijk voor het rijkere deel van de bevolking. De klinieken zijn commercieel, dus de service is afhankelijk van de winst. De kwaliteit van de behandeling hangt dus af van de prijs, terwijl het een van de beginselen van onze rechtsstaat is dat sociale voorzieningen voor iedereen gelijk zijn. Mijns inziens moeten de privéklinieken dan ook onderdeel gaan vormen van de ziekenhuisketens. Ten eerste lijden de ziekenhuizen onder de concurrentie van de privéklinieken. Die hebben er namelijk voor gezorgd dat de ziekenhuizen zich moesten specialiseren en de daarvoor noodzakelijke apparatuur moesten aanschaffen, terwijl tegelijkertijd de werkgelegenheid bij de ziekenhuizen daalde. Dit alles werd veroorzaakt doordat de privéklinieken vooral de kleine chirurgische ingrepen overnamen, terwijl de veel minder frequente, moeilijker ingrepen alleen bij de ziekenhuizen gerealiseerd konden worden. De Wet ziekenhuisvoorzieningen verbiedt namelijk dat patiënten langer dan 24 uur in de klinieken verblijven.

Ten tweede ontstaat er een kwalitatieve tweedeling naar inkomensgroep in de gezondheidszorg. De privéklinieken zijn alleen toegankelijk voor particulieren uit de hogere inkomensgroepen, omdat de verzekeraars de behandeling niet vergoeden.

Ten slotte is de kwaliteit van de privéklinieken minder dan die van de ziekenhuizen. Zowel door onzorgvuldigheid als door een teveel aan operatieve ingrepen gaat de kwaliteit achteruit. In een privékliniek is

namelijk nauwelijks controle mogelijk. Beroepsverenigingen krijgen geen vat op de klinieken, er zijn geen intercollegiale besprekingen en geld verdienen speelt een te grote rol.
Het is verstandig de klinieken in de ziekenhuisketens op te nemen. Door een dergelijke decommercialiserende maatregel zullen de ziekenhuizen weer beter gaan draaien, wordt de toegankelijkheid van de klinieken vergroot en de kwaliteit van hun zorg verbeterd.

Analytisch overzicht van 'Geen commerciële gezondheidszorg in Nederland'
Figuur 9.1 en 9.2 laten zien hoe enkele cruciale aspecten van dit betoog in een analytisch overzicht kunnen worden weergegeven.

FIGUUR 9.1   Het verschil van mening

Niet-gemengd enkelvoudig geschil:
Auteur: positief standpunt ten opzichte van propositie 'Privéklinieken moeten deel gaan uitmaken van ziekenhuisketens'.
Lezers: trekken dit standpunt (zo wordt aangenomen) in twijfel.

Evaluatie van 'Geen commerciële gezondheidszorg in Nederland'
Blijkens de titel en de teneur van het betoog vindt de schrijver het onwenselijk dat er in Nederland (meer) commerciële privéklinieken komen. Uit de wijze waarop het standpunt is geformuleerd, blijkt dat hij deze ontwikkeling wil beëindigen door middel van een specifieke maatregel: de privéklinieken die er al zijn moeten deel gaan uitmaken van een ziekenhuisketen. De aangevoerde argumenten zijn er uitsluitend op gericht aannemelijk te maken dat er aan privéklinieken belangrijke nadelen kleven. De schrijver legt niet uit waarom zijn oplossing de beste is. Zijn argumenten ondersteunen een ander standpunt dan hij geacht wordt te verdedigen (Het bestaan van privéklinieken is ongewenst). Daardoor maakt de auteur zich schuldig aan de drogreden ignoratio elenchi.
Het standpunt dat de auteur in feite verdedigt, wordt in de eerste alinea wel aangeduid: 'Of er van een doorslaand succes te spreken is, valt echter nog te bezien.' Deze formulering is niet zo handig: de suggestie is dat de klinieken nog niet veel klanten weten te trekken, terwijl het er in de rest van het betoog om gaat dat ze ongewenst zijn. Hun geringe populariteit wordt verder alleen in de eerste alinea terloops aangestipt ('Behalve dat de meeste klinieken tot nu toe nog verliesgevend zijn...'). Al in de inleidende alinea worden argumenten gegeven voor het standpunt dat privéklinieken onwenselijk zijn ('Behalve... gelijk zijn'). De presentatie van het betoog suggereert echter dat de argumentatie pas in de tweede alinea begint. Deze alinea begint immers met 'ten eerste', waarna er een argument volgt. Om die reden zijn de argumenten uit de inleiding niet in het analytisch overzicht opgenomen.

FIGUUR 9.2   De argumentatiestructuur

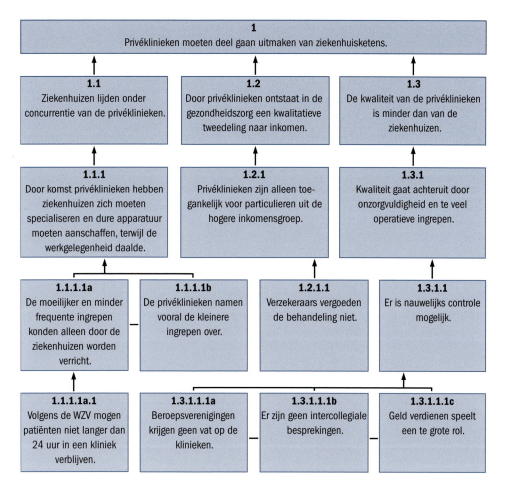

De argumentatie in de eerste alinea is bovendien nogal ondoorzichtig.
Het is duidelijk dat de schrijver zich afzet tegen het commerciële
karakter van privéklinieken, maar op grond waarvan is minder duidelijk. Wat is precies het probleem? Dat alleen het rijkere deel van de
bevolking van kwalitatief hoogstaande behandelingswijzen kan profite-
ren en dat dit in strijd is met het beginsel dat sociale voorzieningen voor
iedereen in gelijke mate toegankelijk moeten zijn? Of dat door het
commerciële karakter van de klinieken de kwaliteit van de behandeling
in gevaar kan komen? Misschien wel allebei, want beide punten komen
later in het betoog terug (argument 1.2 en 1.3). Deze argumenten zijn
dus niet alleen onduidelijk geformuleerd en onhandig geplaatst, maar
ook overbodig. En is het bovendien niet misleidend om privéklinieken
tot de 'sociale voorzieningen' te rekenen?
Het eerste hoofdargument (1.1) dat de schrijver in de tweede alinea
aanvoert voor zijn standpunt dat privéklinieken deel moeten gaan
uitmaken van ziekenhuisketens is dat ziekenhuizen lijden onder de
concurrentie van de privéklinieken. Doordat hij in de inleidende alinea

verteld heeft dat de meeste klinieken tot nu toe verliesgevend zijn, boet
dit argument nogal aan kracht in. Zo'n vaart loopt het met die concurrentie kennelijk nog niet, denk je als lezer.

Dat de ziekenhuizen lijden onder de concurrentie van de privéklinieken, blijkt volgens de schrijver uit het feit dat ze zich door de komst van
privéklinieken hebben moeten specialiseren en dure apparatuur
hebben moeten aanschaffen, terwijl de werkgelegenheid daalde (1.1.1).
Het is de vraag of dit argument wel aanvaardbaar is. Is het werkelijk zo
dat de ziekenhuizen zich alleen vanwege de komst van privéklinieken
moeten specialiseren en dure apparatuur moeten aanschaffen? Of heeft
de komst van de privéklinieken die ontwikkeling hooguit versneld? Ook
zonder privéklinieken dienen ziekenhuizen immers in staat te zijn om
tevens de 'minder frequente, moeilijker ingrepen' te verrichten. Het
heeft er alle schijn van dat de auteur zich hier schuldig maakt aan de
drogreden post hoc ergo propter hoc.

Een ander probleem met dit argument is dat de formulering 'terwijl
tegelijkertijd de werkgelegenheid daalde' niet duidelijk maakt of de
dalende werkgelegenheid aan de opkomst van privéklinieken te wijten
is of dat er sprake is van een onafhankelijke ontwikkeling.

Het tweede hoofdargument (1.2) is nogal onduidelijk geformuleerd: 'Er
ontstaat een kwalitatieve tweedeling naar inkomensgroep in de gezondheidszorg.' Is de kwaliteit van privéklinieken nu hoger of lager dan van
de gewone ziekenhuizen? Het eerste lijkt het meest aannemelijk. Anders
zou het immers vreemd zijn om bezwaar te maken tegen het feit dat
privéklinieken alleen toegankelijk zijn voor particulieren uit de hogere
inkomensgroepen.

Het derde hoofdargument (1.3), dat de kwaliteit van de privéklinieken
minder is dan van de ziekenhuizen, is in strijd met wat er gesuggereerd
wordt in argument 1.2. Het betoog bevat dus een logische inconsistentie.

Het argument dat ter ondersteuning van het derde hoofdargument
wordt aangevoerd (1.3.1), 'De kwaliteit gaat achteruit door onzorgvuldigheid en te veel operatieve ingrepen', is veel te stellig geformuleerd.
Het is immers niet duidelijk op grond waarvan de auteur zonder meer
meent te kunnen stellen dat de kwaliteit van de privéklinieken achteruitgaat. Bovendien ondersteunt dit argument strikt genomen het
substandpunt 1.3 niet. Als de kwaliteit van de privéklinieken oorspronkelijk een stuk hoger was dan van de ziekenhuizen, dan houdt een
achteruitgang in kwaliteit nog niet automatisch in dat de kwaliteit van
privéklinieken minder is dan van ziekenhuizen. Er is hier opnieuw
sprake van de drogreden ignoratio elenchi.

Ook argument 1.3.1.1, 'er is nauwelijks controle mogelijk op privéklinieken', is een voorbeeld van irrelevante argumentatie. Als controle niet
goed mogelijk is, is ook niet na te gaan wat de kwaliteit van de behandeling is. Weliswaar wordt de kans groter dat men het bij gebrek aan
controle minder nauw neemt met de kwaliteitseisen, maar er mag niet
zomaar geconcludeerd worden dat de kwaliteit achteruitgaat, zoals in
argument 1.3.1 gebeurt. En dat er sprake is van te veel operatieve
ingrepen wordt door het controleargument al helemaal niet aannemelijk gemaakt.

Ter ondersteuning van argument 1.3.1.1, 'Er is nauwelijks controle
mogelijk', voert de auteur ten slotte ook weer een irrelevant argument
aan, namelijk dat geld verdienen in privéklinieken een te grote rol

speelt. Het lijkt alsof dit argument op de verkeerde plaats in het betoog is terechtgekomen. Dat geld verdienen een te grote rol speelt, zegt immers niets over de mogelijkheid van controle. Het zou wel ondersteuning kunnen geven aan de bewering dat er te veel operatieve ingrepen worden verricht (1.3.1).

9.5   Het herschrijven van een betoog

Het betoog 'Geen commerciële gezondheidszorg in Nederland' blijkt nogal wat zwakke plekken te vertonen. Het bevat een interne tegenstrijdigheid, er worden irrelevante argumenten aangevoerd en de argumenten die wel relevant zijn, zijn vaak onduidelijk geformuleerd of niet bestand tegen voor de hand liggende kritiek. Er valt dus veel aan het betoog te verbeteren.

Bij het (her)schrijven kunnen verschillende soorten bewerkingen worden uitgevoerd. Zo kan de (her)schrijver besluiten om bepaalde onderdelen van de tekst maar helemaal weg te laten. Soms is dat de beste oplossing. Bijvoorbeeld als deze onderdelen overbodig of bij nader inzien niet te handhaven zijn. Er kunnen ook elementen aan de tekst worden toegevoegd om het betoog duidelijker of sterker te maken. Het verstrekken van meer achtergrondinformatie of een aanvulling op de argumentatie kan soms een oplossing bieden. In weer andere gevallen is een herformulering op zijn plaats. Een al te stellig geformuleerd argument kan bijvoorbeeld beter afgezwakt worden en een onduidelijke of te vage formulering moet gepreciseerd worden. Soms helpt het ook als de onderdelen van het betoog in een wat andere volgorde worden gezet. De samenhang van de argumenten komt dan vaak beter tot zijn recht.

De kwaliteit en de toegankelijkheid van een tekst kunnen door het weghalen, toevoegen, herformuleren en herordenen van informatie sterk verbeteren. Dit kan gedemonstreerd worden aan de hand van een herschrijving van het betoog 'Geen commerciële gezondheidszorg in Nederland'.

Geen commerciële gezondheidszorg in Nederland

1 De laatste jaren rijzen de privéklinieken in Nederland als paddenstoelen de grond uit. Alleen al in de afgelopen vijf jaar zijn er zo'n duizend klinieken bij gekomen. Of we daar blij mee moeten zijn is echter nog maar de vraag.

2 Ten eerste hebben de ziekenhuizen sterk te lijden van de concurrentie van de privéklinieken. Omdat de Wet ziekenhuisvoorzieningen verbiedt dat patiënten langer dan 24 uur in de klinieken verblijven, hebben de privéklinieken vooral de kleinere operatieve ingrepen overgenomen. Maar dit zijn nu juist de meest frequente ingrepen. Hierdoor is de werkgelegenheid bij de ziekenhuizen gedaald en hebben ze bij teruglopende inkomsten moeten investeren in de dure apparatuur die voor de meer specialistische ingrepen vereist is.

3 Ten tweede onttrekken privéklinieken zich aan elke vorm van controle op de kwaliteit van de behandeling. Beroepsverenigingen krijgen geen vat op de klinieken en er zijn geen intercollegiale besprekingen. Juist in privéklinieken is het gevaar van onzorgvuldig handelen groot: om

9

commerciële redenen hebben de klinieken belang bij een zo groot mogelijk aantal operatieve ingrepen. Dit streven naar kwantiteit kan ten koste gaan van de kwaliteit.

4   Ten derde ontstaat door de komst van privéklinieken in de gezondheidszorg een onwenselijke tweedeling naar inkomensgroep. Privéklinieken zijn vrijwel alleen toegankelijk voor particuliere patiënten uit de hogere inkomensgroepen, omdat de verzekeraars de behandeling niet vergoeden. De hierdoor gecreëerde tweedeling is in strijd met het beginsel dat voorzieningen in de gezondheidszorg voor iedereen in gelijke mate toegankelijk moeten zijn.

5   Er is naar mijn mening dan ook alle reden om een verdergaande commercialisering van de gezondheidszorg af te wijzen. Met meer privéklinieken is noch het belang van de ziekenhuizen noch dat van de patiënten gediend.

Welke bewerkingen in deze herschrijving zijn uitgevoerd en waarom dat is gebeurd, kan worden aangegeven door het herschreven betoog per alinea langs te lopen en te vergelijken met de oorspronkelijke versie.

Alinea 1

Het standpunt 'Privéklinieken moeten onderdeel gaan vormen van de ziekenhuisketens' in de eerste alinea is vervangen door 'Het is de vraag of we blij moeten zijn met de ontwikkeling dat er steeds meer privéklinieken in Nederland komen'. In deze herformulering wordt niet meer verwezen naar een concrete maatregel. Deze aanpassing maakt dat de aangevoerde argumenten het standpunt ook werkelijk ondersteunen. Om het concurrentieargument (alinea 2) niet onnodig te verzwakken, is de informatie dat de klinieken tot nu toe verliesgevend zijn weggehaald. Ook de passage 'zijn ze [...] zijn' is weggelaten, omdat de daar gegeven argumenten niet alleen onduidelijk geformuleerd, maar ook overbodig zijn: ze komen later in de tekst terug. Een bijkomend voordeel van deze aanpassing is dat de argumentatie nu ook pas echt begint bij 'Ten eerste' in alinea 2.

Al deze wijzigingen maken het begin wel een beetje kaal. Door meer achtergrondinformatie te verstrekken, is de inleiding wat meer aangekleed. Zo is er cijfermateriaal opgenomen waaruit blijkt om welke periode het gaat en hoe groot de toename van het aantal privéklinieken in die periode is geweest.

Alinea 2

In de tweede alinea zijn de argumenten herordend. Oorspronkelijk werd het argument dat de ziekenhuizen te lijden hebben onder de concurrentie van de privéklinieken ondersteund door een causale keten, die in de volgorde 'van gevolgen naar oorzaken' werd gepresenteerd. Bij de herschrijving is de volgorde omgedraaid: de presentatie van de argumenten is nu 'van oorzaken naar gevolgen'. Hierdoor gaat de alinea niet meer als een nachtkaars uit: de belangrijkste nadelige gevolgen voor de ziekenhuizen staan nu op een opvallende plaats, aan het eind van de alinea.

Er zijn ook diverse herformuleringen aangebracht. De informatie dat de kleinere ingrepen het meest frequent zijn, heeft bijvoorbeeld meer nadruk gekregen door deze expliciet in een aparte zin op te nemen. In de oorspronkelijke tekst kon deze informatie alleen worden afgeleid uit het feit dat de moeilijke ingrepen veel minder frequent zijn. Maar juist het feit dat de privéklinieken de meest frequente ingrepen hebben overgenomen moet nadruk krijgen, omdat dat aannemelijk maakt dat de werkgelegenheid bij de ziekenhuizen is gedaald. Een andere verandering is dat nu niet meer de suggestie wordt gewekt dat de ziekenhuizen door de concurrentie van de privéklinieken gedwongen waren dure specialistische apparatuur aan te schaffen. Volgens de herschreven tekst is het probleem niet dat de ziekenhuizen gedwongen werden zich te specialiseren, maar dat ze grote investeringen hebben moeten doen bij teruglopende inkomsten.

Alinea 3

De derde alinea in de herschreven tekst correspondeert met wat oorspronkelijk de vierde alinea was. Waarom deze alinea's zijn omgedraaid, zal bij alinea 4 worden uitgelegd. Nu gaan we eerst in op de veranderingen in de derde alinea.

In de oorspronkelijke tekst werd onvoldoende aannemelijk gemaakt dat de kwaliteit van de privéklinieken minder is dan van de ziekenhuizen. Daarom is dit argument in de herschrijving komen te vervallen. In plaats daarvan is het wél ondersteunde argument over het gebrek aan controle tot hoofdargument gemaakt. Om de onwenselijkheid van het gebrek aan controle te benadrukken, wordt nu aangevoerd dat juist in privéklinieken het gevaar van onzorgvuldig handelen groot is. Dit argument vervangt het ongenuanceerde en slecht ondersteunde argument dat de kwaliteit in privéklinieken achteruitgaat.

Door een herordening zijn er ook andere relaties tussen de overige argumenten gelegd. Zo dient het argument dat geld verdienen een te grote rol speelt niet meer ter ondersteuning van het argument dat er nauwelijks controle mogelijk is. In iets minder informele bewoordingen is het nu gepresenteerd als ondersteuning voor het standpunt dat de klinieken belang hebben bij een zo groot mogelijk aantal operatieve ingrepen. Daarvoor is het wél relevant. Om de passage waarin het 'te veel operatieve ingrepen'-argument voorkwam beter tegen kritiek bestand te maken, is deze passage minder stellig geformuleerd. Het resultaat van al deze veranderingen is dat de passage 'Zowel door onzorgvuldigheid als door een teveel aan operatieve ingrepen gaat de kwaliteit achteruit' vervangen is door: 'om commerciële redenen hebben de klinieken belang bij een zo groot mogelijk aantal operatieve ingrepen. Dit streven naar kwantiteit kan ten koste gaan van de kwaliteit'.

Alinea 4

Het gevaar van logische inconsistentie is al enigszins afgenomen doordat de nadruk in de derde alinea nu minder ligt op de geringere kwaliteit van de zorg in privéklinieken. Toch lijkt het onverstandig om al te sterk te benadrukken dat er door de komst van privéklinieken in de gezondheidszorg een 'kwalitatieve tweedeling naar inkomensgroep' ontstaat. In de derde alinea is immers beweerd dat het gevaar van onzorgvuldig handelen juist in privéklinieken groot is. Het lijkt verstandiger om van het tweedelingsargument meer een principiële kwestie te maken. Dit gebeurt in de geherformuleerde vierde alinea, waar gesteld wordt dat voorzieningen in de gezondheidszorg (ongeacht de kwaliteit) voor iedereen in gelijke mate toegankelijk dienen te zijn. De derde en vierde alinea zijn omgedraaid om elke suggestie te vermijden dat het bij de 'tweedeling naar inkomensgroep' om een verschil in kwaliteit van de behandeling zou gaan.

9

Dat de kwaliteit niet gegarandeerd is, is al in de derde alinea duidelijk geworden. Een tweedeling in de gezondheidszorg wordt om principiële redenen afgewezen, ongeacht de vraag of privéklinieken beter of slechter zijn dan ziekenhuizen.

Alinea 5
Omdat in het herschreven betoog het standpunt is veranderd, moest ook de herhaling van het standpunt in de slotalinea worden aangepast. De belangrijkste argumenten voor het standpunt dat de komst van steeds meer privéklinieken ongewenst is, worden hier ter afronding nog even kort samengevat.

Samenvatting

▶ Voor het opzetten van een verantwoord betoog is een redelijke discussiehouding vereist die bevorderlijk is voor het oplossen van een verschil van mening. Behalve op de redelijkheid en de opbouw van het betoog, moet bij het schrijven van een betoog ook gelet worden op een goede presentatie. Expliciete formuleringen van argumentatie en standpunten kunnen ter wille van de toegankelijkheid van het betoog het best worden afgewisseld met impliciete. Zowel bij het herschrijven van een betoog als bij het schrijven van een betoog kan een analytisch overzicht van de (geplande) argumentatiestructuur een nuttig hulpmiddel vormen.

Achtergrond-literatuur

Een praktisch boek over het schrijven van argumentatieve teksten is Barnet, S. & Bedau, H. (1993). *Critical thinking, reading, and writing. A brief guide to argument.* Boston, MA: Bedford Books of St. Martin's Press.

Een op de pragma-dialectische benadering van argumentatie gebaseerde schrijfmethode is Eemeren, F.H. van, Garssen, B. & Rietstap, E. (2005). *Overtuigend schrijven*. Utrecht/Zutphen: ThiemeMeulenhoff. Een nuttig inleidend boekje is ook Snoeck Henkemans, A.F. (1989). *Schrijven*. Groningen: Martinus Nijhoff.

Diverse studies over argumentatief schrijven zijn bijeengebracht in Andriessen, J. & Coirier, P. (red.) (1999). *Foundations of argumentative text processing*. Amsterdam: Amsterdam University Press. Hierin beschrijven Van Eemeren en Grootendorst ook de theoretische uitgangspunten van de hier weergegeven schrijfmethode.

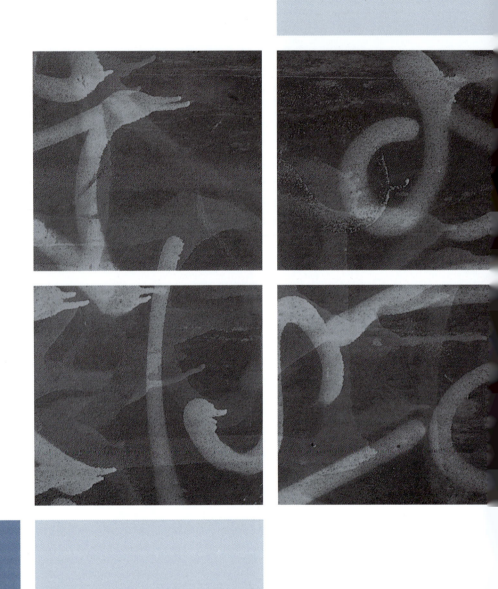

10
Mondeling argumenteren

Mondelinge argumentatie kan worden aangevoerd in een discussie of in een voordracht waar de spreker alleen aan het woord is. Omdat bij een argumentatieve discussie meestal vooraf niet precies te voorspellen valt waar anderen mee zullen komen, is een goede voorbereiding essentieel. Ook is het belangrijk de regels te kennen waaraan de deelnemers aan de discussie zich moeten houden om de discussie ordelijk en efficiënt te doen verlopen. Ook bij een voordracht is een goede voorbereiding van belang. Bij de presentatie moet er steeds voor gezorgd worden dat het betoog goed te volgen is en de aandacht van het publiek wordt vastgehouden. In dit hoofdstuk worden adviezen gegeven voor het deelnemen aan argumentatieve discussies en het houden van betogende voordrachten.

10

⑩① Argumentatieve discussies en betogen

Mondelinge argumentatie is in het dagelijks leven nog gewoner dan schriftelijke. Niet alleen in formele debatten en georganiseerde discussies, maar ook in informele besprekingen en spontane gesprekken wordt voortdurend geargumenteerd. Ook in toespraken en voordrachten wordt vaak argumentatie aangevoerd. Mondelinge argumentatie hoeft dus niet per se deel uit te maken van een expliciete dialoog, waarin de betrokkenen afwisselend aan de beurt komen. Net als bij schriftelijke argumentatie moeten er in principe wel twee partijen zijn die van mening verschillen. In de praktijk is de grens tussen een gewoon gesprek en een argumenta- tieve discussie dikwijls moeilijk te trekken. In veel gevallen zijn er in een mondelinge gedachtewisseling elementen van beide vertegenwoordigd en soms loopt het één bijna vanzelf in het ander over. In *Het Parool* is Rik Zaal hier wel bijzonder stellig over:

> 'Ik zei dat in dit land elk gesprek een discussie wordt, dat het niet goed mogelijk is hier een gesprek te laten bestaan uit het uitwisselen van belevenissen, van grappen, van verhalen, van roddels, van anekdotes, en het daarbij te laten. Dat er altijd "Ja, maar..." moet worden gezegd of "Dat zeg je nu wel..." of "Maar ik vind..." of "Dat ben ik niet met je eens".'

Voor een duidelijke behandeling is het nuttig onderscheid te maken tussen twee soorten discussies: argumentatieve discussies, die gericht zijn op het oplossen of beëindigen van een verschil van mening, en informatieve of meningvormende discussies, waarin het doel primair is elkaar ergens van op de hoogte te stellen of toelichting te verschaffen. Ook betogende voordrachten, die ten doel hebben anderen van gedach- ten te doen veranderen of tot handelen aan te zetten, vragen een andere behandeling dan toespraken die dienen om informatie of voorlichting te geven of gelegenheidstoespraken.
Zulke betogende voordrachten komen in feite overeen met het betoog dat in de argumentatiefase van een impliciete discussie gehouden wordt, maar dan aangevuld met alle elementen uit de andere discus- siefasen die de spreker voor het bereiken van zijn doel noodzakelijk acht, bijvoorbeeld een geschikte weergave van het verschil van mening (confrontatiefase) en een geschikte weergave van belangrijke uitgangs- punten (openingsfase).

⑩② De voorbereiding op een argumentatieve discussie

Wie zich voorbereidt op een argumentatieve discussie, weet vooraf meestal niet wat anderen allemaal naar voren zullen brengen en hoe de discussie precies zal verlopen. Hij moet zich niet blindstaren op de punten die hij zelf naar voren wil brengen, maar ook rekening houden met wat hij van de andere deelnemers kan verwachten. Hij moet proberen te anticiperen op hun specifieke bijdragen en op de reacties die zij op zijn eigen bijdrage zullen geven. Zijn voorbereiding op de discussie dient hem zoveel mogelijk in staat te stellen op een flexibele manier op de bijdragen van anderen in te spelen.

Wat komt er bij een goede voorbereiding allemaal kijken? In de eerste plaats is het zaak om goed beslagen ten ijs te komen. Dit houdt in dat de potentiële discussiant zich moet verdiepen in het discussieonderwerp en – door de voors en tegens van verschillende mogelijke posities tegen elkaar af te wegen – moet bepalen welke positie hij zal gaan innemen. Wat is zijn standpunt? Wat zijn de belangrijkste argumenten? Het antwoord op deze vragen kan het best worden vastgelegd in een analytisch overzicht, dat als basis kan dienen voor de verdediging van de eigen positie.

In de tweede plaats is het nuttig na te gaan welke positie de vermoedelijke opponenten zullen innemen en wat hun relevante achtergronden zijn. Wat is hun standpunt? Welke argumenten zouden ze daarvoor hebben? En wat zouden ze voor argumenten kunnen inbrengen tegen mijn eigen argumenten? Als het onduidelijk is wie er aan de discussie zullen deelnemen, dan krijgt de voorbereiding misschien een wat schimmig karakter, maar niettemin blijft het verstandig zo goed mogelijk na te gaan wat er redelijkerwijs tegen het eigen standpunt en de daarvoor aan te voeren argumenten kan worden ingebracht.

Als er geen duidelijke oppositie te verwachten valt, kan de voorbereiding zich het beste concentreren op het zo sterk mogelijk maken van de verdediging van het eigen standpunt. Aan de hand van het analytisch overzicht kunnen, net als bij een schriftelijk betoog, de eigen argumenten nagelopen en waar nodig verbeterd worden. Ook kunnen er alvast reacties worden bedacht op te verwachten tegenwerpingen. Die kunnen in het analytisch overzicht bij het betreffende argument worden genoteerd. Soms is het verstandig een voor de hand liggende tegenwerping in het eigen betoog zelf aan de orde te stellen en te pareren. Dat kan op een heel natuurlijke manier gebeuren:

> 'Natuurlijk ben ik mij ervan bewust dat…, maar…'
> 'Een nadeel van de door mij voorgestelde oplossing zou kunnen zijn dat…
> Toch denk ik dat de voordelen hier ruimschoots tegen opwegen, want…'

Als het te verwachten valt dat een standpunt op grote weerstand zal stuiten, dan is het verstandig om bij de voorbereiding van de verdediging veel aandacht te besteden aan de positie van de opponenten en hun mogelijke argumenten. Bij gebrek aan informatie daarover kan het best worden nagegaan wat er allemaal voor het standpunt kan pleiten dat tegengesteld is aan het eigen standpunt. Daar kan dan weer een analytisch overzicht van worden gemaakt, aan de hand waarvan systematisch kan worden nagegaan wat er tegen de diverse argumenten kan worden ingebracht. Sommige van deze reacties kunnen dan alsnog in het eigen betoog worden verwerkt, andere kunnen achter de hand worden gehouden.

De voorbereiding op de discussie resulteert in een analytisch overzicht waarin niet alleen het eigen standpunt en de argumenten daarvoor zijn opgenomen, maar bij sommige argumenten ook reacties op mogelijke tegenwerpingen van anderen en eventueel ook de eigen reacties op andere standpunten en argumenten. Een schematische (en mogelijk wat ingekorte) versie van dit analytisch overzicht kan als uitgangspunt dienen voor de eigen discussiebijdrage.

10

⬤10.3 Het deelnemen aan een argumentatieve discussie

Discussianten die een verschil van mening willen oplossen, hebben belang bij een efficiënt verloop van de discussie. Al of niet geholpen door een voorzitter, bepalen ze gezamenlijk de wijze waarop de discussie zal worden gevoerd. Hun verantwoordelijkheid begint al bij het taalgebruik. Ter voorkoming van misverstanden, moeten ze hun bedoelingen zo duidelijk mogelijk onder woorden brengen en de woorden van de andere deelnemers zo goed mogelijk interpreteren. Dit geldt in het bijzonder voor de confrontatiefase. Anders kunnen er verschillen van mening ontstaan die louter verbaal zijn. Bij dergelijke schijngeschillen zijn de discussianten het eigenlijk met elkaar eens, maar praten ze langs elkaar heen doordat ze een andere uitleg geven aan het standpunt. Er wordt dan een overbodige discussie gevoerd. Een verschil van mening is verbaal als de één bijvoorbeeld zegt dat hij het socialisme afwijst en de ander dat hij er juist vóór is, terwijl ze met het woord socialisme iets verschillends bedoelen: de één stelt het gelijk met communisme, de ander met sociaaldemocratie. In feite zijn ze het er roerend over eens dat het eerste fout is en het laatste goed. In zo'n geval kan een precisering goede diensten bewijzen. Een precisering houdt in dat uit verschillende mogelijke interpretaties van een uitspraak één bepaalde interpretatie gekozen wordt. In het volgende gesprekje geeft Rein een precisering van de term muzikaal als blijkt dat de manier waarop hij dit woord gebruikt aanleiding geeft tot misverstand:

> Rein: Volgens mij is Peter erg muzikaal.
> Magda: Ik heb hem anders nog nooit één noot horen spelen.
> Rein: Met 'muzikaal' bedoel ik ook niet dat hij talent heeft voor het bespelen van een instrument, maar dat hij gevoel voor muziek en een absoluut gehoor heeft.

Om er zeker van te zijn dat ze het over hetzelfde hebben, kunnen discussianten ertoe overgaan de betekenis van de meest cruciale termen in de discussie in een definitie vast te leggen. Zo'n definitie kan heel nauw aansluiten bij een van de betekenissen die de term in de gewone omgangstaal heeft, maar er kan ook een enigszins afwijkende, specifieke of technische betekenis aan een term worden gegeven. De gekozen betekenis moet dan wel geschikt zijn voor het doel van de discussie. Het mag niet zo zijn dat iemand er alleen een bepaalde definitie doordrukt om gemakkelijker zijn gelijk te kunnen halen, zoals Pauline Terreehorst in het volgende voorbeeld laat zien:

> '"Junks", meldde een tot tranen toe bewogen bestuurder, "moeten beschouwd worden als de zwakste burgers in onze maatschappij. Als je die niet naast je deur wilt, ben je egoïstisch." Om deze psychologische druk kracht bij te zetten werd de buurt bestempeld als een villabuurt. Huizen met een voor- en een achtertuin worden in dit soort discussies al snel villa's.'

Spraakverwarring kan er ook toe leiden dat er slechts schijnovereenstemming bestaat, zodat een noodzakelijke discussie achterwege blijft.

10

Bastiaan Bommeljé lijkt zelfs van mening te zijn dat schijnovereenstemming de belangrijkste oorzaak is van het mislukken van Nederlandse
discussies:

> 'Bij Nederlandse discussies is iedereen het altijd met elkaar eens. Bij
> Nederlandse discussies ontstaat nimmer een debat. [...] Nederlandse
> discussies zijn, kortom, niet de oplossing van de kwaal, maar de kwaal
> zelf, want eenstemmig discussiëren klinkt altijd vals.'

De eigenlijke discussie kan pas beginnen als duidelijk is geworden dat
er werkelijk een verschil van mening bestaat, wat precies de geschilpunten zijn en welke posities de deelnemers innemen. Om een ordelijk
verloop van de discussie te waarborgen, moeten de deelnemers zich
verder aan een aantal belangrijke regels houden. We noemen er een
paar:
- Alle discussiebijdragen moeten aansluiten bij wat op dat moment
  aan de orde is. Het heeft geen zin al te beginnen oplossingen aan te
  dragen als nog niet duidelijk is wat precies het probleem is of pas met
  essentiële informatie te komen als er al een beslissing genomen is.
  Discussianten moeten alleen het woord nemen als ze ook werkelijk
  iets te zeggen hebben en niet door een al te afwachtende houding
  hun kans om een constructieve bijdrage te leveren voorbij laten gaan.
- Er moet niet te veel tegelijk aan de orde worden gesteld. In plaats van
  in één keer zes dingen, is het beter één of hooguit twee dingen aan de
  orde te stellen. Als alles tegelijk ter discussie wordt gesteld, wordt de
  discussie algauw onoverzichtelijk. De discussianten kunnen zich
  beter beperken tot een paar belangrijke punten en geen bijzaken
  aansnijden of zijpaden inslaan.
- Het moet goed duidelijk worden wat de functie is van een bepaalde
  discussiebijdrage. Waarop reageert de spreker precies en waarom?
  Wil hij iets rechtzetten? Is zijn bijdrage een aanvulling of een toelichting? Of draagt hij een alternatieve oplossing aan?
- De discussie moet niet worden gerekt door onnodige herhalingen te
  laten plaatsvinden of door al afgehandelde punten opnieuw ter
  discussie te stellen.
- De discussie dient op een duidelijke manier te worden afgesloten. Er
  moet ondubbelzinnig komen vast te staan of het verschil van mening
  is opgelost, en zo ja, wat de oplossing inhoudt. Ook moet duidelijk
  zijn wat de consequenties zijn van de oplossing van het geschil. Moet
  de overeenstemming aan een bepaalde instantie worden gemeld?
  Moeten er verdere stappen ondernomen worden?

10.4 De voorbereiding van een betoog

Een betogende voordracht is alleen zinvol als het verdedigde standpunt
controversieel is en belangwekkend genoeg is voor het beoogde publiek.
Voor zover mogelijk, dient de spreker zich daar tevoren van te vergewis-
sen. In elk geval moet hij zijn standpunt zo helder mogelijk formuleren.
De reikwijdte ervan moet duidelijk zijn: heeft de ter discussie gestelde
propositie alleen op specifieke personen of aspecten betrekking of op
iedereen en alles? Essentialistische kwalificaties als 'eigenlijk' en 'in
wezen', die bij voorbaat maken dat het standpunt moeilijk te ontkrach-

ten is, moeten in de formulering van het standpunt vermeden worden. En termen die voor meer dan één uitleg vatbaar zijn of anderszins onduidelijk zijn, moeten worden gepreciseerd.

Bij de voorbereiding van zijn voordracht doet de spreker er verstandig aan de argumenten die hij bij de verdediging van zijn standpunt wil gebruiken in een analytisch overzicht te ordenen. In plaats van een hele reeks argumenten af te raffelen, kan hij zich beter beperken tot enkele sterke argumenten, die hij goed kan uitwerken en op een overtuigende manier kan ondersteunen. Het analytisch overzicht vormt dan een schematische weergave van de kern van zijn betoog.

Maar een voordracht bestaat meestal niet alleen uit argumentatie. In de regel is er eerst een inleiding, waarin de spreker bij het publiek interesse probeert te wekken voor hetgeen hij naar voren wil brengen. Vervolgens verschaft hij vaak de nodige achtergrondinformatie en dan begint pas het eigenlijke betoog. In zijn betoog presenteert de spreker de argumenten die voor zijn standpunt pleiten. Soms probeert hij tevens de argumenten die tegen zijn standpunt of zelfs voor het tegengestelde standpunt pleiten, te weerleggen. Aan het eind van de voordracht wordt, als het goed is, het standpunt nog eens herhaald. Als daar behoefte aan zou kunnen bestaan, worden ook de belangrijkste argumenten nog eens samengevat.

Inleiding

Een aantrekkelijk begin van de voordracht is belangrijk om de interesse van het publiek te wekken. Dat kan op allerlei manieren gebeuren. De spreker kan bijvoorbeeld een persoonlijke ervaring aanhalen, een verrassend citaat of een interessante anekdote. Hij kan ook inhaken op een actuele gebeurtenis of aansluiten bij een bekend voorval uit de geschiedenis. Het opwerpen van een concrete en voor de luisteraars belangrijke vraag, is ook een goede manier om het publiek bij de voordracht te betrekken. Natuurlijk moet er altijd een duidelijk verband zijn tussen de inleiding en het eigenlijke betoog.

In principe hoort ook het standpunt dat de spreker wil verdedigen in de inleiding te worden vermeld. Daar legt hij immers uit waar hij het over gaat hebben en geeft hij aan welke positie hij inneemt. Als de spreker verwacht dat zijn standpunt op ernstige weerstand zal stuiten, doet hij er soms verstandiger aan eerst zijn belangrijkste argumenten te noemen, zodat de luisteraars stap voor stap naar zijn conclusie worden geleid. Bij een langere voordracht is het nuttig de inleiding af te sluiten met een kort overzicht van de manier waarop de voordracht is ingedeeld. Dit verschaft de luisteraars alvast een goed beeld waar het om gaat en wat hen te wachten staat.

Betoog

Als de spreker niet alleen argumenten geeft voor zijn eigen standpunt, maar ook tegen het tegengestelde standpunt, moet de volgorde worden bepaald waarin hij dit doet. Een bekend patroon is dat eerst aangetoond wordt dat het standpunt van de tegenstander niet houdbaar is en dat daarna de argumenten voor het eigen standpunt worden gegeven. Maar het kan natuurlijk ook andersom. Mits ervoor gezorgd wordt dat het betoog niet onoverzichtelijk wordt, is het zelfs mogelijk om de verdediging en de aanval af te wisselen. Bij de verdediging van het eigen standpunt is het aan te raden om de sterkste argumenten ofwel aan het begin ofwel aan het eind van het betoog te geven. Wat het eerst komt, beïnvloedt de perceptie van de rest en wat het laatst komt, wordt doorgaans het beste onthouden.

Slot van de voordracht

Het slot van de voordracht heeft ten doel het publiek de belangrijkste punten nog eens goed in het geheugen te prenten. Er moeten geen nieuwe punten meer worden aangedragen en het betoog moet ook niet nog eens dunnetjes worden overgedaan. Van belang is vooral dat de afsluiting duidelijk en aantrekkelijk is. Het is aanbevelenswaardig om terug te grijpen op de inleiding, waardoor de indruk van een mooi afgerond geheel ontstaat.

Als het nauw luistert wat er precies gezegd wordt of als er een strenge tijdslimiet is, kan het nodig zijn om de tekst helemaal uit te schrijven. Voorwaarde is dan wel dat er spreektaal wordt gebruikt en dat de spreker bedreven is in het levendig voorlezen. Meestal is het beter om de voordracht alleen in de vorm van een puntenlijstje op te schrijven of hooguit in telegramstijl. Als de spreker zijn woorden al sprekend moet kiezen, is zijn voordracht natuurlijker en prettiger om naar te luisteren. Wie niet veel ervaring in het spreken heeft, doet er goed aan om bij wijze van voorzorg de inleiding en het slot volledig uit te schrijven. Verder moeten de hoofdargumenten in elk geval in een analytisch overzicht bij elkaar worden gezet. Overgangszinnen, zoals aankondigin-gen van argumenten en tussentijdse samenvattingen, kunnen het best volledig worden uitgeschreven. Anders is het gevaar aanwezig dat de structuur van het verhaal in het vuur van het betoog onduidelijk blijft en de luisteraars het spoor bijster raken.

10.5 De presentatie van een betoog

De presentatie van een betoog moet zo duidelijk zijn dat het publiek de spreker zonder veel moeite kan volgen. Het publiek moet ook niet in slaap vallen. Daarom moet de spreker ervoor zorgen dat zijn verhaal ook prettig is om naar te luisteren.

De voordracht moet zo goed mogelijk worden afgestemd op de gelegen-heid en op het publiek. Zo mogen er in een verhaal voor een publiek van leken geen technische uiteenzettingen en reeksen vaktermen voorkomen, terwijl dat bij een ter zake kundig publiek juist nuttig kan zijn. En bij een formele gelegenheid, zoals een rechtszitting of een vergadering van het parlement, is een wat plechtstatiger taalgebruik meer op zijn plaats dan in een informele situatie.

In het algemeen is het aan te raden om niet al te formeel te zijn. Een voordracht moet bij voorkeur gesteld zijn in (verzorgde) spreektaal. Woorden uit de schrijftaal, zoals *echter*, *desalniettemin* en *niettegen-staande*, moeten vermeden worden. Dat geldt al helemaal voor expli-ciete verwijzingen naar geschreven teksten, zoals *het hierboven genoemde punt*, *hieronder* en *op de vorige pagina*.

Bij voordrachten die helemaal worden uitgeschreven, is het gevaar dat er schrijftaal gebruikt wordt natuurlijk het grootst. De volgende maatre-gelen kunnen helpen om de indruk weg te nemen dat er een schrifte-lijke tekst wordt voorgelezen:

10

- Maak de zinnen wat korter.
- Vervang te omslachtige formuleringen.
- Vervang moeilijke woorden waar dat kan door gewone woorden.
- Varieer de zinsbouw (onderwerp-gezegde, gezegde-onderwerp) en het zinstype (mededelend, vragend).
- Gebruik indicatoren van argumentatie en standpunten (omdat, dus, ten eerste, daar komt nog bij) en verbindingswoorden (maar, en).
- Gebruik niet onnodig de lijdende vorm (niet 'In deze lezing wordt een aantal voorbeelden gegeven van...', maar 'Ik zal in deze lezing een aantal voorbeelden geven van...').
- Voeg aan te abstracte en te algemene uitspraken concrete voorbeelden toe.
- Spreek het publiek af en toe aan ('Nu denkt u misschien...').
- Geef op een duidelijke en natuurlijke manier aan wanneer er een citaat komt (niet 'nu komt er een citaat', 'maar: zoals... eens treffend zei...').
- Geef duidelijk aan op welk punt van het betoog je precies bent en herhaal belangrijke punten.

Zelfs een goed in elkaar zittend betoog kan door onhandigheden in de presentatie worden bedorven. Zo gaat er vaak iets mis met de tijdsplanning: de voordracht duurt veel te lang of de spreker raffelt het laatste deel uit tijdgebrek in een ijltempo af. Zulke problemen kunnen voorkomen worden door de voordracht vooraf één of meer keer te oefenen en daarbij de tijd op te nemen.
Enkele andere wenken voor de presentatie zijn:
- Kondig niet meer aan dan je werkelijk doet.
- Zeg niet steeds dat er veel meer over het onderwerp te zeggen valt, maar dat je daar niet genoeg tijd voor hebt.
- Laat aan de inleiding niet ook nog eens een inleiding voorafgaan: 'Voor ik begin te spreken wil ik eerst...'.
- Wek geen slecht voorbereide of al te nonchalante indruk. Zeg niet: 'Op weg hiernaartoe dacht ik erover na wat ik hier eens zou gaan zeggen...'.
- Benader het publiek niet overdreven kritisch en doe ook niet neerbuigend. Leg geen dingen uit die iedereen al weet. Zeg bijvoorbeeld niet 'Voor degenen onder u die niet weten wat homeopathie is, zal ik dit even uitleggen...' of 'Het ligt voor de hand dat u hier in de provincie niet alles zo precies kunt bijhouden...'.
- Wees niet overdreven bescheiden en verontschuldig je niet onnodig. Zeg niet: 'Helaas weet ik maar weinig van het onderwerp af..., maar...' of 'Ik weet dat dit niet zo belangrijk is, maar...'.
- Stel het slot van de voordracht niet steeds uit. Zeg niet 'Tot slot...' of 'De conclusie van dit alles is...' als er daarna nog een heel verhaal komt.
- Houd niet opeens met het verhaal op, maar zorg voor een duidelijke, als zodanig herkenbare afsluiting. Eindig niet met 'Dat was het dan' of 'Hier wou ik het bij laten'.

Samenvatting

▶ Wie aan een argumentatieve discussie gaat deelnemen, moet proberen te anticiperen op de reacties van anderen. De discussianten zijn gezamenlijk verantwoordelijk voor het bewaken van de discussieorde. Ze dienen schijngeschillen en schijnovereenstemming te voorkomen, op een relevante en duidelijke manier op elkaars bijdragen te reageren, niet te veel tegelijk te behandelen, de discussie niet onnodig op te houden en zorg te dragen voor een duidelijke afsluiting. Bij het voorbereiden van een betogende voordracht moet aandacht worden geschonken aan een aantrekkelijke inleiding en afsluiting. De voordracht zelf kan het beste gehouden worden aan de hand van een analytisch overzicht dat aangevuld is met andere punten die de duidelijkheid en aantrekkelijkheid verhogen en moet afgestemd zijn op de gelegenheid en het publiek. Het gebruik van schrijftaal moet worden vermeden. De spreker moet ervoor zorgen het publiek niet door onhandigheden in de presentatie tegen zich in te nemen.

10

Achtergrond-
literatuur

Een praktisch boek over het schrijven en presenteren van toespraken is Geel, R. (2004). *Speech! Speech! Schrijf een succesvolle toespraak.* Bussum: Coutinho. Over spreken in het openbaar en debatteren zijn veel nuttige aanwijzingen te vinden in Beebe, S. & Beebe, S.J. (2000). *Public speaking: An audiencecentered approach* (4e druk) Boston, MA: Allyn & Bacon, Row.]
Een korte Nederlandstalige inleiding in het debatteren is te vinden in: Braet, A.C. & Schouw, L. (1998). *Effectief debatteren: Argumenteren en presenteren over beleid.* Groningen: Wolters-Noordhoff. Toonaangevende Amerikaanse handleidingen zijn Osborn, M. & Osborn, S. (1988). *Public speaking.* Boston, MA: Houghton Mifflin; en Osborn, M. & Osborn, S. (1990). *The elements of public speaking* (4e druk). New York, NY: Harper & Row.

Oefeningen per hoofdstuk

Hoofdstuk 1 Standpunten en verschillen van mening

1.1 Wordt er in de volgende tekstjes een standpunt ingenomen? Zo ja, geef dan aan welke uiting als standpunt fungeert en wat voor aanwijzingen daarvoor zijn.

Voorbeeldopgave
VVD-Staatssecretaris Mark Rutte (Onderwijs) schoot het hoger onderwijs te hulp. Studenten die zich schuldig maken aan plagiaat voor (delen van) hun scriptie, mogen nooit meer afstuderen in hun studie. En dat is een prima plan. Geen enkele student, hoe lui ook, zal het risico nemen dat hij juist in het laatste studiejaar met knip- en plakwerk tegen de lamp loopt.

Voorbeeldbeantwoording
'Het plan dat plagiërende studenten nooit meer mogen afstuderen is een prima plan' fungeert in dit fragment als standpunt. Er wordt in deze uitspraak een oordeel uitgesproken over het plan van Mark Rutte om het plagiërende studenten onmogelijk te maken om af te studeren. Dit plan zou wel eens controversieel kunnen zijn, en daarom verwacht de lezer waarschijnlijk al dat de auteur argumentatie voor zijn positieve oordeel over het plan zal geven. Dit gebeurt ook in de laatste zin.

[1] Volgens Bleeker wil een grote groep allochtonen heel graag promoveren, maar is het niet gemakkelijk om een eenzame positie te bekleden binnen je eigen groep. 'Culturele identiteit kent allerlei voorschriften. Door te promoveren is het mogelijk dat je niet langer aan die voorschriften voldoet en kan de steun van de groep wegvallen. Op een feestje met andere Surinamers word ik bijvoorbeeld gemeden als het gaat over bijgeloof, folklore of familiebeslommeringen, omdat ik afwijk van de rest.'

[2] Een Rotterdams restaurant had aangekondigd voortaan kinderen beneden de 12 jaar te weigeren en de meeste stamgasten van het café waren het er roerend mee eens. [...] Ik was het er roerend mee oneens. Niet dat ik mijn maaltijd graag laat verstoren – helemaal niet. Maar is dit niet het kind met het badwater weggooien? [...] Het is heel goed voor kinderen om te leren hoe ze zich in restaurants moeten gedragen en al even belangrijk dat ze op de hoogte raken van wat er allemaal mogelijk is met voedsel. Ze plompverloren de

toegang weigeren, snijdt ze af van een belangrijk deel van hun opvoeding, van de gastronomie en van hun socialisatie.

[3] Als er in Nederland één fitnessapparaat is dat zorgt dat we nog niet zo dik zijn als in de VS, dan is het wel de fiets. Sport en fitness zijn in Amerika big business. En toch gaan er al meer Amerikanen vroegtijdig dood aan overgewicht dan aan roken. Zo zie je maar: de auto is daar de grote dikmaker, want het enige wat dan nog bewogen wordt, is de rechtervoet. De fiets heeft hier een tegenovergesteld effect. Als ik een week niet naar mijn werk fiets, zit er zo twee kilo aan, die ik met een avondje sporten niet wegkrijg. Maar met regelmatig fietsen heb ik helemaal geen fitness nodig.

1.2 Geef aan over welke propositie(s) verschil van mening bestaat in de volgende tekstjes, wat voor posities de betrokken partijen innemen ten opzichte van die propositie(s) en van wat voor type verschil van mening er precies sprake is.

Voorbeeldopgave
Je moet altijd iets eten voor je gaat zwemmen en nooit bij eb de zee ingaan, want met een nuchtere maag krijg je krampen en als je bij eb zwemt, word je meegezogen.

Voorbeeldbeantwoording
Niet-gemengd meervoudig geschil over de proposities *'je moet altijd iets eten voor je gaat zwemmen'* en *'je moet nooit bij eb de zee ingaan'*.
De schrijver of spreker verdedigt zowel het standpunt dat je altijd iets moet eten voor je gaat zwemmen als het standpunt dat je nooit bij eb de zee in moet gaan tegen mogelijke twijfel van de luisteraar of lezer. Aangezien er geen aanwijzingen zijn dat de luisteraar of lezer tegenstandpunten inneemt, moet worden aangenomen dat er van een niet-gemengd meervoudig verschil van mening sprake is.

[1] G. Greeuw: 'Onderzoek op het gebied van de kunstmatige intelligentie dient in Nederland van overheidswege krachtig gestimuleerd te worden.'
T. Postma: 'Daar ben ik het hartgrondig mee oneens.'

[2] Afvalgoeroe Montignac lijkt me zo ongeveer de grootste oplichter sinds Uri Geller. Niet dat ik zijn werken bestudeerd heb, maar een man die het gerecht 'boterham met kaas' op de zwarte lijst zet, hoef je niet serieus te nemen en al diegenen die dat wel doen, zouden zich eerder zorgen moeten maken over de laagte van hun IQ dan over de hoogte van hun lichaamsgewicht.

[3] H. de Boo: 'Het geven van zogenaamde no-claimkorting door autoverzekeraars, werkt het doorrijden na een aanrijding in de hand en het is ook niet voordelig voor de schadevrij rijdende automobilist. Ik zal deze stellingen nader beargumenteren.'

[4]   In het Amsterdamse Wallengebied worden zes stegen voor autoverkeer afgesloten. Een meerderheid van de raadscommissie binnenstad ging gisteren akkoord met de voorgestelde verkeerswerende maatregelen van wethouder J. Saris. Het voorstel om de zes stegen af te sluiten stuit op grote weerstand van een aantal belangenorganisaties en de Vereniging Amsterdam City. Zij verspreidden gisteren een brief van commissaris A. Zee van politiebureau Warmoesstraat, waarin ook hij zich tegenstander van de maatregelen toont. De brief wekte verbazing op het stadhuis, omdat over de afsluitingen tot twee keer toe overleg is geweest met de politie, die zich uiteindelijk in de plannen had kunnen vinden.

[5]   Ivan Wolffers:

'Samenlevingen die zich denken te beschermen door personen met het virus hard aan te pakken, doen ongeveer het onverstandigste wat voorstelbaar is. Ze isoleren mensen met hiv/aids en denken zo het virus te isoleren. Een virus valt zo niet af te zonderen. Hoogstens behandel je een aantal personen op inhumane wijze en die zullen ervoor zorgen dat niemand doorkrijgt dat ze misschien het virus hebben.'

[6]   Heere Heeresma:

Geachte heer,
Bezig met de meubilering van mijn huis, stuitte ik op uw firma en verwierf mij uw catalogus. In deze omvangrijke prospectus spreekt u – ook mij – consequent met 'je' aan. Vanwaar deze gemeenzaamheid? Zat ik met u op school, bent u familie, een vriend(in)? Nee, u bent slechts een van de vele meubelbedrijven die vandaag de dag niet het, maar beide beste beentjes vooruit moeten zetten om – ook – mijn klandizie te winnen. En daarvoor zult u toch een minimum aan egards dienen op te brengen; te beginnen met het 'met twee woorden' spreken. Tutoyeren door leveranciers is er in deze economisch moeilijke tijd gelukkig niet meer bij.

[7]   Eén uwer redacteuren berichtte dat een ooggetuige van de vliegramp bij Moerdijk van schrik een hartaanval zou hebben gekregen. De ooggetuige werd met name genoemd. Ik meen dat het onjuist is uit een oogpunt van bescherming van de persoonlijke levenssfeer om in een dergelijk geval naam en toenaam van de betrokkene te vermelden. Overigens is de nieuwswaarde van zo'n vermelding gering. Zoals medici gebonden zijn aan een gedragscode ter bescherming van persoonlijke gegevens van patiënten zo zou een soortgelijke code voor journalisten moeten gelden.

[8]   'Iedere krant krijgt van tijd tot tijd een ingezonden stuk van iemand die er voor pleit om in de krant geen buitenlandse woorden zoals happening of economie of typewriter te gebruiken, maar gewone Nederlandse, voor iedereen begrijpelijke woorden zoals gebeurtenis, staathuishoudkunde en schrijfmachine. Met mensen die liever een Nederlands woord willen hebben dan een buitenlands woord omdat ze graag hun moerstaal willen blijven spreken heb ik geen twist.

Iemand die zich ergert als in Nederland velen van *monkey* gaan spreken terwijl ze gewoon *aap* kunnen zeggen, zo iemand heeft gelijk. Ik erger me met hem mee. Hoewel ik toch ook weer begin te lachen als hij voorstelt *telefoon* door *verrespreek* te vervangen, omdat *verrespreek* Nederlands is. Maar daar gaat het allemaal niet om. Waar het mij om gaat is de gedachte dat het woord "schrijfmachine" per se voor een Nederlander begrijpelijker zou zijn dan "typewriter", en dat de kranten zoveel mogelijk Nederlandse woorden moeten gebruiken omdat dat "duidelijker" is.'
(Bron: Karel van het Reve, *Uren met Henk Broekhuis*, 1978)

[9]   Vijftig ambtenaren kijken naar één man: topambtenaar Roel Bekker. Hij heeft meegeschreven aan het plan om bijna 15.000 banen bij het Rijk te schrappen, waarna het kabinet hem heeft aangesteld om van deze bezuinigingsoperatie een succes te maken. Het heeft hem al de bijnaam 'slager van het Binnenhof' opgeleverd. 'Het aantal ambtenaren moet drastisch omlaag, want de overheid moet minder aanwezig zijn', zegt Bekker tegen de ambtenaren. Maar na Bekkers betoog blijft het stil. De ambtenaren reageren niet. De gespreksleider zet een stelling op een scherm. 'Voordat je gaat taakstellen, moet je eerst vaststellen welke problemen de rijksoverheid moet oplossen'. Bekker is het daar niet mee eens. 'Ik vrees dat dat niet erg opschiet'. De ambtenaren blijven zwijgen. 'Vinden jullie dat er veel banen weg kunnen?', vraagt de gespreksleider aan de ambtenaren. 'Er mag wel een hiërarchisch laagje tussenuit', zegt een jonge ambtenaar. Er wordt volgens haar namelijk dubbel werk gedaan. De hoogste ambtenaar van het ministerie van Onderwijs, Koos van der Steenhoven, valt haar bij. Hij vindt dat zijn ministerie met minder mensen toekan. Iemand van de vakbond protesteert nu voorzichtig.

1.3   Geef voor elk van de volgende proposities een positief en een negatief standpunt. Verander ook iets aan de kracht of reikwijdte van beide.

Voorbeeldopgave
Gedempte grachten moeten weer opengegraven worden.

Voorbeeldbeantwoording
Ik vind niet dat gedempte grachten in de binnenstad van Amsterdam weer opengegraven moeten worden. (negatief standpunt, kleinere reikwijdte)

Ik vind dat er wel iets voor te zeggen is om gedempte grachten weer open te graven. (positief standpunt, minder krachtig standpunt)

[1]   Moderne talen moeten verplichte eindexamenvakken zijn.

[2]   Gemeentebesturen moeten meer investeren in cultuur.

[3]   Studenten moeten meer tijd aan hun studie besteden.

Hoofdstuk 2 Argumenteren en discussiëren

2.1 De volgende tekstfragmenten zijn onderdelen van een argumentatieve discussie. Geef bij elk tekstfragment aan tot welke discussiefase(n) het behoort.

Voorbeeldopgave

Het zou interessant zijn om eens na te gaan of ik in staat ben jou van het tegendeel te overtuigen.
Maar dan moet je me wel de kans geven mijn hele betoog af te maken, vóór je met je reactie komt. En we moeten ook afspreken allerlei goedkope discussietrucs, zoals het voortdurend aanhalen van belangrijke medestanders, achterwege te laten.

Voorbeeldbeantwoording

Openingsfase. Er wordt voorgesteld een discussie te houden om een verschil van mening op te lossen, waarbij tevoren bepaalde regels worden afgesproken. Het is niet bekend over welk standpunt de discussie gaat en daarom is de confrontatiefase in dit fragment afwezig.

[1] Uiteindelijk moet ik toegeven dat Bouwmans laatste argument overtuigend genoeg is om aan de verkieslijkheid van de door mij voorgestelde oplossing te gaan twijfelen.

[2] Somberheid over economie en overheid is troef in een artikel van Frits Baltesen. Als werkzoekende, hoog- of laagopgeleid, word je er in ieder geval niet vrolijker van. In dat artikel oppert de VNCI-voorzitter dat de wetenschappelijke staf op de universiteiten snel vergrijst, er een ontstellend tekort is aan chemieleraren en het aantal leerlingen met natuur- en scheikunde in het pakket enorm terugloopt. De eerste en laatste uitspraken zijn volgens mij waar, de tweede echter niet en ik ben dan ook zeer benieuwd waarop de betreffende voorzitter zijn uitspraak baseert.

[3] De Consumentenbond is er immers voor om die ontwikkelingen te signaleren en er onder andere via de *Consumentengids* zo verstandig mogelijk op in te spelen.

[4] Gevangenisdirecteur: 'De gedachte dat je manager bent en dat het niet uitmaakt of je in een bajes werkt of in een rijwielfabriek, dat is zulk modieus gezwets. Het rare spanningsveld in zo'n gevangenis, dat trekt me. Geen dag is hetzelfde als je in de bajes werkt. De mensen met wie je te maken krijgt, je kunt veel van ze zeggen, maar niet dat ze saai zijn of ontzettend burgerlijk.'

[5] Als praktiserend psychotherapeut trof ik in uw artikel 'Herinneringen van misbruikte kinderen' veel aan waar ik het niet mee eens was. Uw claims over de voordelen van hypnose zijn onjuist. Ik heb gezien hoe er foutieve herinneringen ontstonden als resultaat van hypnose en suggestie. Ik zou nooit vertrouwen op enige 'memory recovery technique'. Iemand doen geloven dat hij misbruikt is zal zijn leven

er niet beter op maken. Het kan zelfs schadelijk zijn. De psychotherapeut of psychiater is geen detective. Hij verkeert niet in de omstandigheden dat hij kan uitmaken wie er de waarheid spreekt. Dit is de mening van veel professionele psychotherapeuten en u zou beter moeten weten.

[6] Robert Buderi's stelling is dat de uitvinding en ontwikkeling van de radar in de Tweede Wereldoorlog de naoorlogse wereld totaal veranderd heeft. Dr. Buderi beweert in het bijzonder dat veel van de dingen die tegenwoordig ons leven beheersen – computers, magnetrons, laserapparaten, raketten, commerciële en militaire activiteiten in de ruimte – een direct gevolg zijn van het feit dat veel wetenschappers zich gedurende de oorlog op radar hebben geconcentreerd. Deze propositie is interessant, maar wordt niet ondersteund door de onsamenhangende reeks hoofdstukken in dit boek en de hieruit sprekende vooringenomenheid voor Amerikaanse wetenschap en technologie. Ik zal hierna laten zien waarom dat zo is.

[7] Ingezonden brief:
Ik ben het helemaal niet met je eens, Lia de Wit, dat het moederschap intelligente vrouwen tot angstige uitgeputte wezens maakt die alleen maar naar kinderprogramma's kijken. Ik was vastbesloten dat het met mij niet zover zou komen – en daar ben ik in geslaagd.
Toen mijn kinderen kleiner waren heb ik ervoor gezorgd dat ik al mijn vrienden die geen kinderen hadden behield, dat ik regelmatig 's avonds uitging, boeken las, aan conditietraining deed, een zware baan volhield en toch nog tijd overhield om met de kleintjes door te brengen. Als je een redelijke partner hebt, is er geen enkele reden waarom je er niet van tijd tot tijd zelf eens een paar dagen in je eentje op uit kunt gaan. Zeker, het hebben van kinderen is een heel karwei, maar dit soort van jezelf wentelen in oermoederachtig zelfbeklag maakt het nog moeilijker voor moeders om volledig in het werk en de maatschappij te participeren. Zo'n artikel zorgt voor kinderloze vrouwen en leidt ertoe dat veel mannen vrouwen gaan beschouwen als helemaal in zichzelf opgaande hulpeloze huismussen die niet geschikt zijn om aan het normale leven deel te nemen.

2.2 Geef aan naar welke fasen van een argumentatieve discussie in het volgende verslag van een deelraadsvergadering verwezen wordt:

Bij de behandeling van het voorstel om een bewaakt parkeerterrein in te richten op het Concertgebouwplein liepen de emoties hoog op en in de eerste termijn wezen de VVD, CDA en PvdA het voorstel af. Dat noopte de wethouder tot een betoog waarin hij de gevolgen van het afwijzen schetste. Bij het afwijzen van bewaakt parkeren zou anderhalf tot twee ton aan inkomsten worden gederfd en zou er een schadeclaim van de beoogde exploitant komen. De meerderheid van de raad toonde zich voor deze argumenten gevoelig.

2.3   Geef bij de volgende situaties aan of het verschil van mening is opgelost of beslecht.

Voorbeeldopgave
Hoewel de toehoorders hadden aangegeven overtuigd te zijn op basis van de argumentatie van de spreker, drong het hoofd aan op een stemming.

Voorbeeldbeantwoording
Opgelost. Het verschil van mening is opgelost: de toehoorders herzien hun aanvankelijke positie op basis van de argumentatie van de spreker. Het feit dat het hoofd aandrong op een stemming is niet van belang voor de discussie: de discussiepartijen zijn al tot dezelfde overtuiging gekomen op grond van rationele afwegingen.

[1]   De minister-president onderschreef het standpunt van de oppositie in de abortusdiscussie nadat de peilingen hadden uitgewezen dat het volk niet meer achter hem stond.

[2]   Het is ongehoord dat de raadsvrouwe na het pleidooi van de procureur-generaal liet blijken dat ook zij overtuigd was geraakt van de betrokkenheid van haar cliënt.

2.4   Aan de Volksuniversiteit Amsterdam organiseert men cursussen gespreks- en discussietechniek. In een van deze cursussen werd een rollenspel gespeeld dat zich afspeelt in de directiekamer van het warenhuis de Bijenkorf. Het volgende (ingekorte) fragment is daaruit afkomstig.

Voorbeeldopgave
Welke onderdelen van de discussiebijdragen van de voorzitter en mevrouw Ripperda kunnen tot de confrontatiefase worden gerekend?

Voorbeeldbeantwoording
In 1 stelt de voorzitter het potentiële verschil van mening aan de orde en in 3 brengt mevrouw Ripperda haar standpunt in de betreffende kwestie naar voren.

a   Welke onderdelen van de discussiebijdragen van de voorzitter en mevrouw Ripperda kunnen tot de *openingsfase*, de *argumentatiefase* en de *afsluitingsfase* worden gerekend?
b   Geef aan waarom de discussiebijdragen van mevrouw Ripperda in alinea 6 en 19 geen onderdelen vormen van een argumentatieve discussie die ten doel heeft een verschil van mening op een redelijke manier op te lossen.
c   Leg uit dat meneer Albers in deze discussie zowel protagonist als antagonist van hetzelfde standpunt is.

d Wordt het hoofdverschil van mening in deze discussie beslecht dan wel opgelost?

1 Voorzitter: 'Als iedereen aanwezig is, dan wilde ik deze vergadering openen met iedereen welkom te heten. Het probleem is dacht ik duidelijk. We zitten met een personeelstekort en er zijn geen nieuwe krachten te krijgen. Nu is er een aanbod gedaan van de reclassering om ons ex-gevangenen als werknemers beschikbaar te stellen. Hiertoe is mevrouw De Korte aanwezig om dit als deskundige even toe te lichten. Vervolgens wilde ik deze zaak ter discussie stellen. Ik wilde ook nog even opmerken dat, als het even kan, deze vergadering over twintig minuten afgelopen zou moeten zijn.'
(Volgt toelichting van mevrouw De Korte.)

2 Voorzitter: 'Als dit zo duidelijk is, dan wilde ik graag achtereenvolgens de mening van de betrokkenen horen.'

3 Mevrouw Ripperda: 'Nou, mijn mening is dat ik het waanzinnig vind om een stelletje reclassenten in dienst te nemen, dat twintig procent van mijn personeelsleden wordt vervangen door misdadigers. Die moet ik bij een kassa zetten en ze zijn niet te vertrouwen, want volgens mij komen normale mensen niet in een gevangenis terecht, dus vind ik het een absurd idee om reclassenten in de Bijenkorf neer te zetten. Dit bedrijf heeft een goede naam en daar kun je die mensen niet neerzetten!'

4 Meneer Albers: 'Nou, ik zou wel willen weten wie er dan komt. Is het iemand die een klein misdrijf heeft begaan, dan is het wel oké. Ik heb liever iemand die een verkeersovertreding heeft begaan dan iemand die gestolen heeft, want ja, eens een dief, blijft een dief. Dat is mijn mening momenteel.'

5 Mevrouw De Korte: 'Nou, ik begrijp dat mevrouw Ripperda de hele situatie nogal absurd vindt. Dat is jammer. Uit statistieken blijkt dat men – onder andere bij V&D – nogal tevreden is over de tewerkstelling van reclassenten. Procentueel gezien is er geen enkel risico. Het percentage recidivisten is gelijk aan het percentage dat normaal voor het eerst steelt.'

6 Mevrouw Ripperda: 'Nou, als dat zo is, tja, dan kan ik er weinig meer tegen inbrengen. Maar toch blijf ik het er niet mee eens.'

7 Meneer Smale: 'Ik vind dat ze maar op de administratie gezet moeten worden, een gejatte paperclip is niet zo erg.'

8 Meneer Albers: 'Ja, maar op de administratie hebben ze persoonlijke gegevens van de personeelsleden. Dat is toch niet zo raadzaam, om die informatie aan dieven te laten zien.'

9 Meneer Smale: 'Tja, dat is ook wel waar.'

10 Mevrouw Ripperda: 'Het is gewoonweg waanzinnig. Een stelletje dieven op de verkoop.'

11 Meneer Albers: 'Maar het is toch niet gezegd dat ze allemaal weer gaan stelen?'

12 Mevrouw Ripperda: 'Nou, eens een dief, altijd een dief, dat zei je net zelf!'

13 Meneer Albers: 'Je zult wel gelijk hebben. Zijn er eigenlijk financiële garanties?'

14 Mevrouw De Korte: 'Ja, die zijn er wel degelijk. Alle schade die eventueel door die reclassenten veroorzaakt wordt, zal worden vergoed.'

15 Meneer Albers: 'Nou, dan zie ik eigenlijk geen echte bezwaren meer.
We moeten die mensen toch een kans geven.'

16 Meneer Smale: 'We zijn geen sociaal instituut, we zijn een
commercieel bedrijf!'

17 Mevrouw Ripperda: 'Precies! Geen criminelen op mijn afdeling!'

18 Meneer Albers: 'Nou, nou, wat voor argumenten heeft u voor de
stelling dat je ze nog steeds als crimineel mag beschouwen?'

19 Mevrouw Ripperda: 'Nou, ik weet niet, ze zijn het gewoon.'

20 Voorzitter: 'Wel, het lijkt me dat we in verband met de afgesproken tijd
nu toch echt tot een oplossing moeten komen. Zijn er nu nog mensen
die onoverkomelijke bezwaren hebben tegen de aanstelling van
reclassenten in ons bedrijf?'

21 Mevrouw Ripperda: 'Ja, ik!'

22 Voorzitter: 'Goed, niemand anders? Dan denk ik dat we er uit zijn.
Slechts één stem tegen. Afgaande op de statistieken, besluiten we dat
het bedrijfstechnisch verantwoord is deze mensen aan te nemen.
Mevrouw De Korte, bedankt voor uw informatie. Iedereen bedankt
voor de deelname aan deze discussie en wel thuis.'

2.5   Beantwoord naar aanleiding van het volgende (deel van een) verslag
van een plenaire vergadering van de Tweede Kamer de volgende vragen:

a Wat is het verschil van mening waar hier over wordt gediscussieerd?

b Van wat voor type verschil van mening is hier sprake?

c Geef aan waar de verschillende discussiefasen in het debat precies
beginnen en ophouden.

d Geef aan op welke punten en waar de discussie op een zijspoor raakt.

e Maak duidelijk in hoeverre het verschil van mening wordt opgelost of
beslecht.

95ste plenaire vergadering Tweede Kamer, donderdag 23 juni 2005

Aan de orde is het debat over *vertrouwelijke gegevens van
uitgeprocedeerde Congolese asielzoekers.*
De heer *Klaas de Vries* (PvdA): 'Mijnheer de voorzitter. Over uitzettingen
naar Congo is de afgelopen maanden veel te doen geweest. Er zijn
Kamervragen over gesteld en er is een uitvoerig debat over gehouden. De
belangrijkste vaststelling daarin was:

a Er wordt op geen enkele manier informatie of documentatie uit
asielgerelateerde dossiers aan de Congolese autoriteiten verstrekt.

b De Congolese autoriteiten wordt nimmer meegedeeld dat de uitgezette
persoon in ons land om asiel heeft gevraagd.'

Voorzitter. De minister heeft de Kamer op beide punten herhaaldelijk en
zeer nadrukkelijk gerustgesteld. Dat was goed, want iedereen realiseert
zich dat uitgezette asielzoekers anders groot gevaar zouden lopen. Door
journalisten van Netwerk in Congo bij de DGM, de dienst die de
immigratie regelt, was de hand gelegd op uit Nederland afkomstige
documenten. Het betreft documenten waaruit blijkt dat uitgezette
personen asiel hadden gevraagd in Nederland en dat hun verzoek was
afgewezen. Ook andere zeer gevoelige gegevens werden vermeld.
[...] Door het feit dat de stukken wel bij de DGM terechtgekomen zijn, zijn
mensen in gevaar gebracht. Dit is een zo ernstig feit dat ik van mening
ben dat de ministeriële verantwoordelijkheid ertoe leidt dat de minister
moet aftreden. Gisteren heb ik daarom een spoeddebat met de minister

aangevraagd. Nadat de Kamer dat had toegestaan, ontvingen wij van de minister een brief, waaruit bleek dat zij de heer Oosting had gevraagd terzake een onderzoek in te stellen. Dat is nu de heer Havermans geworden. Tevens heeft de minister in de media medegedeeld, dat het als een hoge paal boven water stond dat zij niet zou aftreden.

De heer *Van Fessem* (CDA): 'Voorzitter. De beschuldigingen aan de IND en de minister zijn ernstig. De minister moet ook de gelegenheid krijgen om een en ander grondig uit te zoeken. Dat zal dan gebeuren door de heer Havermans. Wij hebben daar vertrouwen in. Misschien zeg ik wel overbodige dingen, maar wij hopen wel dat hij een goed onderzoeksplan maakt, zodat wij daar later in ieder geval geen twijfel over krijgen hier in de Kamer. Ook wij vinden zorgvuldigheid uitermate belangrijk. Zorgvuldigheid is belangrijker dan snelheid. Ik denk dat dit hier op zijn plaats is.'

De heer *Klaas de Vries* (PvdA): 'Voorzitter. Ik deed net de suggestie dat het misschien een idee is voor de vaste Kamercommissie om ook de heer Havermans uit te nodigen om een gesprek te hebben. Voelt de heer Van Fessem daar iets voor?'

De heer *Van Fessem* (CDA): 'Nee, dat is voor mij niet nodig. Ik heb er vertrouwen in dat die opdracht goed wordt uitgevoerd, de heer Havermans kennende.'

De heer *Klaas de Vries* (PvdA): 'Ik ken de heer Havermans ook en misschien wel beter dan u.'

De heer *Van Fessem* (CDA): 'U kent hem beter dan ik.'

De *voorzitter*: 'Gaat u nu niet tegen elkaar opbieden hoe goed u de heer Havermans kent.'

De heer *Klaas de Vries* (PvdA): 'Nou ja, een beetje opbieden. Dat is een van de positieve punten vandaag.'

De *voorzitter*: 'Ik denk dat ik hem nóg beter ken.'

De heer *Klaas de Vries* (PvdA): 'Kent u hem nog beter? Kijk eens aan. Waarom zou het niet goed zijn als de verschillende partijen de heer Havermans laten weten wat voor hen van het grootste belang is?'

De heer *Van Fessem* (CDA): 'Ik denk dat de heer Havermans snel aan het werk moet. Dat wil zeggen dat hij grondig werk moet doen, maar hij moet ook wel snel aan het werk. Voor mij is het niet per se nodig. U mag dan vinden van wel, maar voor mij is het niet nodig.'

[...]

Mevrouw *Halsema* (GroenLinks): 'Ik ken de heer Havermans niet, maar ik meen toch een vraag te mogen stellen. U was toch aan het eind van uw betoog?'

De heer *Van Fessem* (CDA): 'Inderdaad.'

Mevrouw *Halsema* (GroenLinks): 'U hebt niets gezegd over opschorting van de uitzetting van Congolese asielzoekers.'

De heer *Van Fessem* (CDA): 'Daarover wil ik iets zeggen, want wij spreken over twee verschillende zaken. Wij spreken over illegalen, niet-asielzoekers. Een van de formulieren die in beeld zijn getoond, was niet van een asielzoeker of een illegaal. Die persoon was niet eens toegelaten maar is meteen teruggestuurd. Ik weet niet of je moet zeggen: dat schorten wij ook op. Dat lijkt mij niet rechtvaardig. Met betrekking tot asielzoekers twijfel ik nog. Ik wacht even af wat de minister hierover zegt, maar als je ervoor kiest om wel of niet uit te zetten, moet je in ieder geval garanties hebben, middels protocollen en, voor mijn part, een proces-verbaal, dat de formulieren – hoe dan ook – niet in handen komen. Als daarvoor een modus is, met een verzwaarde procedure of iets dergelijks, om de Kamer nog meer te overtuigen dan nodig is, zou dat een mogelijkheid zijn. Maar ik schort mijn oordeel daarover nog even op.'

Mevrouw *Halsema* (GroenLinks): 'Ik begrijp er eerlijk gezegd helemaal niets van waarom je zo'n oordeel zou moeten opschorten. Overigens lijkt het onderscheid tussen illegalen en asielzoekers mij nogal kunstmatig als het om de elementaire veiligheid van mensen gaat. Bovendien zegt u nu garanties te willen van de Congolese overheid. Het is toch net gebleken dat die garanties boterzacht zijn? Hoe kunt u dit dan opnieuw als voorwaarde stellen? Het gaat erom dat u nu zelf een grens stelt waarnaar de minister onderzoek laat doen en dus ook aangeeft dat er iets niet in de haak is.'

De heer *Van Fessem* (CDA): 'Ik heb niet gezegd dat wij garanties van Congo willen, maar garanties van hier voor de procedures rond de overdracht, met een tijdelijk proces-verbaal of iets dergelijks. Dat zou kunnen met meer controle van buitenaf, al wil ik daar even buiten blijven.'

Mevrouw *Halsema* (GroenLinks): 'U zult mij op een heel simpele manier moeten uitleggen waarom u hierover zo ingewikkeld staat te doen. Wij spreken er niet over dat weer de kraan open mag, om er maar even populair jargon tegenaan te gooien. Het gaat gewoon om het opschorten van uitzetting, omdat je geen risico's wilt nemen. Dan gaat u in onnavolgbaar bureaucratische taal zeggen dat u daarover nog moet nadenken. Waarom wilt u daar nog risico's bij lopen?'

De heer *Van Fessem* (CDA): 'Ik loop geen risico's. Het gaat om uitgeprocedeerde asielzoekers. Ik heb een onderscheid gemaakt met de illegalen. Dat zijn er misschien nog wel veel meer dan de uitgeprocedeerde asielzoekers. Mevrouw Halsema maakt dit onderscheid niet. Ik wel.'

[...]

De heer *De Wit* (SP): 'Voorzitter. Ik wil een aantal moties indienen. Allereerst een die de vreemdelingenbewaring betreft.

De Kamer,

gehoord de beraadslaging, overwegende dat er onduidelijkheid bestaat over de risico's die uitgezette ex-asielzoekers in Congo lopen om te worden vastgehouden, afgeperst en mishandeld;

overwegende dat de minister van Vreemdelingenzaken en Integratie onderzoek laat doen naar deze risico's;

overwegende dat totdat dit onderzoek duidelijkheid biedt over de behandeling van ex-asielzoekers in Congo en de risico's die zij lopen het onwenselijk is om Congolezen in vreemdelingenbewaring te houden aangezien uitzetting op korte termijn niet aan de orde is,

verzoekt de regering om per direct de vreemdelingenbewaring ter fine van uitzetting van Congolezen op te heffen, behalve in die gevallen dat de openbare orde zich daar nadrukkelijk tegen verzet, en gaat over tot de orde van de dag.'

De *voorzitter:* 'Deze motie is voorgesteld door het lid De Wit. Naar mij blijkt, wordt zij voldoende ondersteund. Zij krijgt nr. 946 (19637).'

Hoofdstuk 3 De presentatie van argumentatie

3.1   Stel vast welke uitspraken in de volgende tekstfragmenten argumentatie vormen en geef aan welke standpunten deze uitspraken ondersteunen. Volg in twijfelgevallen de strategie van de maximaal argumentatieve interpretatie.

Voorbeeldopgave
Ik moest een wetenschappelijk iemand voorstellen. Aangezien ik er nogal intelligent uitzie, zonder het overigens te zijn, gaat mij dit nogal goed af.

Voorbeeldbeantwoording
'Ik zie er nogal intelligent uit.'
Dit is argumentatie voor het standpunt: 'Het gaat mij nogal goed af mij voor te doen als een wetenschappelijk iemand.' De indicator van argumentatie 'aangezien' kondigt de argumentatie aan.

---

[1]   De personeelsfracties hebben niet de moeite genomen om hun voorstel goed uit te werken. Een onbegrijpelijk gegeven als wordt bedacht dat we hier te maken hebben met doorgaans kwalitatief goede bestuurders.

[2]   De fractievoorzitter van de ASVA, Marije Hulsinga, pleitte tijdens de bekendmaking van de uitslag van de verkiezingen voor een ander kiesstelsel. Zij is het niet eens met de regel dat bij een opkomst van een geleding onder de vijfendertig procent die geleding een zetel in de raad onbezet moet laten. Hulsinga vindt dat onzin, omdat dit in geen enkel ander democratisch systeem voorkomt. Ze verwijst naar de opkomst van het referendum in Amsterdam van vorig jaar toen maar een kwart van de Amsterdammers de moeite nam te gaan stemmen, maar de gemeenteraad wel besloot te doen wat de stemmers in kleine meerderheid wilden.
Aan de Universiteit van Amsterdam worden de stembiljetten naar de huisadressen gestuurd. Hulsinga weet dat het stembureau grote moeite heeft om alle studenten te bereiken. Studenten zijn een verhuislustig volkje, dus niet iedereen ontvangt het biljet. 'Dan is het oneerlijk de studentenfracties te straffen als de kiesdrempel niet wordt gehaald.'

3.2   Geef door middel van een maximaal argumentatieve interpretatie aan welke uitspraken precies de argumentatie vormen voor de in de gecursiveerde uitspraken verwoorde standpunten.

Voorbeeldopgave

Het meest onthutsende aforisme in Walter Benjamins fragmentenboek *Eenrichtings-verkeer* is tegelijk het kortste: 'Overtuigen is onvruchtbaar'. Het staat al op de vierde bladzijde van het boek, onder het kopje 'voor mannen', de mensensoort die zo vaak – zegt men – uitsluitend in het eigen gelijk geïnteresseerd is.

Een feminisme avant la lettre? *Eerder is het een getuigenis van absolute wanhoop.* Want overtuigen is nog altijd de meest vreedzame manier van menselijke gedachte-wisseling. Overtuigen en overtuigd worden: met argumenten (want anders is het overdonderen of intimideren), met instemming, met inzicht. Macht komt hier nauwe-lijks aan te pas, stemverheffing werkt alleen maar averechts, gewiekste retoriek smaakt altijd een beetje louche.

Maar waar zelfs mannen – debaters bij uitstek – wordt voorgehouden dat overtuigen onvruchtbaar is, lijkt de bodem onder de menselijke communicatie te zijn weggesla-gen. Waar die nutteloosheid wordt onderschreven, heerst alleen nog het geweld.

Voorbeeldbeantwoording

Standpunt:
Mannen voorhouden dat overtuigen onvruchtbaar is, is een getuigenis van absolute wanhoop.

Argumenten:
Want als men zelfs mannen voorhoudt dat overtuigen onvruchtbaar is, dan lijkt de bodem onder de menselijke communicatie te zijn weggeslagen.
Omdat mannen debaters bij uitstek zijn (dus als overtuigen voor hen al onvruchtbaar is, dan is het dat voor iedereen).
En omdat dan alleen nog het geweld heerst.
Want overtuigen is nog altijd de meest vreedzame manier van menselijke gedachte-wisseling.
Want overtuigen gebeurt met argumenten, met instemming, met inzicht, macht komt hier nauwelijks aan te pas, stemverheffing werkt averechts en gewiekste retoriek wekt een louche indruk.

[1] Abop-standpunt

Als de Abop zich in termen zoals de afgelopen week keert tegen een kwalitatieve beoordeling van het functioneren van docenten in het onderwijs, *waarom keerde zij zich dan nooit tegen de kwalitatieve beoordeling van stages van studenten aan de opleidingen tot onderwijsgevenden zoals de Nieuwe Lerarenopleidingen?*
Of waren voor deze beoordelingen wél criteria aan te geven in tegenstelling tot de beoordeling van leraren in het zogenaamde onderwijsveld? Of maakt de beoordeling binnen opleidingen niet zoveel uit voor de betrokkenen? Of is ook de Abop alleen maar in het geweer als het haar eigen leden betreft?
Wat zouden de heren en dames vakdidactici (zij beoordelen deze aankomende leraren) aan de opleidingen die tevens Abop-lid zijn hier eigenlijk van vinden?
Zijn zij bang voor een kwalitatieve toetsing van hun eigen functioneren?

[2]   **Deeltijdwerk als hobby**

'Een baantje van twaalf uur in de week is meer hobby dan werk', schrijft u in het hoofdredactioneel commentaar. Gaat dat bijvoorbeeld over de duizenden alfahulpen die bij bejaarden de wc schrobben en hun bed verschonen? Ik hoop maar dat ze tegen de tijd dat wij hulpbehoevend zijn geen andere hobby hebben gevonden.

3.3   Bedenk voor elk van de volgende uitspraken een situatie waarin de uitspraak (a) een verklaring, uitleg of toelichting vormt en (b) een argument vormt. Geef in het laatste geval ook aan welk standpunt er met het argument wordt ondersteund.

Voorbeeldopgave
Van spinazie word je sterk.

Voorbeeldbeantwoording
a De uitspraak 'Van spinazie word je sterk' verklaart waarom Popeye the Sailor Man altijd spierballen krijgt na het eten van een blik spinazie.
b De uitspraak kan deel uitmaken van argumentatie ter ondersteuning van een standpunt als 'Zij moet wel sterk zijn'.

[1]   Oefening baart kunst.

[2]   De Nederlandse cultuur omvat meer dan je denkt.

Hoofdstuk 4 Verzwegen argumenten en standpunten

4.1 Wat bedoelt de spreker/schrijver in de volgende uitspraken? Welke spelregels overtreedt hij hierbij?

[1] Karel vraagt om een half ons spinazie op de markt. De marktkoopman reageert met de vraag: 'Zo, ga je een feestje geven?'

[2] Jos en Rachida zitten aan de keukentafel. Jos vraagt: 'Kun je me de koffiepot aangeven?'

[3] Pieter vraagt aan Esther: 'Hoe vaak heb ik je al gevraagd om je kleren niet op de grond te laten liggen?'

4.2 Expliciteer het argument dat in de volgende betoogjes verzwegen is.

Voorbeeldopgave
Hier zit vis, want mijn dobber is weg.

Voorbeeldbeantwoording
Verzwegen argument: Als de dobber verdwijnt, dan zit er vis. (of: Het verdwijnen van de dobber is een teken dat er vis zit.)

[1] Lenie: 'Willem is niet thuis, want zijn auto is weg.'
[2] Truus: 'Naar het zwembad is hij in elk geval niet, want zijn zwembroek hangt aan de lijn.'
[3] Lenie: 'Toch kan hij best zijn zwemmen: donderdags is er naakt zwemmen.'
[4] Truus: 'Nou, omdat hij met de auto weg is, kan hij zeker niet zijn fietsen.'
[5] Lenie: 'Zelfs dat hoeft niet zo te zijn, aangezien hij zijn fiets ook in de auto kan hebben gezet.'

4.3 De volgende betoogjes komen uit een interview in *Vrij Nederland* met dertienjarigen over 'het leven totnogtoe'. Een van de vragen die aan de jongeren werd voorgelegd was: 'Ben je voor de doodstraf?'
Vul het argument aan dat in de antwoorden op deze vraag verzwegen is.

[1] Nee, ieder mens maakt wel eens fouten, de een erger dan de ander.

[2] Nee, straks jat ik zelf per ongeluk iets, en dan krijg ik zelf de doodstraf.

[3] Nee, want dan krijgt iemand die veel mensen heeft vermoord, dezelfde straf als iemand die er één heeft vermoord. Je kunt iemand niet drie keer ophangen.

4.4   Expliciteer in de volgende betoogjes de verzwegen argumenten en standpunten.

[1]   Je moet hoop hebben, omdat het leven anders geen zin heeft.

[2]   Wie het staatshoofd is en wat hij doet vindt iedereen belangrijk. Zelfs het onbelangrijke onderwerp wie de vriendin van het toekomstig staatshoofd is, trekt ieders aandacht. Dan is het dringend tijd om eens conclusies te trekken en iets met al die meningen te doen. Om de vier of vijf jaar als het even kan. Prinsen en prinsessen horen in sprookjes thuis. En Nederland valt niet in de categorie van een sprookjesachtig land.

[3]   Het stukje land in de monding van het Noordzeekanaal was verboden gebied. Het was dus voor IJmuidenaren een uitdaging er stiekem toch heen te gaan.

[4]   Tien jaar geleden studeerde ik af als dramatherapeut. Ik heb ontzettend genoten van de opleiding en er veel geleerd. Als ik naar mijn carrière kijk, kom ik echter tot de conclusie dat ik beter een vak had kunnen leren.

[5]   Dorrestein maakt ons erop attent dat we niet te vroeg moeten juichen als het juiste begin van een verhaal eenmaal gevonden is. Want, citeert ze Willem Brakman: 'Iedere zin die de schrijver schrijft, vermindert zijn vrijheid.'

[6]   Het was niet de bedoeling dat in iedere productie dezelfde spelers zaten. Wij wilden eigenlijk dat iemand niet meer dan twee keer meespeelde, zodat je constant vernieuwing krijgt. Maar ja, ik speelde heel graag en ik was coördinator en macht corrumpeert.

4.5   In de Kronkel 'Werk' van Simon Carmiggelt komt het volgende fragment voor. Lees het fragment en beantwoord de volgende vragen.

a In 2 wordt het standpunt verdedigd dat het vroeger, aan de lopende band, voor de arbeiders toch gezelliger was. Welke argumenten worden ter verdediging van dit standpunt aangevoerd? Expliciteer ook de verzwegen argumenten.

b Carmiggelt geeft in 5 al een analyse van de argumentatie in 4. In hoeverre klopt die analyse?

c Expliciteer het argument dat verzwegen is in de argumentatie in 6.

1 Deskundige nadenkers over arbeidsvreugde schiepen een afdeling waar een aantal van die arbeiders kans krijgt zich meer bezig te houden met de vervaardiging van het totale product. Wat zeggen verscheidene van die arbeiders nu?

2 Dit: 'Vroeger, aan de lopende band, was het toch gezelliger. Waarom? Nou, je zat dichter bij mekaar en werd door hetgeen je deed niet zo in beslag genomen, zodat je onder het werk met mekaar kon praten.'

3 Er bestaan kortom oplossingen.

4 Een oude arbeider aan de lopende band zei: 'Mijn kinderen zullen het beter krijgen dan ik, want die heb ik laten leren.'

5 Bij zo'n uitspraak krimpt je hart ineen. Het lieve geloof, dat kennis en geluk samen zouden gaan, doet vermoeden dat de man nog nooit een intellectueel heeft ontmoet.

6 Een andere grijsaard in de fabriek zag het zo: 'Ik ben niet ontevreden met mijn werk aan de band, want ik heb het goed als ik het vergelijk met de toestanden in andere landen.'

7 Gelijk had hij. Via de door Philips vervaardigde apparaten kan hij het elke avond zien. Het maken van zo'n vergelijking is een probate manier om tevreden te worden. Als ik tevreden wil zijn met mijn werk, hoef ik niet eens naar andere landen te kijken. Ik denk dan:

8 'Ik heb het heel goed getroffen, want ik ben ten eerste geen persfotograaf en ten tweede geen cameraman van het televisienieuws.'

4.6 Expliciteer het verzwegen argument in de argumentatie van de vijfjarige in de volgende column van Martin Bril voor het standpunt dat de hond een heel beroemde hond is.

'We reden door het Vondelpark, de vijfjarige en ik. [...] Toen draaiden wij een smal paadje op waar we bijna in botsing kwamen met een jongeman in trainingspak die in druk gesprek was met zijn hond, een jonge dalmatiër.

We passeerden.

"Hé pap," klonk het toen een halve minuut later, "dat was een heel beroemde hond hoor."

Pap dacht aan een film met honderd hondjes, maar kon zich niet herinneren dat de video ooit in huis was geweest. Hij had een onverklaarbare hekel aan Disney. Hij bromde dus maar wat.

"Weet je waarom?" ging het achter hem verder.

"Nou?"

"Hij heette Elvis."

Het verbaasde mij niet. Je had ook mensen die hun hond Ober, Jezus of Kennedy noemden.

"Elvis is heel beroemd, hè pap?"

Wat te zeggen?

"De beroemdste man van de wereld, hè? Maar ja, hij is dood. Van de wc gevallen. En nu is Madonna heel beroemd, ja toch? Madonna is de beroemdste vrouw van de hele wereld. Maar vroeger was Elvis het.

En nu is die hond ook beroemd."'

Hoofdstuk 5 De argumentatiestructuur van het betoog

5.1   Geef aan of er in de volgende betogen sprake is van meervoudige, nevenschikkende of onderschikkende argumentatie.

Voorbeeldopgave
Er zijn twee redenen waarom het Nederlandse drama in het buitenland betrekkelijk onbekend is. In de eerste plaats bereikt de Nederlandse toneelschrijfkunst (dramaturgie) geen internationaal niveau, en in de tweede plaats is de Nederlandse taal tot een klein gebied beperkt.

Voorbeeldbeantwoording
Meervoudige argumentatie:
1   Het Nederlandse drama is in het buitenland betrekkelijk onbekend.
1.1 De Nederlandse toneelschrijfkunst bereikt geen internationaal niveau.
1.2 De Nederlandse taal is tot een klein gebied beperkt.
De argumentatie is meervoudig vanwege 'twee redenen'.

[1]   a   Het was een succesvol optreden. De muziek was beter dan verwacht, het publiek was dolenthousiast en de akoestiek was prima.

b   Het was een succesvol optreden. Het publiek was dolenthousiast want de muziek was beter dan verwacht aangezien de akoestiek prima was.

c   Het was een succesvol optreden. Alleen al het enthousiasme van het publiek maakte het tot een groot succes. Daarnaast was de muziek beter dan verwacht en was de akoestiek prima.

[2]   Als trainer heb ik het niet zo begrepen op het te pas en te onpas opplakken van de kwalificatie 'talent' en wel om de volgende redenen:
•   Het begrip talent is veel complexer dan een junioratleet die in vergelijking met zijn leeftijdgenoten een goede prestatie levert.
•   Er bestaat dankzij deze goede prestatie de neiging om deze atleten, vooral als zij het plotselinge lichtpuntje in de duisternis zijn, al snel te laten meedraaien in de mallemolen van kampioenschappen, interlands, limieten enzovoort.
•   Het woord talent brengt iets definitiefs mee, je bent het of je bent het niet, degene die het dan is 'hoeft er niet zoveel voor te doen' en degene die het niet is zal het 'toch nooit zover schoppen zonder talent'.

[3]   Ik moet op hem een slaafse indruk hebben gemaakt, eerst ben ik hem tot in Midden-Afrika gevolgd en daarna zelfs op een zesmaandse voettocht.

[4]   Als de verdachten agenten zijn, doe je het nooit goed, meent
      persrechter J. Moors. 'Als je in drie maanden klaar bent, is de kritiek
      dat je de zaak snel behandelt en de agenten voortrekt. Als het lang
      duurt, krijg je het verwijt dat je traineert zodat iedereen de zaak
      vergeet.'

[5]   Naar aanleiding van de onderhandelingen over de restitutie van
      joodse tegoeden en schadevergoedingen door banken, overheden
      en verzekeraars:
      Het is niet zomaar dat de onderhandelaars tien tot twintig procent
      voor joodse doelen willen bestemmen. Ten eerste zijn immers niet
      alleen individuen maar ook joodse stichtingen en verenigingen (zo'n
      2.000) beroofd. Ten tweede behoorde tien procent van de
      vermoorde Nederlandse joden tot families waarvan niemand de
      nazivervolging overleefde. En ten derde wilden de nazi's niet alleen
      individuele joden vernietigen, maar de hele joodse cultuur. Redenen
      te over dus voor geld voor collectieve joodse doelen.

5.2   Analyseer de argumentatiestructuur van de volgende betogen en geef er
          een schematisch overzicht van.

Voorbeeldopgave
Op 9 maart ontving ik van Cadans een WAO-aanvraagformulier wegens arbeidsonge-
schiktheid. Cadans heeft nooit iets ondernomen om mij te revalideren, te begeleiden,
nooit heb ik een uitkering of ziektegeld gekregen en ook ben ik nooit gekeurd.
Dat de organisatie van deze instelling voor sociale zekerheid niet deugt mag duidelijk
zijn. Het wordt tijd dat deze semi-overheidsinstelling geprivatiseerd wordt.

Voorbeeldbeantwoording
1   Het wordt tijd dat Cadans geprivatiseerd wordt.
1.1   De organisatie van deze instelling voor sociale zekerheid deugt niet.
1.1.1a   Ik ontving van Cadans een WAO-aanvraagformulier wegens arbeidsonge-
           schiktheid.
1.1.1b   (Terwijl Cadans geen van de gangbare voorbereidende procedures heeft
           gestart.)
1.1.1b.1a Cadans heeft nooit iets ondernomen om mij te revalideren.
1.1.1b.1b Cadans heeft nooit iets ondernomen om mij te begeleiden.
1.1.1b.1c Nooit heb ik een uitkering of ziektegeld gekregen.
1.1.1b.1d Ik ben nooit gekeurd.

[1]   Het Oranjecollege voor middelbaar onderwijs in Almere heeft voor
      50.000 euro apparatuur laten plaatsen door het Amerikaanse Cisco
      systems. Gratis. Ook de bijbehorende lessen zijn gratis.
      'Vroeger had ik er misschien wakker van gelegen,' zegt een
      betrokkene van de school. 'Maar ik vind niet dat ik de school
      uitlever aan het grootkapitaal. Het gaat immers om een gift en niet
      om sponsoring. Sponsors eisen een tegenprestatie, Cisco niet.
      Het is trouwens fantastisch dat we onze leerlingen dit extraatje
      kunnen aanbieden. Leerlingen die meedoen krijgen veel inzicht in

computers en netwerken, en zulke kennis veroudert niet snel. Bovendien staat het diploma leuk op het cv van een leerling. Het gaat om een diploma op hbo-niveau!'

[2] Het clubtenue is zo langzamerhand een vast onderdeel in de *Atletiekwereld*. Naar mijn mening wordt het tijd om een punt te zetten achter dat gezeur over het clubtenue bij wegwedstrijden en het voor deze wedstrijden af te schaffen, daar het weinig of geen nut heeft, omdat de deelnemers toch startnummers hebben.

[3] Elie Wiesel weet zich in zijn veelgeprezen memoires te herinneren dat hij, op achttienjarige leeftijd en net bevrijd uit Buchenwald, *The critique of pure reason* – lach niet! – in het Jiddisch las. Afgezien van het feit dat Wiesel naar eigen zeggen toen geen enkele grammaticale kennis van het Jiddisch bezat, is *The critique of pure reason* gewoon nooit in het Jiddisch vertaald. 'De waarheid die ik laat zien is de onverbloemde waarheid,' verzucht Wiesel. 'Ik kan niet anders.'

[4] Kees Bremmer houdt een pleidooi tegen de eigen bijdrage bij opnamen in een psychiatrisch ziekenhuis.

Als sociaal-psychiatrisch verpleegkundige werkzaam bij een Riagg word ik met name in de crisisdienst regelmatig geconfronteerd met situaties waarin een ambulante behandeling niet voldoende soelaas biedt en opname in een psychiatrische kliniek geboden is. Zo'n opname betekent een meestal noodzakelijke maar forse inbreuk in het leven van alledag. Het heffen van een eigen bijdrage zal een bepaalde groep cliënten ertoe doen besluiten van opname af te zien, met alle mogelijke gevolgen van dien. En wat te denken van de mensen die tegen hun eigen wil gedwongen worden opgenomen, omdat ze op grond van een psychische ziekte een gevaar voor zichzelf en hun omgeving betekenen? Moeten zij hiervoor behalve met hun vrijheid nu ook met klinkende munt gaan betalen?

[5] Uitspraak van de 'rechter' in het televisieprogramma *Wat recht is* ter afsluiting van de discussie over de stelling dat mensen die een contactadvertentie hebben gezet diep gezonken zijn:

Het publiek is het unaniem oneens met de stelling. En ik begrijp dat ook eigenlijk wel, want waarom zou het nou zo verwerpelijk zijn om via een advertentie iemand te leren kennen. Wat je in de kroeg ontmoet, is ook niet altijd alles. En die advertenties zijn er ook al zo lang ik me herinneren kan en dat is lang. Lappen van advertenties, pagina's lang op zaterdag... daar moet dus wel wat uit voortkomen.

[6] Uit een (virtueel) interview met Máxima in de *Blvd*, waarin haar vragen werden gesteld over de trouwlocatie, de Beurs van Berlage in Amsterdam.

Het is een prachtig gebouw en het staat midden in Amsterdam, tussen de mensen en alle bedrijvigheid. Dat laatste heeft in onze keuze een belangrijke rol gespeeld. De Beurs van Berlage is ook heel kenmerkend voor de Nederlandse bouwkunst. En dat is ook bijzonder om tijdens ons huwelijk te benadrukken. Daarnaast is het een groot gebouw. Er kunnen dus genoeg mensen in.

[7] Mannen zijn sukkels geworden. Losers voor wie eigenlijk nergens meer plaats is. Op de werkvloer leggen ze het af tegen vrouwen, die veel beter zijn toegerust om in de nieuwe, flexibele maatschappij te functioneren, waar sociale vaardigheden en inlevingsvermogen belangrijkere eisen zijn dan zwaar kunnen tillen. Op scholen en universiteiten doen vrouwen het ook beter. Ze studeren sneller af, spijbelen minder, weten beter wat ze willen, halen vaker een diploma en daar staan dan ook nog betere cijfers op. Vrouwen sterven minder aan allerlei vreselijke ziektes, plegen lang niet zo vaak zelfmoord als mannen en mannen lijden tegenwoordig ook aan eetstoornissen.

[8] *Optimel Control. Minder eten zonder te diëten.*
Optimel heeft groot nieuws. Optimel Control. Een zuiveldrank met natuurlijke plantenextracten die je verzadigingsmechanisme activeert waardoor je tussendoor of tijdens de volgende maaltijd minder gaat eten. Het ingrediënt werkt na enkele uren. Eén flesje Optimel Control per dag helpt je minder te eten zonder te diëten. Dat klinkt te mooi om waar te zijn maar de werking van Optimel Control is wetenschappelijk bewezen. Doe mee aan de 2-weken test. Niet goed, geld terug.
Optimel. Het mooiste gewicht is evenwicht.

[9] De NS vindt van zichzelf dat ze al een stuk op weg zijn, maar het kan allemaal nog veel beter. Talloze treinen arriveren nog steeds te laat, informatievoorziening aan de reiziger laat alles te wensen over en ook is het bedrijf nog lang niet slagvaardig genoeg.

[10]

(Bron: © Kamagurka)

❺❸ Geef een schematische weergave van de argumentatiestructuur van de volgende betogen.

Voorbeeldopgave

Een slechte houding wordt meestal in de kinderjaren aangeleerd. Het vaakst gebeurt dat misschien wel als ouders voortdurend commentaar leveren zoals 'rechtop staan' of 'loop niet zo krom'. Dergelijke terechtwijzingen zijn gevaarlijk.
In de eerste plaats weet iedereen die iets meer van de psychologie van kinderen afweet, dat zij vaak juist het tegengestelde doen van wat hun gezegd wordt, vooral als

dat op een wat mopperende of vittende toon gebeurt. Dat is dan hun manier om zich tegen een dergelijke behandeling te verzetten. In de tweede plaats hebben kinderen meestal sneller dan alle anderen schijnheiligheid in de gaten en wanneer hun door iemand die zelf krom loopt verteld wordt dat zij rechtop moeten staan, laten zij zo'n advies algauw voor wat het is.

In de derde plaats krijgen kinderen veel van hun karaktertrekken en gewoonten door de ouders te imiteren. Daarom zullen ouders met een slechte houding ook vaak kinderen met een slechte houding hebben, hoe zij ook op hun kinderen letten. De meeste mensen met een rechte rug die ik ken, en dat zijn er helaas bijzonder weinig, hebben ook kinderen met een rechte rug.

In de vierde plaats hebben ouders die hun kinderen een goede houding proberen bij te brengen, hoe prijzenswaardig hun bedoelingen ook zijn, er meestal geen flauw idee van hoe zo'n houding verkregen moet worden en zij brengen hun kinderen alleen maar verder van het beoogde doel af. Door bijvoorbeeld tegen een kind te zeggen dat het zijn schouders naar achteren moet brengen, komt dat kind niet veel verder. Telkens als ik een kind een dergelijke opdracht zie uitvoeren, worden de schouders naar achteren geperst totdat de schouderbladen elkaar bijna raken, maar het hoofd blijft voorover hangen zoals bij een vogel die naar een worm pikt. 'Borst vooruit, buik in' is ook niet de goede manier. Daarbij wordt weliswaar aan twee aspecten van een goede houding aandacht besteed, maar twee andere onderdelen worden verwaarloosd, namelijk de houding van de lage rug en het bekken, en de houding van het hoofd en de nek.

Een goede houding aannemen begint niet bij de schouders, de borst of bij de buik. Men moet beginnen met het hoofd en met het bekken; als die eenmaal in een rechte lijn staan volgt de rest vanzelf.

(Bron: L. Root en T. Kierman (1973), *Oh, mijn rug*)

Voorbeeldbeantwoording

1	Terechtwijzingen aan kinderen over hun slechte houding zijn gevaarlijk.
1.1	Kinderen doen vaak het tegenovergestelde van wat gezegd wordt.
1.2	Kinderen laten adviezen die ouders zelf niet opvolgen algauw voor wat ze zijn.
1.3	Kinderen imiteren vaak de slechte houding van hun ouders.
1.4	Ouders hebben geen idee hoe een goede houding verkregen moet worden en brengen hun kinderen door hun adviezen alleen maar verder van het beoogde doel af.
1.1.1	Dat is hun manier om zich tegen een dergelijke (terechtwijzende) behandeling te verzetten.
1.2.1	Kinderen hebben schijnheiligheid algauw in de gaten.
1.3.1	Kinderen krijgen veel van hun karaktertrekken en gewoonten door hun ouders te imiteren.
1.4.1a	Door tegen een kind te zeggen dat het zijn schouders naar achteren moet brengen, komt dat kind niet veel verder.
1.4.1b	Het advies 'Borst vooruit, buik in' is ook geen goed advies.
1.4.1a.1	Het hoofd blijft dan voorover hangen.
1.4.1b.1	De houding van de lage rug en het bekken, en de houding van het hoofd en de nek worden dan verwaarloosd.

[1] Natuurlijk, matigheid is een schone zaak, maar onmatig matigen is even verwerpelijk als iedere onmatigheid. Ik bedoel, je kunt

uitkijken naar een heerlijk koel pilsje, maar je gaat je toch niet van tevoren zitten verheugen op een glaasje brandnetelsap met fijngewreven berkenbast? Trouwens, voor het oud worden is gezond leven geen sine qua non. In vrijwel elke rurale tapperij zitten wel enkele oude baasjes, ver over de tachtig, die pruim, pijp of rafelige bolknak slechts uit de tandeloze mond halen om een jenevertje naar binnen te kunnen gieten.

[2]   Zo schetst Bakker een fraai portret van zijn collegae die later zijn tegenstanders zouden worden. Het zijn lafaards (ze durven het woord niet te voeren), ze gunnen elkaar het licht in de ogen niet (jarenlange strijd om het fractievoorzitterschap), ze zijn seksisten (houden hun vrouwelijke collega op het tweede plan), ze zijn domoren (kennen Heine niet en worden quasidiepzinnig als ze op eigen kompas varen) en schreeuwers (spreken uitsluitend met stemverheffing). Men kan dan makkelijk begrijpen dat Bakker geen berouw toont over het royeren van zo'n twijfelachtig gezelschap, zeker als men daarbij in ogenschouw neemt dat hij later aantoonde dat ze zich nog hebben laten gebruiken door Britten en Duitsers ook.

[3]   In het artikel 'Plagiaat: een rijke traditie in de wetenschap' stelt redacteur Kees Versteegh, refererend aan een artikel over prof. dr. P.J. Vinken, dat ook Copernicus zich aan plagiaat schuldig zou hebben gemaakt: hij zou hebben 'vergeten' te vermelden dat reeds Aristarchos van Samos (310 tot 230 v. Chr.) tot een heliocentrische theorie was gekomen. Het is echter twijfelachtig of Copernicus dit wel van Aristarchos wist.
Kant sprak met betrekking tot het heliocentrisme van een Copernicaanse revolutie: het druiste regelrecht in tegen het 'gezonde verstand' (men kan immers zien dat de zon in het oosten opkomt en in het westen ondergaat), maar vooral ook tegen een eeuwenoude geocentrische, christelijk-wetenschappelijke traditie. Copernicus kon alle ondersteuning voor zijn theorie gebruiken en haalde daartoe vele antieke schrijvers aan.
Dat Copernicus nu juist niet aan Aristarchos refereerde, is niet goed te begrijpen, indien hij hem inderdaad kende als auctor intellectualis van het heliocentrisme. Echter, de beste bron voor Aristarchos' theorie was Archimedes' Zandrekening, welke pas in 1544, dus een jaar na het overlijden van Copernicus 'verscheen'. Een andere bron, waarin Aristarchos vagelijk wordt aangehaald, werd mogelijkerwijs pas door Copernicus geraadpleegd nadat hij zijn hypothese al had gecreëerd.
Concluderend kan worden gesteld, dat de beschuldiging van plagiaat door Copernicus op z'n minst twijfelachtig en waarschijnlijk onjuist is. Om zelf niet terecht van iets dergelijks te worden beschuldigd, vermeld ik dat de belangrijkste bron voor deze reactie werd gevormd door: O. Gingerich, 'Did Copernicus owe a debt to Aristarchos?' in *Journal for the history of astronomy* 16, 1985.

[4]   **Bouwbaarheid**

Groningen is de stad van referenda over architectuur, een ongebruikelijk onderwerp voor volksstemmingen. Zo werd er een enquête gehouden onder de bevolking over vier ontwerpen voor nieuwbouw aan de Waagstraat. Zesduizend van de 90.000 Groningers deden eraan mee en kozen in meerderheid voor het historiserende ontwerp van de Italiaanse architect Adolfo Natalini. De enquête-uitslag werd overgenomen door B & W, tot grote woede van de plaatselijke architect Gunnar Daan, wiens ontwerp door een commissie van deskundigen was uitverkoren.

Twee Groningse PvdA-raadsleden stelden in hun vragen aan B & W opnieuw een referendum voor, nu over het ontwerp van het Weense architectenbureau Coop. Himmelblau voor het dak van een van de vier paviljoens van het in aanbouw zijnde Groninger Museum. De indieners, W. Haans en ex-wethouder P. Huisman, maakten zich zorgen over de waterdichtheid van het dak dat zou bestaan uit schots en scheve glas- en staalplaten. Ze waren bang dat de verschillen in trek- en krimpspanningen van de platen zou leiden tot scheuren in het dak die hoge onderhoudskosten noodzakelijk maakten.

In het antwoord van B & W, waaruit beek dat zij niet van plan waren de bouw van het dak te heroverwegen, werd niet expliciet ingegaan op het referendumvoorstel. Maar er was niets dat ervoor pleitte. De twee PvdA'ers wekten stellig de indruk dat het hun vooral te doen was om de bouwbaarheid van het dak. Maar een referendum daarover zou belachelijk zijn, want de gemiddelde Groninger weet helemaal niets over de bouwbaarheid van het dak en kan daar dus ook geen uitspraak over doen. Wat dit betreft zat er niets anders op dan de normale procedure te volgen: men stelt een budget vast, laat een ontwerp maken en neemt een aannemer in de arm die zegt voor dat budget te kunnen bouwen.

Bleef dus over een referendum over de schoonheid van het dak. Sommige deskundigen zullen zeggen dat ook hier de gemiddelde Groninger geen verstand van heeft, maar dit heeft het eerdere referendum over de nieuwbouw aan de Waagstraat niet verhinderd. (Er is trouwens wel wat voor te zeggen om de stem des volks bij architectuur niet helemaal te negeren. Voor schilderijen en moderne muziek moet men naar een museum of een concertzaal, maar met gebouwen wordt iedereen elke dag geconfronteerd.)

In dit geval was een volksstemming onredelijk. Het dak vormde immers slechts een onderdeel van een verder ook kakelbont museum waarover de Groningers niets te zeggen hebben gehad en een stemming over gebouwonderdelen was belachelijk. Bovendien verving het Himmelblau-dak een niet minder vreemd kabouterdakontwerp van Frank Stella, dat wegens te hoge kosten geen doorgang vond en ook nooit ter discussie heeft gestaan om zijn architectonische waarde.

Natuurlijk kan men het hele museumontwerp aan een referendum onderwerpen, maar daarvoor was het te laat: het gebouw was al bijna klaar en een scheepswerf in de buurt van Groningen brak zich het hoofd over de constructie van het Himmelblau-dak.

[5] Het zou mooi zijn als telewerken een recht is, maar het moet geen plicht worden omdat er ook veel nadelen aan verbonden zijn. Voor ouders met kleine kinderen thuis kan het extra moeilijk zijn om te telewerken: hoe kom je nou in hemelsnaam aan werken toe met van dat constante gedreutel in huis? Als ouder heb je juist behoefte

er regelmatig even uit te zijn. Het gevaar ligt op de loer dat werkgevers plicht tot telewerken als een grote kostenbezuiniging gaan invoeren: minder kantoorruimte nodig, geen reiskostenvergoedingen meer, geen ondersteuning kinderopvang: de kindertjes lopen immers thuis om je heen?

Ook voor alleenstaanden kan plicht tot telewerken fnuikend zijn: je ziet nog eens iemand op je werk en thuis kwam je al geen mens tegen.

Je kunt ook moeilijk alleen de plicht tot telewerken opleggen aan alle werknemers die een partner maar geen kinderen hebben: overmorgen is de werknemer misschien weer single en wie zegt trouwens dat het niet juist het buitenshuis werken is dat de relatie in stand houdt?

Hierbovenop geldt voor alle werknemers die telewerken zouden combineren met werken op kantoor waarschijnlijk dat je een kamer of bureau moet delen met andere werknemers. Het is helemaal niet fijn als jouw werkplek niet meer van jou alleen is.

Plicht tot telewerken zou bij wet verboden moeten worden

[6] China verdient geen respect

Uit economische belangen meeheulen met China is medeplichtigheid aan een humanitaire ramp. De Olympische Spelen dienen te worden aangegrepen om vanaf nu Tibet permanent hoogste prioriteit te verlenen.

De laatste tijd regent het opiniestukken waarin kritiek op China hypocriet wordt genoemd. Kennelijk dwingt een surrealistische economische groei meer respect af dan het naleven van mensenrechten. Verblind door dit Aziatische Wirtschaftswunder, zijn velen niet meer in staat de dictatoriale gruwel te zien onder de kapitalistische façade.

Liever applaudisseert men voor het snelle verrijzen van architectonische praal, dan dat men zich verdiept in de sociale ontwrichting daarachter: massale huisuitzetting gepaard met arrestaties en martelingen.

Liever valt men in katzwijm voor de grote sprong voorwaarts van Mao-pet naar Gucci-tas, dan dat men inziet wat niet verandert: armoede, hongersnood, executies, politieke terreur. Evenals: het boycotten van internationale milieuafspraken, de bezetting van Tibet en het najagen van politieke invloed door kongsi's met schurkenstaten als Zimbabwe en Soedan.

De Chinese regering schaamt zich nergens voor. En de internationale gemeenschap slaapt. Hoe anders is het te verklaren dat voor een sportevenement dat vrijheid en verdraagzaamheid symboliseert een land werd uitverkoren dat daar geen boodschap aan heeft?

De hoop dat de Spelen de mensenrechten zouden bevorderen, bleek ijdel. Alleen al de afgelopen maand toonde China zich als volgt: militaire steun aan Mugabe die op het punt staat in Zimbabwe genocide te plegen; wederom de hoofdprijs voor de meeste doodstraffen; intensivering van spionage en politieke vervolging; geweld in Tibet; acties tegen de vrije pers; agressieve uithalen naar demonstranten en westerse regeringen.

Als Europa open staat voor politieke systemen waarin mensenrechten sneuvelen, ondermijnt het zichzelf. Genoeg om afstand te nemen van China. Toch menen velen dat deze afkeer selectief is: wie economisch aanpapt met het land, past het niet de openingsceremonie van de Spelen te boycotten. Maar daar zit geen inconsequentie in. De gedachte aan een boycot kwam pas goed op na de recente acties in Tibet. Uit volstrekt legitieme verontwaardiging, waarvoor wederom geldt: beter laat dan nooit. De aandacht voor Tibet, menen sommigen, is overdreven: vroeger gaf niemand erom. Mogelijk. En des te beter dat we nu wel alarm slaan. Voor de Tibetanen zijn de Spelen een unieke kans in het internationale vizier te komen.

Terwijl de Palestijnen wereldwijd goodwill hebben gekweekt met een moordenaar als Arafat, danken de Tibetanen hun geringe invloed aan de bescheiden, democratische ambities van de dalai lama en de Tibetaanse regering in ballingschap.

Hun vijfpuntenplan voor een normalisering van de relatie met China is een toonbeeld van wil tot compromis. De Spelen dienen te worden aangegrepen om vanaf nu Tibet permanent hoogste prioriteit te verlenen.

Druk op China werkt juist averechts, luidt een tegengeluid. Welnu: stille diplomatie heeft geen zoden aan de dijk gezet. Lees de open brief maar eens waarmee prominente Chinese dissidenten zich tot de wereldleiders richtten. Daarin is de toenemende onderdrukking uitgelicht.

Waarom de fluwelen handschoenen aanhouden als China toch niet luistert? Tenslotte: het IJzeren Gordijn viel ook niet door lieflijk gefluister, maar doordat hervormer Gorbatsjov het neerhaalde. Ook China verdient zo'n visionair leider, al verzet het land zich onaanvaardbaar stram tegen de liberalisering die bij zijn markteconomie past.

Voor deze starre opstelling respect opbrengen is ongepast. Datzelfde geldt voor de modieuze bezorgdheid om het eergevoel van de Chinese regering: als we ze maar niet vernederen, klinkt het. Intussen toont het land, ondanks de gepleegde misdaden, zelf geen greintje nederigheid. Slechts de slachtoffers van de regering in Peking verdienen onze empathie. Uit economische belangen meeheulen met China is medeplichtigheid aan een humanitaire ramp. Het volgende dat dan teloorgaat is ons geloof in de rechtsstaat.

Als Europa open staat voor politieke systemen waarin mensenrechten sneuvelen, ondermijnt het zichzelf. Uit economisch bejag de ogen sluiten voor wat moreel ontoelaatbaar is, is geen durf tot globalisering, maar stupiditeit. Op vrijheid en rechtvaardigheid valt niet te beknibbelen, op economische belangen wel. Gisteren meldde deze krant dat Europa door Chinese handelbarrières miljarden misloopt. Zo heilig is de geldkoe China dus niet.

Europa doet er goed aan zijn democratische fundamenten als voorbeeldmodel luidruchtig te propageren. De wereld is er immers meer bij gebaat als China zich ontwikkelt in de richting van West-Europese democratieën, dan dat Europa uit winststreven zijn vrijheidstraditie verkwanselt. Stille diplomatie mag niet vervallen in stille acceptatie van overheidsterreur.

[http://extra.volkskrant.nl/opinie/artikel/show/id/408/China_
verdient_geen_respect]

[7] Kleine ziekenhuizen in de binnenstad moeten blijven

Aan ziekenhuisvoorzieningen heeft de binnenstad in korte tijd veel
ingeleverd: het Binnenpoortziekenhuis en het Dr. Drees Gasthuis zijn
opgegaan in het ABC, het Centraal Ziekenhuis is naar Alterhaven
verhuisd en de Lutherse Diaconesseninrichting zal na fusering met het
Beatrixziekenhuis naar Noord verdwijnen. Volgens advies van
Provinciale Staten zullen de kleine ziekenhuizen, de Lenferinkkliniek en
het Singelziekenhuis, binnen vijf jaar moeten worden gesloten. Over vijf
jaar zal de binnenstad met zijn 70.000 tot 100.000 inwoners geen
enkele ziekenhuisvoorziening meer hebben. Dat is niet alleen een
unicum in de westerse wereld, maar ook een onaanvaardbare situatie.
De overheid heeft slechts één argument voor sluiting van de kleine
ziekenhuizen aangevoerd en dat is bezuiniging door vermindering van
het aantal beschikbare bedden. Volgens de landelijke normen heeft
onze stad een overschot van ongeveer 1.500 bedden, maar deze
normen kunnen niet zonder meer op onze situatie worden toegepast
doordat wij een aantal specifieke grotestadsproblemen hebben
waarmee in de landelijke normen geen rekening is gehouden. Zo
wonen er bij ons relatief veel bejaarden, alleenstaanden en
minderheidsgroepen. Bovendien vervullen de twee academische
ziekenhuizen een regionale en zelfs landelijke functie. Daarbij komt
dat onze stad als toeristen- en forensenstad in feite door meer
mensen bewoond wordt dan bij het bevolkingsregister geregistreerd
zijn. Ten slotte is het te verwachten dat het toenemend aantal
aids-patiënten onder mannelijke homoseksuelen, heroïneverslaafden,
heroïneprostituees en hemofiliepatiënten in de toekomst niet alleen
door het ABC verwerkt zal kunnen worden, maar een belangrijke claim
zal leggen op alle ziekenhuizen hier ter stede. Ook de huidige praktijk
laat zien dat er geen belangrijk beddenoverschot in deze stad is. Het
lijkt eerder een bedenksel om de bezuinigingsmaatregelen te
rechtvaardigen.
Een andere vraag is of sluiting van de kleine ziekenhuizen werkelijk
tot bezuiniging leidt. Het is in dit verband interessant te weten dat
deze ziekenhuizen de goedkoopste in de stad zijn. Voor een ligdag
moet in de andere ziekenhuizen twee- tot driemaal zoveel betaald
worden. Sluiting brengt bovendien afvloeiing met zich mee van
personeel en aangezien zeventig procent van het ziekenhuisbudget
opgaat aan salarissen, betekent dit aanzienlijke kosten via de
sociale verzekeringswetten. Het is duidelijk dat sluiting van de
kleine ziekenhuizen in de stad het beoogde doel, bezuiniging dus,
niet dient, maar averechts zal beïnvloeden.
Bovendien is hier een rechtvaardigheidsaspect in het geding. Als er
al sprake zou zijn van een overschot van 1.500 bedden, zoals de
overheid beweert, dan is dat een rechtstreeks gevolg van haar eigen
beleid in het verleden. De overheid heeft zelf vijftien jaar geleden
besloten het ABC en het Buitenvaartziekenhuis te bouwen, hoewel
er al een paar giganten in de periferie van de stad waren
verschenen (Jozefziekenhuis, Johannesziekenhuis, VN-ziekenhuis).
Aan de nieuwe reuzen was voorspelbaar geen behoefte. Is het dan

rechtvaardig de gevolgen van openlijk beleden beleidsfouten uit het verleden af te wentelen op de paar kleine ziekenhuizen die daar geen deel aan hebben gehad en die goed en goedkoop functioneren?

Ten slotte kan men zich afvragen of het verantwoord is de binnenstad verstoken te laten zijn van centrale ziekenhuisvoorzieningen. In geen enkele grote stad in de beschaafde westerse wereld komt dat voor. Het getuigt van een Big Brother-mentaliteit te menen dat men de bewoners van de binnenstad kan dwingen zich te laten verplegen in een van de kolossen aan de rand van de stad of daarbuiten. Er moet op zijn minst een keuzemogelijkheid zijn en die is er na sluiting van de kleine ziekenhuizen niet meer. Sluiting draagt bij aan het algemene beeld van verpaupering en verslonzing van de stad in de laatste twintig jaar. Bovendien komt daardoor de verlening van eerste hulp ernstig in gevaar. Veel gevallen waarvoor eerste hulp noodzakelijk is, zoals verwondingen als gevolg van een steekpartij, vereisen een snelle ingreep met een specialistische ondersteuning van een algemeen ziekenhuis.

In het licht van het voorgaande lijkt de slotsom onontkoombaar dat sluiting van de binnenstadziekenhuizen onverstandig is en noch de belangen van de stad, noch de financiële belangen van de overheid dient, nog afgezien van de vraag of het moreel te verantwoorden is de hele binnenstad van de noodzakelijke voorzieningen te ontdoen.

5.4   Beantwoord de volgende vragen over de volgende ingezonden brief

a Geef aan van wat voor verschil van mening sprake is in deze discussie. Geef ook aan welk(e) standpunt(en) of twijfel de betreffende partijen naar voren brengen en hoe de rolverdeling is.
b Geef van alle discussiefasen precies aan van waar tot waar ze in de volgende ingezonden brief worden doorlopen.
c Maak een genummerde schematische weergave van de structuur van de argumentatie.
d Geef een reconstructie van twee verschillende typen argumentatieschema's die in de tekst voorkomen. Geef ook aan welke kritische vragen bij deze argumenten gesteld kunnen worden.

1   De laatste tijd wordt er in de media veel aandacht besteed aan het thema overgewicht. We weten allemaal dat dit een ernstig onderwerp is. Ik zal uiteenzetten wat mijn standpunt is.
In Nederland zijn er steeds meer mensen met overgewicht. Dat
5   vormt een risico voor de volksgezondheid. Mensen met overgewicht zijn namelijk vaker ziek, daar kan geen discussie over bestaan. Daardoor besmetten ze vaker andere mensen.
Los daarvan leveren ze waarschijnlijk ook een mindere bijdrage aan de samenleving. Aangezien ze niet snel geselecteerd worden voor de
10   betere banen met de betere salarissen, betalen ze minder belasting dan 'gewone' mensen, neem dat maar van me aan.
Daarom wordt het tijd dat we eens laten uitrekenen wat mensen met overgewicht de samenleving kosten. Wie daar niet aan wil, heeft echt doppen op zijn ogen.

Hoofdstuk 6 De deugdelijkheid van argumentatie

6.1 Is er in de volgende fragmenten sprake van een inconsistentie? Zo ja, waaruit bestaat deze precies en is de inconsistentie logisch of pragmatisch van aard?

Voorbeeldopgave
Willem Nagel viel op en domineerde vaak de omgeving, waar hij zich ook bevond. In het algemeen kon hij het dus beter vinden met vrouwen dan met mannen. [...] Eigenlijk was zijn relativerende humor in tegenspraak met zijn tot politiek absolutisme getransformeerde calvinisme. Het verbaasde mij derhalve niet, toen ik als oud-student en oud-medewerker van Nagel in Nijmegen was benoemd, te merken dat hij het daar veruit het beste kon vinden met de inmiddels overleden hoogleraar Frans Duynstee: zijn radicaal rechtse en katholieke spiegelbeeld.

Voorbeeldbeantwoording
Dit fragment bevat een pragmatische inconsistentie. De auteur constateert eerst dat het voor de hand lag dat Nagel het in het algemeen beter met vrouwen kon vinden dan met mannen en acht het vervolgens even vanzelfsprekend dat zijn voorkeur uitging naar de mannelijke professor Duynstee.

[1] Piet Grijs in *Vrij Nederland*: Van der Beugel wil het Amerikabeeld van de Nederlander behandelen. Achtereenvolgens stelt hij: dat de Nederlander niets van Amerika weet, dat de Nederlander een stomme anti-Amerikaan is, en dat de Nederlander in de grond van de zaak pro-Amerikaans is.

[2] Woensdagavond besliste de Amsterdamse gemeenteraad dat de binnenstad in 2002 haar eigen deelraad krijgt. De volgende avond nam de raad nóg een omstreden besluit, over de vraag of de Amsterdammers zich ermee mogen bemoeien wie over een jaar de nieuwe burgemeester van hun stad wordt. Nee, oordeelde een meerderheid, liever niet. Laat dat maar aan de raad zelf over. [...] Het opmerkelijkst was wel de ommezwaai van de eerste man van de grootste partij, Jaap van der Aa, PvdA-wethouder bestuurlijk stelsel. Nog geen maand geleden ging hij openlijk in de aanval tegen zijn partijgenoot, minister De Vries van Binnenlandse Zaken. Die wil op dit punt geen geëxperimenteer in de hoofdstad. 'Waarom niet?' repliceerde Van der Aa. 'Amsterdam loopt altijd vooraan en dat is een goede zaak.' Donderdagavond daarentegen verdedigde hij een collegevoorstel, dat elke poging om burgers enige vorm van directe inspraak in de benoeming van de opvolger van burgemeester Patijn te gunnen, in de kiem smoort. Van der Aa's verklaring was heel laconiek. De raadsfractie van de PvdA loopt (onder Haagse druk?) liever niet voorop, en de kwestie is voor Van der Aa niet principieel genoeg om zich daar niet bij neer te leggen.

[3] Na de Schiedamse parkmoord uit 2004 is de rechterlijke macht gestart met een intern programma om rechterlijke dwalingen te voorkomen. Toch blijven ernstige dwalingen zich voordoen. Van den

Emster geeft aan dat de evaluatie van de Schiedamse parkmoord heeft geleid tot de conclusie dat de rechters voorzichtiger hadden moeten zijn omdat de verdachte zijn bekentenis had ingetrokken. Je zou verwachten dat rechters dan in nieuwe gevallen ook daadwerkelijk voorzichtiger zijn. Dat merken we in de alledaagse praktijk echter niet of nauwelijks. Een verdachte die zijn aanvankelijke bekentenis bij de politie of de FIOD later herroept of nuanceert wordt door rechters zeer kritisch, om niet te zeggen boos, bejegend. Dat is niet te rijmen met de formele, openlijke erkenning dat rechters voorzichtiger moeten zijn.

[4]   Ulrike Meinhof was radicaal en compromisloos, medeoprichter van de *Rote Armee Fraktion* en hing zich op 9 mei 1976 op in haar cel met een handdoek. Op 7 oktober zou ze 75 geworden zijn. Ze was een succesvolle journalist en een gelukkige moeder, voor ze zich aansloot bij de RAF. De vraag waarom ze überhaupt overging tot geweld en waarom ze zelfmoord beging, leidde tot ontelbare publicaties. Waarom ze zich in een interview in 1969 beklaagde over hoe zwaar het is om als alleenstaande moeder kinderen op te voeden en dat kinderen toch stabiliteit nodig hebben, is niet te rijmen met haar activiteiten. (Willem Zonnewind, *Het raadselachtige leven van Ulrike Meinhof*).

6.2   Geef aan van wat voor type argumentatie er in de volgende tekstjes sprake is.

Voorbeeldopgave
Zes in Overijssel gestolen springpaarden zijn teruggevonden in Zweden. Omdat uitgerekend de beste paarden uit de stallen van Maathuis en Roelofs zijn gestolen, gaat de politie ervan uit dat de dieven kenners zijn.

Voorbeeldbeantwoording
Argumentatie gebaseerd op een kentekenrelatie
Het is kenmerkend voor kenners dat ze de beste paarden kunnen uitkiezen.

[1]   Hij zou het heel goed zonder vrijheid kunnen stellen, want hij zit toch altijd maar op zijn kamer.

[2]   En dan het salaris van hbo-docenten. Knibbe verdient bijna zestigduizend euro en mekkert dat hij in ruil hiervoor een paar verplichtingen krijgt opgelegd, terwijl een directeur in het basisonderwijs blij mag zijn als hij dertig-, veertigduizend euro haalt.

[3]   Van die korte filmfragmenten raak je in de war. Immers, steeds wanneer je een beetje greep op het getoonde begint te krijgen, wordt er weer een ander aspect aangeboord.

[4] De boven-minimale uitkeringen zullen teruggebracht worden tot 70 procent van het brutoloon. Waar van hen die voor lange tijd op een uitkering aangewezen zijn dit offer gevraagd wordt, is het redelijk ook te komen tot bezuinigingen bij de kortlopende uitkeringen.

[5] Ze zullen vast op afbetaling gekocht hebben, want in hun boedel troffen we verzendcatalogi aan.

[6] Thorbecke in een brief aan zijn vrouw Adelheid van 5 april 1848: 'In de *Arnhemsche Courant*, waar ze steeds radicaler lijken te worden, las ik een pleidooi om de burgemeester voortaan te kiezen. Dat zou natuurlijk heel ondoordacht zijn. Het hoofd van een gemeentebestuur mag nooit in een voor zijn stand, zijn rechten en zijn plichten nadelige afhankelijkheid komen. Stel je voor dat we een koning zouden kiezen, die door een onwillige volksvertegenwoordiging ook telkens afgezet zou kunnen worden!'

[7] Wat een misbaar om kippen met wat gif. Laat ze gewoon in de winkel liggen met een waarschuwing. Dat doen we met sigaretten toch ook? En de rook daarvan kan zelfs nog in het lichaam komen van iemand die ze niet consumeert.

[8] Vliegtuigmaatschappij British Airways heeft aartsrivaal Virgin afgetroefd op het spoor. BA mag van de Britse overheid samen met de Engelse busmaatschappij National Express en de Franse en Belgische spoorwegen tot 2010 de Eurostar, de treinverbinding tussen Parijs en Londen, exploiteren. [...] 'BA die rol geven, is net zoiets als koning Herodes hoofd van de kleuterschool maken', brieste directeur S. Haji-Ionnaou van de goedkope luchtvaartmaatschappij easyJet.

[9] De vrouw had haar familie verzocht de katten te laten inslapen en met haar te begraven, zoals ze 's nachts bij haar in bed sliepen: een aan het hoofdeinde, een op haar buik en een aan het voeteneinde. Deze ontwikkeling zegt iets over onze samenleving, die in een dier kennelijk de vervanging van een naaste wil zien.

[10] Wie kinderen toegang geeft tot internet moet ook verantwoordelijkheid nemen. Je stuurt een peuter ook niet met een driewieler de snelweg op, in de verwachting dat anderen wel zullen uitkijken.

[11] a Volgens mij gaat Maartje laat naar bed, want haar zusje mag tot negen uur opblijven.

b Volgens mij gaat Maartje laat naar bed, want daar klaagde haar oma over.

c Volgens mij gaat Maartje laat naar bed, want ze heeft donkere wallen onder haar ogen.

6.3   Zijn de volgende redeneringen logisch geldig?

Voorbeeldopgave
Hij moet wel veel gelezen hebben: hij is de slimste persoon die ik ken en van lezen word je intelligent.

Voorbeeldbeantwoording
Ongeldig. De spreker redeneert als volgt:

	Als je veel leest, word je intelligent.	als p, dan q
	Hij is de intelligentste persoon die ik ken.	q
Dus:	Hij moet wel veel gelezen hebben.	*Dus:* p

Het is echter ook mogelijk dat de persoon op wie het standpunt betrekking heeft niet veel heeft gelezen maar van nature erg intelligent is.

---

[1]   Als inwoner van een EU-land heb je relatief lage studiekosten. Zij betalen relatief veel, dus ik ga ervan uit dat ze van buiten de EU komen.

[2]   Ik snap niet dat haar fiets gestolen is. Ze had net een nieuw slot en met een nieuw slot kan je fiets niet gestolen worden.

6.4   Beoordeel de deugdelijkheid van de volgende argumentaties.

Voorbeeldopgave
In november kun je melkflessen niet buiten laten staan. Dan bevriezen ze immers.

Voorbeeldbeantwoording
Argumentatie gebaseerd op een causale relatie
Het buiten laten staan van melkflessen in november leidt ertoe dat die flessen bevriezen. In het standpunt wordt een bepaalde handelswijze (melkflessen buiten laten staan in november) afgeraden door te wijzen op onwenselijke consequenties (dan bevriezen ze). Er is dus sprake van *pragmatische argumentatie*. De volgende kritische vragen zijn dan relevant:
1 Leidt het buitenzetten van melkflessen in november wel altijd tot bevriezing?
2 Is het echt onwenselijk (erg) dat melkflessen bevriezen?

Aangezien we er gevoeglijk van uit kunnen gaan dat de meeste mensen het niet op prijs stellen als hun melkflessen bevriezen (de fles kan dan immers springen), lijkt vooral de eerste vraag relevant te zijn voor de beoordeling van deze argumentatie. Bevriezen buitengezette melkflessen inderdaad automatisch in november? Kennelijk wordt er in de argumentatie van uitgegaan dat het in november altijd of meestal vriest. Dat uitgangspunt is in de Nederlandse situatie twijfelachtig.

[1]   Je moet niet samen met je vriend op vakantie gaan. Daar is het met je vorige vriend ook door misgegaan.

[2]   Hij is intelligent, want hij draagt een bril.

6.5   Op het plan van TNT om ook niet-totstandgekomen telefoongesprekken in rekening te brengen, verschenen in de media diverse reacties in de trant van: 'Straks krijgen we van TNT een rekening voor de brieven die we niet geschreven hebben, of de postzegels die we niet gekocht hebben.' In het volgende fragment uit een ingezonden brief wordt kritiek geleverd op dit soort reacties.
Geef aan op welk type argumentatie deze kritiek gericht is en leg uit welke kritische vraag in deze reactie centraal staat.

> De collectieve woede uit zich voornamelijk in de stelling dat het 'belachelijk is om voor niet-verleende diensten te betalen'.
> Dat lijkt me op zich juist, maar niet van toepassing op deze situatie. TNT verleent wel degelijk een dienst. Er wordt tenslotte een lijn aan je toegewezen, verbinding gezocht en een in-gesprektoon voortgebracht. Dienstverlening die, hoe je het ook wendt of keert, kosten met zich meebrengt.

6.6   Op welk type argumentatie is in de volgende tekst de kritiek van de tegenstanders van de doodstraf gericht? Tot welke kritische vragen is hun kritiek te herleiden?

> Het probleem is dat niet Jeltsin, maar het parlement over de afschaffing van de doodstraf gaat en de meerderheid van de parlementariërs is tegen. Ook het ministerie van Binnenlandse Zaken en de procureur-generaal van Rusland zijn fel tegen het afschaffen van 'vysjka', de hoogste straf. Hun argument is de misdaadgolf waardoor Rusland wordt geteisterd. Tegenstanders van de doodstraf zeggen dat het vermeende verband tussen de afname van de criminaliteit en de doodstraf niet opgaat. In Canada is het aantal moorden afgenomen sinds de afschaffing van de doodstraf, terwijl in de VS, waar de doodstraf in veel staten nog bestaat, een omgekeerde tendens te zien is.

Hoofdstuk 7 Drogredenen als overtredingen van discussieregel 1-5

7.1   Worden er in de volgende fragmenten discussieregels overtreden? Zo ja, door wie en van welke drogredenen is er dan sprake?

Voorbeeldopgave
Bericht over een wetsontwerp voor de rechtsbescherming van de consument tegen misleidende reclame:

'De Tweede Kamer kan zich met de grote lijnen van het wetsontwerp verenigen. Dit geldt vooral de omkering van de bewijslast. De consument hoeft niet te bewijzen dat hij misleid is door een reclame, maar de reclamemaker of diens opdrachtgever moet bewijzen dat de boodschap juist en volledig was.'

Voorbeeldbeantwoording
Het lijkt erop dat de Tweede Kamer zich schuldig maakt aan een overtreding van discussieregel 2 (de verdedigingsplichtregel) door de bewijslast om te draaien. Waarschijnlijk doet de Tweede Kamer echter een beroep op het billijkheidsbeginsel: het is voor een reclamemaker gemakkelijker te bewijzen dat een reclameboodschap juist en volledig is, dan voor een consument dat hij door een reclameboodschap misleid is.

[1]   In een interview met het Amsterdamse universiteitsblad *Folia* verklaart prof. dr. J.M. Bremer naar aanleiding van het voorstel om de lesbevoegdheden voor Grieks en Latijn te ontkoppelen dat 'de Romeinen in wezen niets zelf bedacht hebben'. Een week later reageert prof. dr. A.D. Leeman in een ingezonden brief:

'Geen enkele Latinist zal het in zijn hoofd halen te ontkennen, dat er in het Grieks een groter aantal belangrijke werken geschreven is dan in het Latijn. Maar geen enkele bijdetijdse Graecus kan in gemoede beweren, dat Bremers karikaturale vertekening van de relatie van de Latijnse literatuur tot de Griekse ook maar een schijn van adequaatheid bezit. [...] Waarom zegt Bremer iets, waarvan hij zelf goed weet, dat het noch letterlijk, noch zelfs bij wijze van spreken waar is? Zijn Grieks wordt bedreigd [...] Ik kan Bremers venijn in de staart dan ook niet anders verklaren dan als een paniekreactie in een vlaag van het soort blinde woede, waardoor de mens zich laat verleiden tot een stoot onder de gordel.'

[2]   Reactie van Arendo Joustra op de verklaring van Ron Mooser voor het feit dat homoseksuele kunstenaars zijns inziens mooiere kunst maken dan heteroseksuele kunstenaars:

'De verklaring van Mooser was even simpel als ondoordacht. "Wij (de homo's, red.) hoeven ons niet te bekommeren om vrouwen en kinderen en hebben dus gewoon iets meer *tijd* om na te denken over wat we doen." Kunst maken is dus een kwestie van tijd.'

[3]   De Leidse hoogleraar Beekes laat zich nogal laatdunkend uit over een boek van de Italiaan Bernardini Marzolla, waarin beweerd wordt dat het Etruskisch een soort Sanskriet is. Naar aanleiding van een aantal ingezonden brieven licht Beekes toe waarom dat onzin is:

'Dat kan niet omdat dát al lang geconstateerd zou zijn. En omdat het dan ook met Grieks en Latijn nauw verwant moest zijn. Zo ligt dat. Wie dat niet weet of begrijpt – laat ik daar duidelijk over zijn –, moet dat op mijn gezag aannemen. Daar heb je professoren voor. Als je denkt iets aan je hart te hebben, vraag je toch niet de mening van de slager? Het is een vak, zoals scheikunde of biologie, waar niet iedereen maar eens even een mening over kan hebben.'

[4]   Professor Heertje schreef in 'Open Forum' dat negentig procent van het wetenschappelijke personeel aan de universiteit onbekwaam is. De psycholoog Piet Vroon reageert als volgt op deze uitlating:

'Ik vraag mij af waarom Heertje zich opwerpt als degene die alles wel even overziet en beoordeelt. Het tijdschrift *Economische Statistische Berichten* publiceerde nog niet zo lang geleden een lijst van Neerlands veertig beste economen, gebaseerd op de kwaliteit en de kwantiteit van hun publikaties. Ik heb tot mijn grote schrik geconstateerd dat Heertje op deze lijst niet voorkomt.
[...]
Een ander aspect van Heertjes redenering luidt dat de medewerkers schitteren door afwezigheid en hoofdzakelijk doende zijn op een ontoelaatbare wijze bij te verdienen. Heertje zelf daarentegen, die geacht wordt het merendeel van de werktijd in dienst van de universiteit te zijn, bezit in Naarden een BV getiteld "De Echte Kern". Deze telt, naar verluidt, verschillende personeelsleden. Daaruit mag worden afgeleid dat een groot deel van Heertjes werktijd niet met wetenschappelijke activiteiten is gevuld, doch met het schrijven van kennelijk zeer lucratieve leerboeken.'

[5]   Krantenbericht over het derde televisienet:

'DEN HAAG – Minister Brinkman van WVC heeft gedreigd de 20 uur extra zendtijd waarover de omroepen vanaf 1 oktober kunnen beschikken alsnog in te trekken, als de Tweede Kamer zich uitspreekt voor een extra tv-net. Maar het zag er gisteren tijdens het debat tussen de vaste Kamercommissie voor welzijn en cultuur en enkele leden van het kabinet over de Medianota niet naar uit dat de Kamer erg onder de indruk raakte van dat dreigement.'

[6]   Naar aanleiding van het feit dat de overheid, in het bijzonder Brinkhorst, meent dat de Nederlanders langer moeten doorwerken: In een GPD-artikel lees ik dat het parlement jaarlijks zestien weken aan vakantie opneemt, acht weken zomerreces, een week herfstvakantie, vier weken kerst-, twee weken krokus- en een week voorjaarsreces.
Klokkenluider is Tweede-Kamerlid Ger Koopmans (CDA). Hij wordt in zijn mening dat dit te veel van het goede is gesteund door Kamerleden van de VVD en SP.

Niet door het PvdA-Kamerlid Frans Timmermans. Die vindt dat Koopmans 'echte flauwekul' verkoopt en dat diens opmerkingen zijn terug te voeren op zijn 'kleine portefeuille'.
Dit is de taal van het schoolplein.
Koopmans heeft maar een 'kleintje'. Timmermans daarentegen 'een grote, zware'. Om van het rondtorsen daarvan bij te komen, zijn zestien weken vakantie nodig (Remco Campert)

7.2   Vergelijk de persoonlijke aanvallen in de volgende bewerkte teksten. In welke tekst(en) is deze aanval drogredelijk?

[1]   En wat doen we met Rutte? Rutte vormt toch echt een groot probleem. De VVD-leden moeten hem niet, de VVD-kiezers wezen hem massaal af en de VVD-fractie is ook helemaal klaar met hem.

[2]   Hierbij wil ik reageren op de brief 'Zwarte Pieten zijn een vorm van slavernij'. Ik ben het daar absoluut niet mee eens. Het is een jarenoud feest in Nederland en daar hoeft niemand aan mee te doen. Net zoals ze in andere landen Halloween en andere feesten houden. Je kunt dan Nederlander van Afrikaanse afkomst zijn. Je bent Nederlander of je bent het niet. U hebt waarschijnlijk ook moeite met het suikerfeest. Het is de traditie van een cultuur en daar moet je van af blijven. Emigreer naar Afrika of accepteer dit feest.

[3]   'Als niemand je kietelt, dan moet je het zelf doen', zei mijn vader altijd en vorige week moest ik daar weer eens glimlachend aan denken toen ik Rijkman Groenink borstroffelend hoorde speechen op de rumoerige aandeelhoudersvergadering van de ABN Amro. De speech werd echt onacceptabel toen Groenink de aandeelhouders vertelde dat ze niet alleen aan geld moesten denken. Dat klonk op zijn zachtst gezegd raar uit de mond van de man die alles op alles heeft gezet om aan de verkoop van de bank een dikke elf miljoen euro over te houden. Elf miljoen! Dat klonk zelfs heel raar.

7.3   Aan welke drogreden maakt de vader zich in de volgende strip van Peter van Straaten schuldig?

Bron: *Het Parool*, 23 november 1983

7.4   Welke van de volgende uitspraken lenen zich, doordat ze niet falsifieerbaar zijn, voor het ontduiken van de bewijslast?

[1]   De Nederlander is racistisch.
[2]   Nederlanders zijn in wezen racistisch.
[3]   De mens is slecht.

[4]   Annie is slecht.
[5]   Annie maakt misbruik van de sociale voorzieningen.
[6]   Artsen maken misbruik van de sociale voorzieningen.

7.5   Stel vast aan welke van de genoemde invullingen de spreker of schrijver op grond van zijn argumentatie gehouden mag worden.

Voorbeeldopgave
De FNV was tegen de oprichting van een vakbond voor prostituees:

'Wij zijn tegen prostitutie omdat het uitbuiting van de vrouw is en dus kunnen we het geen beroep vinden.'
1 Het uitbuiten van vrouwen is verkeerd.
2 Iets waarbij sprake is van uitbuiting, kan geen beroep zijn.
3 Uitbuiting is verkeerd.

Voorbeeldbeantwoording
Een correcte explicitering van het verzwegen argument luidt: 'Iets waarbij sprake is van uitbuiting van vrouwen kan geen beroep zijn'. De invullingen 2 en 3 gaan verder dan dit verzwegen argument, aangezien er voorbij wordt gegaan aan het feit dat het hier de uitbuiting van *vrouwen* betreft. 1 is weliswaar een correcte invulling van het verzwegen argument van de redenering 'Wij zijn tegen prostitutie omdat het uitbuiting van de vrouw is', maar aan het standpunt, geformuleerd in 'Dus kunnen wij het geen beroep vinden', wordt bij deze invulling geen aandacht geschonken.

M.C. Brands haalt in een artikel het volgende standpunt van Harry Mulisch aan:

'In de Sovjetunie wordt kunst veel meer au serieux genomen dan in ons kunstlauwe landje waar schrijvers, anders dan in de Sovjetunie, niet eens gearresteerd worden.'

Kan Mulisch zijn gebondenheid aan de volgende invullingen van verzwegen argumenten in zijn betoog ontkennen zonder regel 5 te overtreden?

[1]   Wie schrijvers arresteert, neemt ze serieus.
[2]   Wie schrijvers niet arresteert, neemt ze niet serieus.
[3]   Het arresteren van schrijvers is goed.

7.6   Marten Brouwers recensie van een rapport van Renée Römkens over een onderzoek naar geweld tegen vrouwen in heteroseksuele relaties is door verschillende personen bekritiseerd. Geef aan van welke drogredenen Brouwer in de volgende reactie zijn critici beschuldigt.

'Op één [...] uitzondering na hadden deze uitvallen geen betrekking op de geuite kritiek, die van uitgesproken methodologische aard was. Waar gingen zij dan wel over?

Om te beginnen werd er door de scribentes net gedaan alsof ik omvang en ernst van het onderhavige geweld zou onderschatten. Dat is opmerkelijk, want ik had daar geen enkele uitspraak over gedaan.
Een tweede lijn van argumentatie bestaat uit een aanval op de motieven van de critici (zoals Vroon en ik). In plaats van in te gaan op de gesignaleerde gebreken van het onderzoek wordt er verondersteld dat de uitkomsten door de critici "onverteerbaar" worden geacht, en dat men daarom maar over de methode valt.'

7.7   Onder de kop 'Geen redelijke discussie zonder argumentatie' schrijven F.H. van Eemeren en R. Grootendorst het volgende:

'Als de discussie over de kernwapens al iets duidelijk maakt, dan is het hoe een discussie niet gevoerd moet worden. [...]
De discussie zou erbij gebaat zijn als de deelnemers eens begonnen aan hun eigen bijdragen dezelfde eisen te stellen als aan die van hun tegenstanders. Voor alle discussies, of ze nu over kernwapens gaan of over iets anders, geldt dat de discussie alleen zinvol is als bij de discussianten de bereidheid bestaat om hun verschillen van mening op een redelijke manier op te lossen. Bovendien moeten zij weten hoe dit zou kunnen. Dit houdt in dat zij ten minste enig inzicht moeten bezitten in wat goede argumentatie is.
Zonder dat de argumentatieleer altijd onmiddellijk uitsluitsel kan verschaffen over de vraag wie het gelijk aan zijn kant heeft, kan dit vak wel een belangrijk hulpmiddel vormen bij het verwerven van inzicht in de redelijkheid van argumentatie in discussies.'

Geef aan of er in de volgende reactie van Piet Grijs sprake is van een stroman:

'Het is duidelijk dat de schrijvers van het artikel menen dat als we nu maar allemaal hun argumentatieleer geleerd hadden, het kruisraketprobleem redelijk tot een eind gebracht kon worden. Maar waarom dan niet met die wonderargumentatieleer naar Genève gegaan om alsnog de onderhandelingen daar tot een goed einde te brengen? Of nog dieper: waarom niet met de argumentatieleer de strijd tussen de Verenigde Staten en de Sovjetunie opgelost?'

Hoofdstuk 8 Drogredenen als overtredingen van discussieregel 6-10

8.1   Worden er in de volgende tekstjes discussieregels overtreden? Zo ja, van welke drogredenen is dan sprake?

Voorbeeldopgave
Hein: 'Uit geen enkel onderzoek is gebleken dat porno mannen aanzet tot seksueel geweld. Porno is dus helemaal niet schadelijk.'

Voorbeeldbeantwoording
Hein overtreedt regel 9, de afsluitingsregel en begaat een *argumentum ad ignorantiam*. Uit het feit dat niet bewezen is dat porno mannen aanzet tot seksueel geweld, wordt meteen geconcludeerd dat porno helemaal niet schadelijk is. Dit is een voorbarige conclusie. Er zou in nog sterkere mate sprake zijn geweest van een *argumentum ad ignorantiam* als Hein uit het argument geconcludeerd had dat porno juist heel goed is.

[1]   Fragment uit een commentaar op een rapport over sekstoerisme in Azië:

'De consequenties van die suggestie (dat maatregelen tegen sekstoerisme de prostituees benadelen) zijn duidelijk. Seksreizen moeten niet ontmoedigd maar juist gepropageerd worden, want zij scheppen werkgelegenheid in de derde wereld. Kunnen wij niet een deel van de ontwikkelingsgelden aan dit goede doel besteden? [...] Er is overigens geen reden om de redenering tot de derde wereld te beperken. Ook in Europa, in Nederland, hebben wij een werkgelegenheidsprobleem. Bevordering van de prostitutie levert werk op. Nog een kronkel verder: bestrijding van de misdaad tast de werkgelegenheid van de politie aan; acties tegen kindermishandeling beroven maatschappelijk werkers van hun baan.'

[2]   De secretaris van de Reclameraad wordt geïnterviewd over de klachten die bij de raad binnenkomen van televisiekijkers. De secretaris verklaart dat klachten die voortkomen uit het verkeerd begrijpen of het op hun kop zetten van reclameboodschappen niet gegrond zijn. Hij vervolgt:

'Sommige mensen draaien de teksten om. Zoals bij "Moderne mensen kopen bij Wehkamp". Iemand schreef: "Ik ben beledigd, want ik koop niet bij Wehkamp en dan ben ik zeker ouderwets".'

[3]   Vernieuwing van het belastingstelsel is goed voor de samenleving, dus vernieuwing van het belastingstelsel is ook goed voor jou.

[4]   Miljoenen mensen kijken naar 'Dora op dinsdag'. Het krijgt hoge waarderingscijfers. 'Dora op dinsdag' is dus een goed programma.

[5]   Boudewijn Büch:

‘De ergste antiquaren zijn diegenen die thuis een eigen collectie hebben. Die maken mij gek als ze zeggen: "Thuis heb ik een boek dat u graag zou willen hebben. Helaas kan ik het niet verkopen want het behoort tot mijn privécollectie."
Indien een antiquaar voor zichzelf verzamelt, hoort hij daar tegen klanten over te zwijgen. Het zou toch geen pas geven als je bij Albert Heijn binnenkomt en het sperziebonenvak geheel leeg is? Je kijkt naar het vak en dan komt meneer Heijn persoonlijk aanlopen. "Geen sperziebonen, meneer Heijn?" vraag je. "Nee," zegt de levensmiddelenmagnaat, "die heb ik allemaal thuis in mijn eigen voorraadkelder staan."'

[6]   Ik was vierkant tegen het Darwinisme: ik had het gevoel dat dat alles zinloos maakte, dom, ordinair.
Het mag onder geen voorwaarde waar zijn; als het waar is wil ik er niet langer bij zijn; in zo'n wereld heb ik niets te maken.
(Bron: Maarten 't Hart, *De ortolaan*, 1984)

[7]   Vrijheid van meningsuiting is goed voor het land, want het is in het belang van de gemeenschap dat iedereen het recht heeft te zeggen wat hij wil.

[8]   Architect Aldo van Eyck in een televisieprogramma tegen een Haagse wethouder:

‘U moet mij eens vertellen, is het nu uw eerste natuur, of uw tweede natuur om uitsluitend te liegen?'

[9]   Uitspraak van de 'Moerman-arts' J. Wiese:

Het is onzorgvuldig uitgedrukt te zeggen dat kanker vooral een kwestie is van onstuitbare celgroei die alleen maar door quasiheroïsche ingrepen van artsen kan worden gestopt. Sterker nog: dat is zelfs leugenachtig, want deze onbewezen theorie ontneemt de patiënt het vertrouwen in zijn zelfgenezende vermogens, die van binnenuit de kanker kunnen opruimen.

[10] Discussie naar aanleiding van de Nieuwe Bijbelvertaling over de keuze van HEER als vertaling van de godsnaam:

‘Dat God nog steeds als HEER door het leven gaat is ronduit Victoriaans: man met hoed en wandelstok. De kracht van de godsnaam ligt juist in het onuitsprekelijke en niet-geslachtelijk bepaalde ervan.' (P. Visschers, theoloog)
‘Die ene God heeft een duidelijk profiel. Hij is schepper en bevrijder. Deze God is een hij. Ik kan er ook niets aan doen. Hij had van mij ook een zij mogen zijn, maar dat is Hij niet.' (Ds. J. Goorhuis)

[11] Het plan om de brommerleeftijd te verhogen naar 17 jaar is krankzinnig. We laten 16-jarigen toch ook fietsen? Dat is net zo goed deelnemen aan het verkeer.

[12] Reactie van Teddy Koning, bedrijfsleider van een crematorium op de vraag 'Is het na het ongeluk met een kabelbaan in de Alpen nog veilig om erin te stappen?'

'Ik stap er met een gerust hart in, want ik ga ervan uit dat het onderhoud goed is. Als je met angsten gaat leven, kun je niks meer doen.'

[13] Vegetariërs moeten niet zo zeuren

Op de vraag of ik vegetarisch was heb ik wel eens geantwoord: "ja, ik eet uitsluitend dieren die alleen maar groente en fruit hebben gekregen." De vraagstellende vegetariër in kwestie kon hier niet om lachen. Dat had ik ook niet verwacht. Vegetariërs hebben namelijk geen gevoel voor humor. Daaruit kun je het volgende concluderen: van vlees eten krijg je gevoel voor humor. Kortweg: vlees eten is grappig. Nu wil ik niet alle vegetariërs over één kam scheren. (Mag dat, vegetariërs, scheren?) Mensen die vegetarisch eten omdat ze gezond willen eten zijn o.k. Mensen die vegetarisch eten omdat ze zich het lot van die beesten zo aantrekken zijn humorloos en een beetje eng. (Bron: www.mijncolumns.nl)

[14] Interview met Jim Kerr (zanger van de Simple Minds):

Interviewer: 'Jij bent nooit betrapt op luidkeels "Bono zei gisteren nog tegen mij..." zeggen?'
Kerr: 'Nee, maar Bono omgekeerd wél *(lacht)*. Serieus: dat soort eigendunk wordt bij ons [in Schotland, red.] genadeloos afgestraft. Tijdens een concert van U2 in Glasgow knipte Bono traag en dramatisch met z'n vingers terwijl hij zei: "Elke keer dat ik dit doe, sterft er in Afrika een kind van honger of ziekte." Waarop iemand uit het publiek riep: "Well, stop clicking yer bloody fingers, then!"'

[15] Met betrekking tot duurzaamheid en milieuoverwegingen [...], waarom nog vlees eten? Om het concreet te maken: Wat is tegenwoordig de beste manier om vlees eten te verantwoorden, anders dan de verantwoording: waarom niet? En als dat niet goed mogelijk is: moeten we dan niet vlees eten in openbare ruimten gaan verbieden, net zoals we roken verbieden? Waarom het een doen en het andere laten, als we toch bezig zijn?

(Bron: Peter van Straaten, *Het Parool,* 8 maart 1983)

‘ENE MENEER VAN HEERWAARDEN HEEFT GEBELD, PA’

‘O? WAT MOEST-IE? WAS HET BELANGRIJK?’

‘DAT ZEI HIJ NIET. HIJ ZOU VOLGEND JAAR NOG EENS BELLEN’

‘DAN IS HET VERDOMD BELANGRIJK. BELANGRIJKE DINGEN HEBBEN HUN TIJD NODIG’

(Bron: Peter van Straaten, *Het Parool*, 20 februari 1984)

8.2   Zijn de redeneringen in de volgende voorbeelden geldig?

Voorbeeldopgave

Mijn reactie op dr. C.L. Dessaur (Andreas Burnier): 'Maar een vrouw met een IQ van 120 is natuurlijk homoseksueel.' Deze uitspraak vind ik onzinnig, kwetsend en bovendien gevaarlijk. Op het eerste gezicht betekent deze uitspraak namelijk: een intelligente vrouw is homoseksueel. Dus alle heteroseksuele vrouwen zijn dom. Ook wordt hiermee gesuggereerd dat domme vrouwen niet homoseksueel zullen zijn.

Voorbeeldbeantwoording

In deze reactie is sprake van twee redeneringen waarin ervan wordt uitgegaan dat Dessaur van mening is *a* dat alle intelligente vrouwen homoseksueel zijn, b dat iemand met een IQ van 120 intelligent is en iemand met een lager IQ dom en c dat niet-homoseksueel gelijk is aan heteroseksueel. Als deze uitgangspunten worden gehanteerd, dan is de eerste redenering wel geldig, maar de tweede niet. In de tweede redenering wordt de uitspraak 'Alle intelligente vrouwen zijn homoseksueel' namelijk ten onrechte omgedraaid tot 'Alle homoseksuele vrouwen zijn intelligent'. Voor de overzichtelijkheid volgen hier beide redeneringen:

[1]a   Als een vrouw intelligent is, dan is zij homoseksueel.
   b   Deze vrouw is niet homoseksueel (maar heteroseksueel).
   c   Dus: Deze vrouw is niet intelligent (maar dom).

[2]a   Als een vrouw intelligent is, dan is zij homoseksueel.
   b   Deze vrouw is niet intelligent (maar dom).
   c   Dus: Deze vrouw is niet homoseksueel.

[1]   Karel van het Reve in een interview met Ischa Meijer:

        'Jij bent het niet met me eens. Adolf Hitler is het ook niet met me eens, jij bent dus een aanhanger van Adolf Hitler.'

[2]   Pascal geciteerd in een interview met Frits Staal:

        'Als je in God gelooft en hij bestaat, dan zit je goed. Geloof je in God en hij bestaat niet, dan heb je niets verloren. Geloof je niet in God en hij bestaat wel, dan ga je naar de hel. En als je niet in God gelooft en hij bestaat niet, dan heb je weer niets verloren. Het is dus altijd beter in God te geloven.'

[3] 'Alle delen van deze stoel zijn van hout, dus deze stoel is van hout.'

[4] 'Alle delen van deze stoel zijn goedkoop, dus deze stoel is goedkoop.'

[5] 'Alle spelers van het voetbalelftal zijn van wereldklasse, dus het elftal is van wereldklasse.'

[6] 'Alle onderdelen van deze figuur zijn driehoekig, dus deze figuur is driehoekig.'

8.3 Is er in de volgende gevallen sprake van een onduidelijkheid- of ambiguïteitdrogreden? Zo ja, waardoor wordt deze dan veroorzaakt?

Voorbeeldopgave
Vraag van een interviewer aan oud-burgemeester Koch van New York na de publicatie van zijn memoires:

'Meneer Koch, u loopt helemaal binnen. Past dat wel binnen het ambt en wat doet u met al dat geld?'
Ed Koch: 'Ik word er inderdaad rijk van en dat doet mij zeer veel genoegen. En met het geld ben ik buitengewoon sociaal: ik betaal er namelijk een vermogen aan belastingen over, en dus moet de gemeenschap mij, welbeschouwd, dankbaar zijn.'

Voorbeeldbeantwoording
Hier is sprake van een *ambiguïteitdrogreden*. Deze wordt veroorzaakt door de semantische ambiguïteit van het woord 'sociaal'. Koch is zich er kennelijk van bewust dat het wel eens asociaal gevonden zou kunnen worden dat hij met de verkoop van zijn boek zoveel verdient, terwijl anderen nauwelijks te eten hebben. Het woord 'sociaal' slaat in dit verband op een rechtvaardige verdeling van inkomens, terwijl Koch zich verdedigt door te wijzen op de besteding van zijn inkomen, dat via de belastingen voor een groot deel uiteindelijk ten goede komt aan de gemeenschap.

[1] Stoker:

'Mevrouw Sybrandy wees er gisteren in een ingezonden brief in deze krant op dat 85 percent van het Nederlandse volk vrijwillig euthanasie wenst. Je vraagt je af waarom het toch nog zo druk is op straat.'

[2] Ingezonden brief:

'Waar ik me ook altijd aan erger dat is het gebeier van de kerkklokken op zondagmorgen. Dat Jezus is opgestaan wil toch niet zeggen dat wij allemaal ook moeten opstaan?'

8.4 Van welke drogreden wordt Mieke Nuijen beschuldigd door Martin Bril, de schrijver van de volgende tekst? Begaat Bril daar zelf een drogreden bij?

Soep
Een brief uit Ulvenhout. Mieke Nuijen schrijft: 'Proefondervindelijk heb ik
de afgelopen dertig jaar het volgende vastgesteld: 1 Mannen houden van
soep (althans alle mannen voor wie ik soep heb gekookt), en 2 Mannen
die bij mij soep eten, doen dat zwijgend en vergeten hun omgeving.
Vraag: kunt u dit verschijnsel verklaren?' Einde brief.
Welnu, ik kan het verschijnsel niet verklaren, of Mieke Nuijen moet
heerlijke soep koken. [...]
Toch is het zo'n brief die je een paar keer kunt lezen. Om te beginnen is
er dat 'proefondervindelijk'. Alsof mevrouw Nuijen zich dertig jaar geleden
voornam uitgebreid empirisch onderzoek te doen naar de reactie van
mannen op soep. Ten tweede de onmiddellijke conclusie: alle mannen
houden van soep.
Is dat wel zo, trouwens?
Zelf, bijvoorbeeld, heb ik geen bijzondere band met soep. Maar goeie
linzensoep op het juiste moment – heerlijk. Erwtensoep in de winter, ook
goed. Maar verder is soep niet iets waar ik 's nachts wakker van lig. Mijn
grootmoeder van vaders kant maakte heerlijke kippensoep. Ik zie het vet
er nog in pareltjes op drijven.
Maar verder? Nee, ik ben geen soepman.

8.5   Ga na welke drogredenen in de volgende teksten begaan worden.

Voorbeeldopgave
Politiek correct denken
1 Nederland heeft de naam een land te zijn, waar men alles kan zeggen wat men
denkt, tot op het onbehouwene aan toe. Maar schijn bedriegt. Het land staat bol
van de taboes, vooral in het publieke domein waar een elite bepaalt wat er gezegd
mag worden. Het is een systeem van verhulling, omzwachtelde praat en censuur
van de ergste soort. We zijn er nog trots op ook, prijzen het in het buitenland aan
en noemen het deftig de consensusdemocratie en, huiselijk op zijn Hollands, het
poldermodel.
2 Laat ik beginnen met een definitie van deze cultuur te geven die ik vang onder de
noemer politiek correct denken. Dat is de vooronderstelling van de politieke en
culturele elite dat zij en zij alleen het recht heeft om de politiek-maatschappelijke
agenda, dat wil zeggen de onderwerpen die vatbaar zijn voor politiek en cultureel
debat vast te stellen. Politiek correct hult zich in het jasje van verlicht denken. In
werkelijkheid is het een afdwingen van conformisme aan het denken van een
politiek-culturele elite. Zij presenteert zich als de wolf in schaapskleren, Ons Soort
Mensen, de mensen die ertoe doen in dit land.
3 Drie terreinen om de werking van dit mechanisme te illustreren. Het is funest,
omdat het verhindert dat ter zake doende onderwerpen aan de orde komen, omdat
het relevante feiten verdraait of achterwege laat en omdat het resulteert in slecht
beleid of het ontbreken van beleid. Aan de borreltafel trekken de mensen zich daar
niets van aan en geven hun meningen groen en rijp. In de openbaarheid wachten
zij zich daarvoor en onthouden zij zich van een mening of uiten zich in politiek
correcte taal. Daardoor zien opiniepeilingen er zo anders uit dan de werkelijkheid
die ons wordt voorgeschoteld in de media.
4 Zoals onlangs door *Netwerk* onder regie van de NCRV. De presentator liet er geen
onduidelijkheid over bestaan dat ontwikkelingshulp niet alleen moet en nuttig is,
maar ook moet worden uitgebreid. Bolkestein (VVD) vindt dat veel ontwikkelings-

hulp het tegendeel bereikt van wat wordt beoogd. Het creëert afhankelijke mensen en het corrumpeert zowel de gever als de ontvanger.

5 Het filmpje toont ons het fossiel uit de jaren zeventig, onze minister voor Ontwikkelingssamenwerking Pronk (PvdA), op reis naar alles in de wereld dat zwak, ziek en misselijk is. De minister stapt energiek uit een vliegtuigje ergens in Afrika en ontfermt zich over een uitgehongerd negertje. Een skelet, meer niet. Pronk vergeet niet betekenisvol in de camera te blikken. Daarna zien wij Bolkestein aan een diner het ene glas overheerlijke witte wijn na het andere drinken en zijn kwebbel staat geen moment stil. De boodschap is in twee beelden duidelijk. De mededogende Pronk tegenover de arrogante, dinerende Bolkestein. Daarna mag de minister in de studio de afmaker realiseren. De kijker begrijpt dat hij geen dubbeltje voor zijn zegenrijke arbeid kan missen. Neen, het zou toch sociaal zijn, als dit puissant rijke land diep in de buidel tast. Politiek correct denken van het vreselijkste soort, gepresenteerd als onafhankelijke nieuwsgaring. Het slaat elke zakelijke discussie over het nut van ontwikkelingshulp op voorhand dood.

6 Aan de Vrije Universiteit deden onlangs vier gerenommeerde milieuwetenschappers hun beklag over de vervuiling van de milieudiscussie, ook door instanties als het CBS en het RIVM die geacht worden neutraal alle relevante feiten te presenteren. Hun aangeboden artikelen werden gecensureerd of moesten worden herschreven, opdat Nederland niet zou weten dat het goed gaat met zijn milieu, onder meer wat de uitstoot van CFK's betreft. Onze bossen blijken er beter voor te staan dan ooit en met ons klimaat is niets aan de hand.

7 De betreffende VU-wetenschappers werden gemaand hun conclusies en feitenpresentatie te herzien, want deze zouden subjectief zijn. Ondertussen is duidelijk dat alles wat met het milieu te maken heeft, inclusief de milieubeweging en Greenpeace, geen enkel belang heeft bij de presentatie van feiten die duidelijk maken dat we de goede kant opgaan. Stel je voor zeg, dat zou de aandacht voor het milieu kunnen doen verslappen. Tenslotte hebben ook zijn vrouw en kinderen, dikke hypotheken en auto's, en ontlenen ze er hun gevoel van nut en maatschappelijk respect aan.

8 Het ergste is natuurlijk het taboe op de feiten over mensen die van ver naar hier komen. Artikel 1 van de Grondwet (anti-discriminatie) is daartoe door de politiek-culturele elite in eendrachtige samenwerking met het Openbaar Ministerie tot in het absurde opgerekt. Elke mening over de nieuwkomers moet op een goudschaaltje worden gewogen, wil je niet voor de rechter worden gedaagd. Hetgeen de discussie of dit land langzamerhand niet vol is en of we de problemen met die nieuwkomers aankunnen, totaal verlamt.

9 Feiten over criminaliteit, niet geïntegreerd zijn, het Nederlands niet beheersen, het hebben van een uitkering, een overmatige medicijnconsumptie in het bijzonder en die van de gezondheidszorg in het algemeen, het bevolken der gevangenissen enzovoort. Het mag allemaal niet gezegd, geschreven en geweten worden. Indien we hen beter hadden weten te integreren of hen niet zo mateloos hadden toegelaten, dan kon dat cellenbouwprogramma van de laatste tien jaar geschrapt worden. Zo'n relevant feit bijvoorbeeld, interessante discussiestof voor die 150 ambtelijke technocraten die zich volksvertegenwoordigers plegen te noemen. Nou ja, 150 min een tiental, onder wie natuurlijk Bolkestein.

(Bron: Pim Fortuyn, *Elsevier*)

Voorbeeldbeantwoording
Het is niet helemaal duidelijk welk hoofdstandpunt Fortuyn in deze column inneemt. In eerste instantie lijkt hij te betogen dat men door het politiek correct denken in

Nederland niet kan zeggen wat men wil. Als dat het hoofdstandpunt is, vormen de drie voorbeelden die hij noemt geen afdoende verdediging en overtreedt hij regel 8 (de argumentatieschemaregel) met een overhaaste generalisatie. Het standpunt zou ook kunnen zijn dat het politiek denken funest is. Ook in dat geval begaat hij een overhaaste generalisatie.

Fortuyn noemt een potentiële tegenstander, minister Pronk, een fossiel en beschrijft hem verder als iemand die vooral naar arme landen reist om zo gewetensvol op televisie te kunnen verschijnen (alinea 5). Fortuyn maakt zijn potentiële tegenstander zwart en overtreedt regel 1 (de vrijheidsregel) met een 'abusive' variant van de *ad hominem* drogreden.

Fortuyn legt verder woorden in de mond van de programmamakers van *Netwerk* en minister Pronk. 'De kijker begrijpt dat hij geen dubbeltje voor zijn zegenrijke arbeid kan missen' (alinea 5). Omdat dit kennelijk (Fortuyn citeert niet) niet letterlijk zo gezegd is, overtreedt Fortuyn regel 3 (de standpuntregel) en maakt hij zich schuldig aan de drogreden van de stroman.

Fortuyn meent dat de milieubeweging en Greenpeace geen belang hebben bij de presentatie van feiten die duidelijk maken dat we de goede kant opgaan, want zij hebben vrouw en kinderen, dikke hypotheken en auto's en ontlenen aan hun werk een gevoel van nut en maatschappelijk respect (alinea 7). Hij suggereert daarmee dat de medewerkers van de milieubeweging en Greenpeace er belang bij hebben om hun standpunten in elk geval niet optimaal duidelijk te presenteren. Hij maakt hun motieven verdacht en daarmee overtreedt hij regel 1 (de vrijheidsregel) en maakt hij zich schuldig aan de 'circumstantial'-variant van het *argumentum ad hominem*.

Fortuyn overtreedt regel 2 (de bewijslastregel) door een substandpunt als vanzelfsprekend te formuleren: 'Ondertussen is duidelijk dat alles wat met het milieu te maken heeft (…)' (alinea 7).

[1]   *Dr. Jansen*:   Ik vind het verkeerd dat je je heil zoekt bij homeopaten en acupuncturisten. Als arts weet ik toch wel het één en ander over de werking van bepaalde stoffen en neem nu maar van mij aan dat kruidje-roer-me-niet op sterk water en wat speldenprikjes niemand beter kunnen maken.

       Samantha: Juist omdat je arts bent, kan ik je niet geloven. Waarom ben jij zo tegen de alternatieve geneeskunst? Omdat jij daar niets aan verdient! Jij wilt liever dat de mensen telkens bij je terugkomen voor dure consulten.

       Dr. Jansen: Integendeel. Ik ben een wetenschapper en ik baseer mij enkel op feiten. En het is een feit, dat als die alternatieve geneesmiddelen van jou ook maar enige werking zouden hebben, dat allang wetenschappelijk bewezen zou zijn door de gevestigde geneeskunde.

       Samantha: Alsof die chemische geneesmiddelen van jou wel bewezen effectief zijn! Wist je dat placebo's bijna even effectief zijn als echte medicijnen? Bovendien wordt acupunctuur door anderhalf miljard Chinezen serieus genomen. Het is dus zeker geen kwakzalverij.

8.6   Maak de opdrachten die voorafgaand aan de teksten gegeven worden.

Voorbeeldopgave

Opdrachten naar aanleiding van de tekst 'De spoorwegen gaan voor automatisch':

a Geef een typering van het verschil van mening waarvan in deze tekst sprake is. Geef daarbij ook aan hoe de rolverdeling is.

b Geef aan hoe de dialectische fasen in het betoog vertegenwoordigd zijn.

c Ontleed de argumentatiestructuur van het betoog en verantwoord de gemaakte keuze wat betreft de hoofdargumentatie.

d Expliciteer het verzwegen argument dat hoort bij het argument 'Automaten plaatsen is ook volkomen overbodig' in alinea 8.

e Wijs vijf drogredenen aan die in het betoog voorkomen. Leg steeds kort uit waarom er sprake is van een drogreden.

De spoorwegen gaan voor automatisch

1 NS wil alle loketten sluiten, zo luidden de berichten de afgelopen maanden. Op de stations komen praatpalen die de reizigers informeren over kaartjes en reisroutes. Videocamera's moeten de veiligheid gaan bewaken terwijl geavanceerde automaten elk gewenst kaartje in minder dan geen tijd zullen leveren. NS zegt dat de reiziger hierdoor meer service kan krijgen, de kaartverkoop aanzienlijk sneller zal gaan en dat de veiligheid op de stations zal toenemen. Volgens John Krijgsman van NS Reizigers is het een uitstekend idee: 'Er is natuurlijk wat kritiek op gekomen, maar dat heb je altijd bij dit soort nieuwe ontwikkelingen. De mensen zullen er even aan moeten wennen, daarna zal iedereen de voordelen ervan zien.'

2 Naar mijn idee zijn deze nieuwe ontwikkelingen niet toe te juichen. Men belooft snelheid, veiligheid en service, maar het lijkt me op voorhand al duidelijk dat NS geen van deze beloftes waar kan maken.

3 Wat betreft de snelheid bieden de plannen volgens mij geen voordelen. Nu al is het kopen van een kaartje bij een automaat niet echt sneller dan kopen bij een loket. Het komt zelfs voor dat de automaat er plotseling mee stopt. Dan moet je in een andere rij gaan staan terwijl je trein wegrijdt. Met de nieuwe automaten gaat dat heus niet beter. Ik ben overigens zeer tevreden met de snelheid van de lokettist; waarom moet dat nu nog sneller?

4 De veiligheid zal ook zeker niet toenemen. Het beveiligingspersoneel in de hal en op het perron wordt vervangen door camera's. Die zullen niet effectief zijn, want als er wat gebeurt dan duurt het veel te lang voordat iemand ter plaatse is. NS had al lang kunnen weten dat het plaatsen van camera's weinig tot niets uithaalt. Camera's hebben immers helemaal geen effect. In de grote steden in Engeland is dat duidelijk geworden. Sinds ze daar camera's op stations hebben geplaatst nam de landelijke criminaliteit alleen maar toe.

5 Service bij NS is natuurlijk altijd een zwak punt. De informatie die je nu bij het loket krijgt, zal ons straks worden verstrekt door een 'praatpaal'. Wat biedt dat nu eigenlijk voor extra service? Ik word nerveus van praatpalen. Ik heb er ook helemaal geen vertrouwen in. Die praatpaal zal heel snel stuk zijn – NS mag mij van het tegendeel overtuigen – en het duurt altijd een paar dagen voordat zoiets is gerepareerd.

6 Nog belangrijker: wat gebeurt er straks met de ouderen die niet goed met moderne apparatuur kunnen omgaan? NS geeft tegenwoordig cursussen voor ouderen om de huidige serie automaten te leren bedienen. Ik weet uit eigen ervaring dat die cursussen helemaal niet werken. Mijn vader van zeventig heeft de cursus gevolgd

en hij wil nu helemaal niet meer aan de automaat. Hij koopt zijn kaartje gewoon weer bij het loket. De nieuwe automaten moeten nog veel meer kunnen en zullen dus veel ingewikkelder zijn.

7 Service heeft ten slotte ook te maken met keuzes en binnenkort valt er weer een keuze weg. Je ziet nu mensen bij de automaten staan en je ziet mensen bij de loketten. Dat wijst erop dat iedereen zo zijn eigen voorkeur heeft en dat sommigen graag persoonlijk contact willen bij het kopen van een kaartje. De kaartjesautomaten roepen een grimmig toekomstbeeld op. Ik weet niet hoe u erover denkt, maar ik zou het vervelend vinden als ik voortaan in het restaurant mijn biefstuk via een computer moet bestellen. Ook op het punt van de service hebben de plannen dus niets te bieden.

8 Maar even afgezien van die loze beloftes: automaten plaatsen is ook volkomen overbodig. In 2003 moeten de plannen volledig hun beslag hebben gekregen. Er wordt echter al jaren gestudeerd op de mogelijkheid van invoering van één chipcard voor het hele openbaar vervoer. Deze chipcard zal er in 2003 of 2004 zijn. Dat betekent dat er voor die tijd honderden miljoenen worden uitgegeven die wellicht vanaf 2004 weggegooid geld zullen blijken te zijn. Dat is zeker het geval als de contactloze variant wordt gekozen, die de reiziger in een 'poortje' registreert voor hij een trein instapt en de klant opnieuw 'vastlegt' als hij het station van aankomst verlaat. NS doet vrij enthousiast over de nieuwe kaart en die komt er natuurlijk ook.

9 U zult het inmiddels wel met mij eens zijn dat het een plan van niets is. Kijk, ik weet ook wel waarom NS het een goed idee vindt. Ze denken zo te kunnen bezuinigen doordat veel personeel overbodig wordt. En zo zie je dat NS altijd slechts in schijn aan haar klanten denkt. Men adverteert tegenwoordig met de even potsierlijke als platte slogan 'NS. Wij gaan ervoor!' Dat doen ze voortaan dan maar zonder mij.

(Nico Sterk)

Voorbeeldbeantwoording

a Er is sprake van een gemengd enkelvoudig geschil.

   NS (John Krijgsman):   Het plan om alle loketten te sluiten is goed.

   Nico Sterk: Het plan om alle loketten te sluiten is niet goed.

b *Confrontatiefase*:

   'NS wil alle loketten sluiten' (eerste regel)

   'Volgens John Krijgsman' tot en met 'een uitstekend idee'

   'Naar mijn idee zijn deze nieuwe ontwikkelingen niet toe te juichen'

   Openingsfase:

   Niet expliciet aanwezig in de tekst

   Argumentatiefase:

   'Men belooft snelheid' (alinea 2) tot en met 'die komt er natuurlijk ook' (alinea 8)

   Afsluitingsfase:

   'U zult het inmiddels wel met mij eens zijn dat het een plan van niets is' (alinea 9)

c	1	Het plan om alle loketten te sluiten is niet goed.
	1.1a	De plannen bieden wat betreft de snelheid geen voordelen.
	1.1b	De veiligheid zal ook zeker niet toenemen.
	1.1c	De service zal zeker niet toenemen door het plaatsen van praatpalen en automaten.
	1.2	Het plaatsen van automaten is volkomen overbodig.

1.1a.1a	Nu al is het kopen van een kaartje bij een automaat niet echt sneller dan bij het loket.
1.1a.1b	Het komt zelfs voor dat de automaat er plotseling mee stopt.
1.1a.1c	Met nieuwe automaten gaat dat heus niet beter.
1.1a.2	Ik ben zeer tevreden met de snelheid van de lokettist.
1.1b.1	Camera's zijn niet effectief.
1.1c.1a	De praatpalen zullen snel stuk zijn.
1.1c.1b	Het duurt altijd een paar dagen voordat zoiets is gerepareerd.
1.1c.2a	Ouderen kunnen niet goed met moderne apparatuur omgaan.
1.1c.2b	De cursussen die de NS verzorgt zullen helemaal niet werken.
1.1.2a	Service heeft ook te maken met keuzes.
1.1.2b	Binnenkort valt er een keuze weg.
1.2.1a	Tegen de tijd dat de plannen hun beslag hebben gekregen, zal er een algemene chipkaart zijn voor het openbaar vervoer.
1.2.1b	Daarmee (zeker als voor de contactloze variant wordt gekozen) is het installeren van kaartjesautomaten weggegooid geld.
1.1a.2.1	Dat hoeft niet sneller.
1.1b.1.1	Het duurt lang voordat iemand ter plaatse is als er wat gebeurt.
1.1b.1.2	Sinds men in de grote steden in Engeland camera's heeft opgehangen, nam de landelijke criminaliteit alleen maar toe.
1.1c.2b.1a	Mijn vader van zeventig heeft de cursus gevolgd en wil nu helemaal niet meer aan de automaat en koopt zijn kaartje gewoon weer bij het loket.
1.1c.2b.1b	De nieuwe automaten zullen alleen maar ingewikkelder zijn dan de huidige.
1.1.c.3a.1	Iedereen heeft zo zijn eigen voorkeur en sommigen willen graag persoonlijk contact bij het kopen van een kaartje.
1.1.c.3a.1.1	Je ziet nu mensen bij de automaten staan en je ziet mensen bij de loketten.

d Als een plan overbodig is, is het niet goed. Overbodige plannen kunnen beter niet uitgevoerd worden.

e Alinea 4: 'Sinds ze daar [in Engeland] camera's op stations hebben geplaatst nam de landelijke criminaliteit alleen maar toe.' Hier is sprake van twee overtredingen van regel 7 (de argumentatieschemaregel). Ten eerste is het maar de vraag of de stations in Nederland zonder meer vergelijkbaar zijn met die in Engeland (drogredenen van de verkeerde analogie). Ten tweede wordt ten onrechte de indruk gewekt dat er in Engeland een causaal verband is tussen het plaatsen van camera's en de toenemende criminaliteit (*post hoc ergo propter hoc* drogreden).
Alinea 5: 'Service bij de NS is natuurlijk altijd een zwak punt.' Hier wordt de bewijslast ontdoken door het substandpunt als vanzelfsprekend voor te stellen; een overtreding van regel 2 (de bewijslastregel).
Alinea 5: 'Die praatpaal zal heel snel stuk zijn – NS mag mij van het tegendeel overtuigen –' De bewijslast wordt verschoven; een overtreding van regel 2 (de bewijslastregel).
Alinea 6: 'Ik weet uit eigen ervaring dat die cursussen helemaal niet werken.' De auteur komt met één voorbeeld om aan te tonen dat de cursussen helemaal niet werken. Hiermee begaat hij een overhaaste generalisatie, een overtreding van regel 7 (de argumentatieschemaregel).
Alinea 8: 'NS doet vrij enthousiast over de nieuwe kaart en die komt er natuurlijk

ook.' De auteur overtreedt regel 2 (de bewijslastregel) door zijn substandpunt als vanzelfsprekend voor te stellen.
Alinea 9: 'Kijk, ik weet ook wel waarom NS het een goed idee vindt. Ze denken zo te kunnen bezuinigen doordat veel personeel overbodig wordt.' De auteur maakt de motieven van NS verdacht en begaat hiermee een 'circumstantial'-variant van het *argumentum ad hominem*; een overtreding van regel 1 (de vrijheidsregel).

A Opdrachten naar aanleiding van het persbericht van KLM over het doden van eekhoorns
a Geef een typering van het verschil van mening waarvan in deze tekst sprake is. Geef daarbij ook aan hoe de rolverdeling is.
b Geef precies aan hoe de dialectische fasen in het betoog vertegenwoordigd zijn.
c Ontleed de argumentatiestructuur van het betoog van de KLM en geef er een schematische weergave van. Geef voor de hoofdargumenten aan waarom in de analyse voor deze structuur gekozen is.
d Geef aan welke drogredenen in het betoog voorkomen. Leg uit waarom er sprake is van een drogreden.
e Geef een kort eindoordeel over de kwaliteit van de argumentatie.

KLM biedt excuses aan voor doden eekhoorns

In april 1999 kwam de luchtvaartmaatschappij KLM in het nieuws omdat het bedrijf 440 Noord-Amerikaanse gestreepte grondeekhoorns had laten afmaken in opdracht van de rijksdienst voor de keuring van Vee en Vlees. De vereiste export- en gezondheidspapieren ontbraken en ook deugde de verpakking van de eekhoorns niet. De beesten werden levend door een hakselmachine gehaald. De eekhoorns waren afkomstig uit Peking en op doorreis naar Athene. De verzender wilde de eekhoorns niet terugnemen en buiten Europa wilde geen land de dieren opnemen. De hakselmachine waarin de dieren aan hun eind kwamen, was een soort versnipperaar die ook wordt gebruikt in de bio-industrie om haantjes af te maken. Haantjes zijn echter veel kleiner dan eekhoorns en bij haantjes kun je er dan ook voor zorgen dat eerst hun kop eraf gaat. Bij de grondeekhoorns, die de omvang kunnen hebben van drie handen, was dit niet mogelijk. In het volgende persbericht verantwoordt KLM het afmaken van de eekhoorns.

Persbericht

1 De KLM biedt haar oprechte excuses aan voor het moeten laten afmaken van 440 eekhoorns, afgelopen maandag in het KLM Cargo dierenhotel. De KLM heeft formeel juist gehandeld, maar geeft toe dat er een ethische inschattingsfout is gemaakt. De kritiek die is geuit door het publiek en diverse organisaties onderschrijft de KLM volledig.
5 De luchtvaartmaatschappij heeft besloten een diepgaand onderzoek in te stellen naar hetgeen precies is gebeurd in Beijing bij de aanname van de zending. Ook wordt de gang van zaken in het KLM Cargo dierenhotel onderzocht.
Hangende dit onderzoek en gezien de emoties rond deze gebeurtenis, heeft de Directie van de KLM het wenselijk geacht dat de betrokken

10 medewerker gedurende de periode van dit onderzoek thuis blijft.
De KLM heeft op zondag 11 april 1999 van het Ministerie van
Landbouw, Natuurbeheer en Visserij (LNV) de opdracht gekregen om de
dieren te vernietigen. De KLM is van mening dat de opdracht, in deze
vorm en zonder haalbare alternatieven aan te geven, onethisch was.

15 De KLM Directie is echter van mening dat de betrokken KLM-
medewerker in dezen formeel juist heeft gehandeld door de
richtlijnen van het Ministerie van LNV stipt op te volgen, maar erkent
tevens dat deze medewerker een inschattingsfout heeft gemaakt.
De KLM benadrukt nogmaals dat zij de gehele gang van zaken ten

20 zeerste betreurt en biedt haar oprechte excuses aan, aan alle
dierenliefhebbers en al diegenen die hierdoor gekwetst zijn.
De KLM heeft de Dierenbescherming, Stichting AAP, Wereld
Natuurfonds, Cites Nederland, Stichting Eekhoornopvang de Meern,
de European Association of Zoos and Aquaria en de Nederlandse

25 Vereniging van Dierentuinen, van voorgaande op de hoogte gesteld en
uitgenodigd om op korte termijn tot overleg te komen om dit soort
betreurenswaardige situaties in de toekomst te voorkomen.

B Opdrachten naar aanleiding van de tekst 'Oprichting Nationaal Fonds Kankerbestrijding'

a Geef een typering van het verschil van mening waarvan in deze tekst sprake is. Geef daarbij ook aan hoe de rolverdeling is.

b Geef precies aan hoe de dialectische fasen in het betoog vertegenwoordigd zijn.

c Ontleed de argumentatiestructuur van het betoog van Breekveld en geef er een schematische weergave van. (De verzwegen argumenten hoeven niet geëxpliciteerd te worden.) Geef voor de hoofdargumenten aan waarom in de analyse voor deze structuur gekozen is.

d Expliciteer twee verzwegen argumenten naar keuze en geef daarbij aan van welk argumentatieschema in de betreffende argumentatie gebruik is gemaakt.

e Wijs vijf drogredenen aan die in het betoog voorkomen. Leg uit waarom er sprake is van een drogreden.

f Geef een kort eindoordeel over de kwaliteit van de argumentatie.

Oprichting Nationaal Fonds Kankerbestrijding

1 De gevestigde kankerbestrijders maken zich zorgen over de oprichting
van een alternatief fonds voor de kankerbestrijding. Alternatief genezer
dr. E. Valstar probeerde hen eerder in deze krant gerust te stellen.
Vandaag reageert een voorstander van de reguliere geneeskunst:
hoogleraar Hans Breekveld. Volgens hem moet de Geneeskundige
Inspectie ingrijpen.

2 Waar het Koningin Wilhelmina Fonds (KWF) al bang voor was, is
inderdaad gebeurd: er is een alternatieve kankerbestrijding opgericht,
het Nationaal Fonds Kankerbestrijding (NFK). Het voornaamste doel
van het NFK is het inzamelen van geld voor onderzoek naar het effect
van alternatieve behandelwijzen.

3 In de 'wetenschappelijke raad' van het NFK zitten alleen dr. E. Valstar
en J.K. Bolhuis. Als speciaal adviseur was aanvankelijk ook dr. A.J.
Houtsmuller aan die raad verbonden, de oud-internist die stelt dat zijn
dieet tegen kanker helpt, maar hij heeft zich alweer uit die raad

teruggetrokken. Zijn naam staat echter nog steeds op alle folders. Onlangs bepaalde de rechter overigens dat het gebruik van de termen 'kwakzalver' en 'leugenaar' jegens Houtsmuller niet onrechtmatig is.

4 Laten we nu eens serieus kijken naar dat NFK. Er is in Nederland iets merkwaardigs aan de hand. Wanneer een fabrikant van wasmiddelen claims doet die hij niet kan waarmaken, kan hij daarop worden aangepakt door de Reclamecode Commissie. In de gezondheidszorg werkt het kennelijk anders. Alternatieve behandelaars kunnen ongestraft onwaarheden poneren om geld binnen te halen en hun onverantwoorde praktijken voortzetten terwijl niemand er iets aan doet. Waar blijft de Geneeskundige Inspectie? Wat ik hier wil betogen is dat die het NFK moet aanpakken, want het NFK doet aan valse voorlichting en de door haar gepropageerde praktijken zijn schadelijk.

5 Eerst die voorlichting: de onjuistheden zijn talrijk. Het NFK stelt in de folder die haar wervingscampagne begeleidt dat andere therapieën – lees: alternatieve therapieën – zeker zo doeltreffend zijn als de reguliere kankerbehandeling, en bovendien goedkoper zijn. Het is echter bedrog om te beweren dat een eenmaal in gang gezet kankerproces kan worden gekeerd met voeding en voedingssupplementen. Dat kan niet: het is nog nooit aangetoond – niet door dr. Houtsmuller, noch door dr. Moerman met zijn dieet.

6 Verder maakt het NFK het publiek bang door in haar wervingscampagne te stellen dat vrijwel elke kankerpatiënt chemotherapie krijgt voorgeschreven, en dat deze bovendien uiterst pijnlijk is. Chemotherapie is nooit een pretje, maar ernstige pijnklachten veroorzaakt het in het algemeen niet. Bovendien krijgen lang niet alle patiënten chemotherapie. De kanker waar dr. Houtsmuller aan leed is in een enkel geval door chirurgie alleen te genezen.

7 Het NFK zegt voorts dat een alternatieve behandelwijze een humane behandeling is, hiermee implicerend dat alle reguliere behandelingen dat per definitie niet zijn. Maar iedere behandeling die gegeven wordt zonder dat van tevoren onderzocht wordt of hij werkzaam is, is inhumaan.

8 Nog een voorbeeld van een merkwaardige uitspraak. Dr. Valstar beweert dat voorkomen beter is dan genezen en dat de riolen ervoor gezorgd hebben dat de cholera verdween en dat door vaccinatie de polio is uitgeroeid. Dat is natuurlijk helemaal niet bij uitstek de opvatting van alternatieve genezers. Want heeft u een reguliere arts wel eens het omgekeerde horen beweren? Sterker nog: die riolen en vaccinaties komen voort uit de reguliere geneeskunde en de officiële wetenschap. Daar is geen alternatieve genezer aan te pas is gekomen. Je kan er best eens naast zitten, maar deze reeks missers maakt toch duidelijk dat het NFK het publiek stelselmatig verkeerd voorlicht.

9 En dan heb je ook nog de schadelijke gevolgen van de geneeskunde zoals het NFK die propageert. Bij het Houtsmuller-dieet moeten de patiënten dagelijks tientallen pillen slikken, die duur zijn, soms niet ongevaarlijk, en waarvan – en dat is het belangrijkste – nooit is aangetoond dat ze werkzaam zijn. De door het NFK gepropageerde behandelingen, zoals het Houtsmuller-dieet en alles wat daarbij hoort, zijn pure kwakzalverij! Het komt immers allemaal neer op onbevoegde uitoefening van de geneeskunde.

10 Trouwens, het staat vast dat sinds Moerman zijn dieet introduceerde
het landelijk sterftecijfer door kanker alleen maar is opgelopen.
Reguliere artsen weten dat. Die gaan doorgaans op een verantwoorde
en eerlijke manier met onderzoeksgegevens om.

11 Ik wil hier niet ook nog eens uitgebreid ingaan op de financiële kant
van de zaak, maar hoe lang zal het nog duren voordat de eerste
medische faculteiten aan de universiteiten hun deuren moeten
sluiten omdat er door het concurrerende NFK geen geld meer
beschikbaar is voor echt onderzoek?

12 Los van deze problemen is er ook een meer praktische reden om aan
de alternatieve praktijken zo spoedig mogelijk een einde te maken.
Kankerpatiënten die zorg nodig hebben, kunnen terugvallen op het
ziekenhuis, de huisarts of wijkverpleging. De reguliere
gezondheidszorg heeft daar een systeem voor opgebouwd waarbij
deze zorg 24 uur per dag beschikbaar is. Het is natuurlijk maar zeer
de vraag of dokter Houtsmuller, of dokter Valstar, of een van de
andere alternatieve artsen 's nachts hun bed uitkomen voor een
patiënt. De alternatieve artsen spelen mooi weer met hun diëten,
maar als het erop aankomt zullen zij niet thuis geven, en moet de
patiënt terugvallen op de reguliere behandelaars. Het moge duidelijk
zijn: snel ingrijpen door de inspectie is gewenst.

13 Een eenvoudige vraag aan u. In wiens handen legt u uw gezondheid:
in die van autodidactische medische avonturiers die u van alles
beloven maar u uiteindelijk opschepen met nepextracten even
werkzaam als een glas limonade of in die van artsen met een
gedegen universitaire opleiding die doorgaans mooie resultaten
bereiken maar soms in alle eerlijkheid moeten toegeven dat zij geen
oplossing hebben?

14 Een eenvoudige vraag aan dr. Valstar. Waar gaat u naartoe als uw
been is gebroken, of als u een hersenschudding heeft? Het antwoord
lijkt me duidelijk: naar de reguliere arts. Het is voor u te hopen dat
die u nog wil behandelen.

— (Blaricum, prof. dr. H. Breekveld)

C Opdrachten naar aanleiding van de tekst 'Gemorrel aan de vaste boekenprijs moet stoppen'

a Geef een typering van het verschil van mening waarvan in deze tekst
sprake is. Geef daarbij ook precies aan hoe de rolverdeling is.

b Geef precies aan hoe de dialectische fasen in het betoog vertegenwoordigd zijn. Verwijs in je antwoord naar de desbetreffende regelnummers.

c Ontleed de argumentatiestructuur van het betoog van Van Doorn en
geef er een schematische weergave van. (De verzwegen argumenten
hoeven niet geëxpliciteerd te worden in de argumentatiestructuur.)
Motiveer je keuze voor nevenschikkende of meervoudige argumentatie
bij de hoofdargumenten voor het standpunt van Van Doorn.

d Van welk argumentatieschema maken de volgende passages deel uit?
Expliciteer de schema's door aan te geven uit welke onderdelen ze
bestaan.
De passage 'ze heeft er toch ook geen… voetbalwedstrijden?' (r. 6-9).
De passage 'Om te beginnen… flink wordt ingeperkt' (r. 19-20).
De passage 'Twee derde van boekenlezers… boekenprijs' (r. 52-53).

e   Wijs vier drogredenen aan – alle van een verschillend type – die in de tekst voorkomen. Leg kort uit waarom er sprake is van een drogreden.

Gemorrel aan de vaste boekenprijs moet stoppen

1   In haar toespraak tijdens een bijeenkomst van het Nederlandse Uitgeversverbond hield minister Jorritsma de branche voor dat deze zich moest afvragen of de vaste boekenprijs nog wel van deze tijd is. Het zou volgens haar wel eens niet eerlijk kunnen zijn dat het grote publiek moet
5   betalen voor het instandhouden van een breed aanbod waar het toch geen interesse voor heeft. Een ongeloofwaardig altruïsme van Jorritsma: ze heeft er toch ook geen problemen mee dat mensen die zich niet voor voetbal interesseren, moeten meebetalen voor politietoezicht bij voetbalwedstrijden? Als een heuse Juffrouw Ooievaar kwekt ze haar zegje
10   mee in het koor van Consumentenbond, Free Record (!) Shop, internetboekhandelaar Proxis en anderen.
Wanneer houden de zeurpieten nu eindelijk eens op steeds weer te proberen om de brede consensus die in Nederland – en in toenemende mate daarbuiten – over het nut van de vaste boekenprijs bestaat, onderuit
15   te halen? Een vaste boekenprijs is noodzakelijk voor een florerende leescultuur. Ervan uitgaand dat ook Jorritsma belang hecht aan de leescultuur, zal ik nogmaals proberen uit te leggen dat de vaste boekenprijs moet worden gehandhaafd.
Om te beginnen zal het loslaten van de vaste boekenprijs ertoe leiden dat
20   de diversiteit van het boekenaanbod flink wordt ingeperkt. De pluriformiteit en beschikbaarheid van het huidige boekenaanbod bestaat namelijk bij de gratie van een vaste boekenprijs. Juist dankzij de winst die uitgevers en boekhandelaren maken op de bestsellers die tegen een vaste prijs verkocht worden, kunnen de waardevolle boeken van wat
25   minder populaire auteurs en debutanten in grote verscheidenheid worden uitgegeven en te koop aangeboden. Bij het loslaten van de vaste boekenprijs zullen de winstmarges dalen, waardoor er logischerwijs minder geld overblijft om in minder gangbare boeken te investeren.
Daar komt nog bij dat een vaste boekenprijs het bestaan garandeert van
30   talloze kleine en zelfstandige boekhandelaren. Die zouden anders het loodje leggen, omdat zij niet op hetzelfde niveau kunnen prijsstunten als de grote winkelketens. Hiermee is de leescultuur indirect gediend, want stel je voor dat we de boekenverkoop moeten overlaten aan winkelketens die geen enkele affiniteit met het geschreven woord bezitten? De
35   toekomstige generaties die in de steden en dorpen opgroeien zullen dan niet beter weten dan dat je in de supermarkt een keuze hebt uit maximaal twintig bestsellers in het grappige genre van 'Hoe houdt u het uit met uw neurotische kat?' met daartussen één literaire roman van een bekende Nederlander. Bovendien kunnen die kleine boekhandelaren de
40   lezer veel meer service bieden, bijvoorbeeld door als literair aanspreekpunt te fungeren, door leesavonden te organiseren enzovoort. Nog afgezien van deze redenen, kán de vaste boekenprijs helemaal niet worden losgelaten. Sinds de vaste boekenprijs in 1903 is ingesteld, blijkt een ruime meerderheid van onze volksvertegenwoordiging daar nog
45   steeds achter te staan. De vorige minister van Economische Zaken, Weijers, heeft dan ook de ontheffing van het verbod op verticale prijsbinding die in 1967 is verleend aan de boekenbranche, bestendigd

tot 2005. Aan de vaste boekenprijs kan dus niet worden getornd, ook niet op grond van Europese regelgeving, aangezien de Europese Commissie in

50 september heeft verklaard dat de vaste prijs voor het in Nederland uitgegeven boek ten principale een interne Nederlandse aangelegenheid is.

Twee derde van de boekenlezers is voorstander van handhaving van de vaste boekenprijs. Zelfs in het als notoir onverschillig bekendstaande

55 België wint de roep om een vaste prijs steeds meer aan kracht. Zowel binnen als buiten Nederland lijkt een vaste boekenprijs dus de normaalste zaak van de wereld te worden gevonden. Je vraagt je af waarom deze dan toch steeds weer ter discussie gesteld moet worden door mensen van wie te verwachten valt dat ze zich niet meer kunnen herinneren wat het

60 laatste boek is dat ze hebben gelezen. De boekenbranche is sinds de opkomst van de boekdrukkunst meer dan 500 jaar geleden nota bene in geen enkel ander land zo'n constante geweest als in Nederland, en daar wil Jorritsma nu een einde aan maken. Zij plengt krokodillentranen voor mensen met lage inkomens in plaats van die mensen aan een

65 fatsoenlijker inkomen te helpen. Wij weten dat zij die mensen in wezen minacht en hun intellectuele vorming eigenlijk maar lastig vindt: laat hen maar 'populaire' boeken lezen.

En weet je wat? Ze hoeven die boeken niet eens te kopen: we hebben toch bibliotheken, of niet soms?

(Gerard van Doorn, uitgever)

Hoofdstuk 9 Schriftelijk argumenteren

9.1 Maak van de betogen 'Een nieuw facultatief vak!' en 'Why not Dutch?'
een analytisch overzicht en beoordeel aan de hand van dit overzicht de
kwaliteit van de argumentatie. Schrijf vervolgens een verbeterde versie.

Een nieuw facultatief vak!

Op de 'Open Forum'-pagina van *de Volkskrant* wordt al weken
gediscussieerd over het literatuuronderwijs op de middelbare scholen. Dat
onderwijs is geen succes: te veel scholieren lezen niet zelfstandig
literatuur. Vorige week mengde F. Verwijnen, docent Nederlands in de
provincieplaats Schoonhoven, zich in de discussie. In een enigszins vaag
artikel betoogt hij dat niet het onderwijs zélf hiervoor verantwoordelijk is,
maar dat het de schuld is van ons cultuurpatroon, waarin (kennis van de)
literatuur een ondergeschikte rol speelt.
Deze constatering lijkt hem niet tot een werkelijke oplossing voor het
probleem te hebben kunnen inspireren. Zijn (eerder door
discussiemoeheid dan rationele overwegingen ingegeven) advies is niet
langer te zeuren en een keuze te maken tussen de, volgens hem, enige
twee alternatieven: volledig afschaffen of volledig handhaven van het
huidige, onbevredigende literatuuronderwijs.
Is er geen beter alternatief voor handen? Er is niet veel denkwerk nodig
om in te zien dat de gulden middenweg ook in dit geval de beste uitkomst
biedt. Want is het niet beter letterkunde van taalbeheersing en taalkunde
te scheiden en dan, net als de meeste andere schoolvakken, facultatief te
maken? Er zijn verschillende redenen die daarvoor pleiten.
In de eerste plaats is dat gunstig voor de leerlingen. Want voor hen blijft
de mogelijkheid bestaan om met literatuur kennis te maken. En dat moet
ook, want voor velen vormt de schoolbank de eerste en soms ook de
enige geschikte plaats om met boeken en hun auteurs in contact te
treden.
In de tweede plaats gaat de belangrijkste gelegenheid om ons culturele
erfgoed uit te dragen niet verloren. Het vak literatuur wordt pas facultatief
op het moment dat het vakkenpakket gekozen moet worden. Tot die tijd
behoort het tot het basispakket, zodat alle leerlingen het vak in ieder
geval een aantal jaren volgen. Het spreekt vanzelf dat in de basisperiode
niet noodzakelijkerwijs de gehate leeslijst gehanteerd hoeft te worden,
zoals dat ook bij Frans, Duits en Engels niet gebeurt.
In de derde plaats wordt met de instelling van literatuur als facultatief vak
meer recht gedaan aan het geringe maatschappelijke belang van
literatuur. Op dit moment is de aandacht die de literatuur in het onderwijs
toebedeeld krijgt, onevenredig groot. Terwijl het evident is dat het de
maatschappij is die moet bepalen aan welke kennis behoefte is. Niet voor
niets is wiskunde een verplicht eindexamenvak geworden. Als de school
niet weet in te spelen op de maatschappelijke ontwikkelingen, dan zullen
vakken waaraan minder belang wordt toegekend steeds impopulairder
worden, en neemt de apathie en desinteresse van leerlingen alleen maar
toe. Veel leerlingen beseffen in deze verzakelijkte tijden heel goed dat een
grondige kennis van de wis- en natuurkunde meer kansen biedt dan een
grote belezenheid in oude en hedendaagse literatuur.
In de vierde plaats wordt literatuur daardoor minder bevoordeeld boven
andere 'culturele' vakken als tekenen en muziek, die ook geen verplicht
vak zijn. Voor zover ik weet kan op het vwo in tekenen en muziek niet

eens examen gedaan worden, terwijl door bezuinigingen van de overheid de aandacht die aan die vakken geschonken wordt alleen maar kleiner wordt. Natuurlijk zijn leraren Nederlands, bijna allemaal letterkundigen, algauw geneigd het literatuuronderwijs belangrijker te vinden dan de andere culturele vakken. Maar is het werk van Rembrandt niet minstens zo belangrijk voor de algemene ontwikkeling als dat van Vondel? En hebben de liedjes van Louis Davids niet evenveel invloed op de Nederlander gehad als de boeken van pakweg Jan Wolkers?

We zullen ons er bij neer moeten leggen dat kennis van de literatuur in ons huidige cultuurpatroon geen voorwaarde meer is om een zekere maatschappelijke positie te verwerven. Voor een aantal door mij hooggeachte mensen is kennis van het koersverloop van DSM belangrijker dan de nieuwste Meijsing. Waarom zouden we leerlingen dan verplichten aan dergelijke verouderde eisen te voldoen? De kleine groep geïnteresseerden kan in mijn voorstel nog steeds zijn hobbyisme uitleven. Daarmee kan ruimschoots worden voldaan aan de (geringe) behoefte aan literatuurcritici en wetenschappers.

De argumenten van hen die alles bij het oude willen laten, klinken weinig overtuigend. Leraren die zelf hun vrije tijd doorbrengen met het lezen van detectives of buitenlandse bestsellers, verwachten dat de leerling zich laat boeien door ons culturele erfgoed. Laten we ophouden met verstoppertje spelen: literatuur als facultatief vak is voor alle betrokken partijen de beste oplossing.

Why not Dutch?

De Universiteit van Amsterdam heeft onlangs het plan bekendgemaakt om een kwart van de colleges in vreemde talen te laten geven. De universiteit geeft hiervoor in haar Openbaar Ontwikkelingsplan IX twee redenen: aan de ene kant wordt de mogelijkheid geschapen voor buitenlandse studenten om een afgerond programma aan elk van de Amsterdamse faculteiten te volgen en aan de andere kant zorgt het voor een verbreding van de opleiding van de Nederlandse studenten aan de UvA, waardoor hun positie op de internationale arbeidsmarkt vergroot wordt. Ik denk echter niet dat het geven van colleges in een vreemde taal verstandig is.

Ten eerste ben ik van mening dat het niet wenselijk en zelfs niet noodzakelijk is de opleiding aantrekkelijker te maken voor buitenlandse studenten. Het behoeft immers geen betoog dat met het aantrekken van grote aantallen buitenlandse studenten de kwaliteit van het onderwijs afneemt. De toegankelijkheid van het onderwijs zal afnemen wanneer dit in een taal gevolgd (én gegeven) wordt die niet de moedertaal is van studenten en docenten. Niemand beheerst een taal zo goed als zijn moedertaal en dus zal de kennisoverdracht belemmerd worden. Daarbij komt dat de meeste faculteiten nu al kampen met een enorm overschot aan studenten.

Buiten de vraag of het de kwaliteit van het onderwijs aantast, is er de vraag of het momenteel dan niet mogelijk is voor buitenlandse studenten een afgerond programma te volgen. Die vraag is met 'ja' te beantwoorden; als men tenminste eerst een (geheel door de UvA verzorgde) cursus Nederlands volgt. En het is beter om deze situatie te handhaven. Want wat is nu rechtvaardiger, dat duizenden Nederlandse studenten zich colleges in een vreemde taal moeten laten welgevallen of dat een handjevol buitenlandse studenten de moeite moet nemen zich de taal van hun verblijfsland eigen te maken?

Ten tweede vind ik dat de concurrentiepositie van de Nederlandse studenten beter op een andere manier kan worden verbeterd. De aangewezen plaats voor het opdoen van talenkennis is het voortgezet onderwijs. Daar hoort men immers te zorgen voor een gedegen opleiding in de vreemde talen. Als de universiteiten eenmaal beginnen met het bijbrengen van dergelijke basisvaardigheden, dan is de voor de hand liggende volgende stap dat ook rekenen en schrijven onderdeel van het curriculum gaan vormen.

Samenvattend kan gesteld worden dat het geven van colleges in vreemde talen voor niemand voordelen zal opleveren. Het is niet vergezocht om te veronderstellen dat dit plan niets meer is dan een prestigeobject van de Universiteit van Amsterdam. Dat men daarbij niet schroomt om de eigen Nederlandse taal van de universiteit te weren mag verbijsterend genoemd worden. Zei Simon Stevin niet ooit dat juist de Nederlandse taal zich bij uitstek leende voor wetenschappelijke werken?

9.2   **a** Formuleer een standpunt waar je zelf achterstaat.
  b Bedenk een verschil van mening over dat standpunt.
  c Stel een analytisch overzicht op van een betoog ter oplossing van het verschil van mening dat je bedacht hebt.
  d Werk het overzicht uit tot een verantwoord betoog, dat zo natuurlijk mogelijk aandoet.

Hoofdstuk 10 Mondeling argumenteren

10.1   Maak aan de hand van de in dit hoofdstuk gegeven adviezen een analytisch overzicht van een betogende voordracht waarin je:
- Een film of een boek aanbeveelt.
- Een oordeel uitspreekt over een actuele kwestie.
- Een voorstel doet voor een verandering in het studieprogramma.

Houd vervolgens de voordracht.

10.2   Herschrijf de volgende inleiding van een betoog zodanig dat hij levendiger wordt en beter geschikt is om uitgesproken te worden.

> Over de vraag in welke mate de moedertaal gebruikt moet (of mag) worden bij het onderwijzen van een moderne, vreemde taal wordt door de betrokken leraren verschillend gedacht. De plaats die zij inruimen voor de moedertaal bij hun methode hangt overigens niet alleen af van hun principes, maar wordt mede bepaald door afspraken met sectiegenoten, soort leerlingen, grootte en aard van de klassen en beschikbare apparatuur.
>
> Terwijl voorheen in Nederland het onderwijs in de moderne talen voor een groot deel bestond uit het leren vertalen, is daarin sinds geruime tijd al, met het verdwijnen van de eindexamenvertaling, verandering gekomen. Het toegenomen directe contact met vreemdelingen was een van de belangrijkste oorzaken die een andere oriëntatie noodzakelijk hadden gemaakt. De vroegere, door het onderwijs in klassieke talen geïnspireerde methode die op scholastieke wijze streefde naar grondigheid van kennis, werd vervangen door de zogenoemde directe methode (of varianten hiervan) die de nadruk legde op vlotheid van spreken. Met deze wijziging was ook de rol van de moedertaal in het onderwijs van de vreemde talen veranderd. Terwijl deze een belangrijke rol gespeeld had bij de klassieke methode, was er voor haar geen plaats meer. Immers, de voorstanders van deze na de Eerste Wereldoorlog opgekomen methode (die dus, in tegenstelling met wat velen denken, bepaald niet nieuw genoemd kan worden) gaan uit van het beginsel dat men een vreemde taal precies zoals zijn moedertaal moet leren, dus zonder die moedertaal te gebruiken. De moedertaal dient, volgens hen, totaal vermeden te worden, omdat er anders slechts verwarring optreedt en omdat het gebruik ervan zuiver tijdverspilling is. Of het gebruik van de moedertaal inderdaad altijd verwarring en tijdverspilling betekent, zullen wij dadelijk verder bekijken. Laten we eerst het uitgangspunt van de directe methode eens aan een nader onderzoek onderwerpen en kijken of dit nog houdbaar is tegen het licht van de moderne theorieën over het ontstaan van de taal bij baby's.

10.3   Stel je voor dat je een betoog moet houden ter verdediging van het standpunt dat in de volgende ingezonden brief wordt ingenomen. Verzin twee verschillende inleidingen en afsluitingen bij dat betoog.

Zitten

> In Geachte Redactie van 22 november las ik een brief over het eventueel (her)introduceren van een derde klas in de trein, met louter staanplaatsen en tegen gereduceerd tarief.

> Ik vind dat staan in treinen sowieso verboden zou moeten worden. In een auto moeten wij al gordels dragen bij een snelheid van 20 km/uur, terwijl je in een trein die 120 km/uur rijdt zou mogen staan, met alle gevolgen van dien bij een mogelijk ongeluk.
> In plaats van staan in de treinen wil ik voorstellen dat we allemaal gaan zitten, liefst met een gordel om.

10.4 Bereid je erop voor tijdens een discussie een mondelinge reactie te geven op het volgende betoog. Laat in je reactie zien waarom het voorstel dat werkgevers alleen vakantiegeld moeten uitkeren wanneer de werknemer ook werkelijk met vakantie gaat, onhoudbaar is:

> Het is mij opgevallen, dat nogal wat werkende mensen van hun werkgever wél hun vakantiegeld accepteren, maar niet echt met vakantie gaan. Zij gebruiken het ontvangen geld dan bijvoorbeeld om hun huis te verbouwen. Ik geloof dan ook dat er op grote schaal sprake is van een oneigenlijk gebruik van het vakantiegeld. Het is ook voor de reisbureaus een slechte zaak dat steeds meer mensen niet meer op reis gaan en, zoals bekend, hebben er reeds enige faillissementen in de reiswereld plaatsgevonden.
> Gezien het voorgaande zou ik willen voorstellen dat werkgevers alleen dán vakantiegeld uitkeren, wanneer de werknemer inderdaad minstens veertien dagen aaneengesloten, zoals ook door bedrijfsartsen wordt aanbevolen, met vakantie gaat, hetzij in het buitenland hetzij in eigen land, en dit kan aantonen, bijvoorbeeld door het overleggen van tickets van een reisbureau. Voor de zwakkeren in de samenleving kunnen eventueel speciale regelingen getroffen worden.

Controlerende toets

A Multiplechoicevragen

Beantwoord de volgende multiplechoicevragen. Er is steeds maar één juist antwoord mogelijk.

1 Het ideaalmodel voor een kritische discussie is:

A een hulpmiddel om aan te geven waar argumentatieve discussies in de praktijk tekortschieten.
B een model dat beschrijft hoe taalgebruikers in de praktijk discussiëren.
C een model dat aangeeft welke argumentatie het meest effectief is.
D een hulpmiddel om aan te geven met welke kritiek een standpunt kan worden ontkracht.

2 Waarom vormen de enkelvoudige argumentaties die de onderdelen zijn van een nevenschikkende argumentatie één gemeenschappelijke verdedigingspoging?

A Omdat elke afzonderlijke enkelvoudige argumentatie waaruit neven-schikkende argumentatie bestaat op zich afdoende zou moeten zijn.
B Omdat de verschillende enkelvoudige argumentaties waaruit neven-schikkende argumentatie bestaat alleen gezamenlijk een afdoende verdediging van het standpunt vormen.
C Omdat de verschillende enkelvoudige argumentaties waaruit neven-schikkende argumentatie bestaat allemaal rechtstreeks op hetzelfde standpunt betrekking hebben.
D Omdat de verschillende enkelvoudige argumentatie waaruit neven-schikkende argumentatie bestaat niet allemaal rechtstreeks op hetzelfde standpunt betrekking hebben.

3 In de argumentatie *Carla wil Bob niet meer zien, want zij belt niet op* is de presentatie:

A vooruitwijzend.
B terugwijzend.
C afhankelijk van de context.
D onbepaald.

4 De maximaal argumentatieve interpretatie houdt in:

A dat in geval van twijfel een taaluiting als argumentatie wordt geïnterpre-teerd.

   B dat in geval van twijfel de argumentatie als meervoudig wordt geanalyseerd.
   C dat in geval van twijfel de argumentatie als nevenschikkend wordt geanalyseerd.
   D dat in geval van twijfel een taaluiting als toelichting op de argumentatie wordt geïnterpreteerd.

5   Bij een geldige redenering:

   A is de conclusie automatisch waar.
   B zijn de premissen waar.
   C is het onmogelijk dat de premissen waar zijn en de conclusie onwaar.
   D zijn zowel conclusie als premissen waar.

6   In de argumentatie *In Zuid-Afrika zijn de meeste mensen arm, dus Zuid-Afrika is een arm land* is sprake van:

   A een argumentum *ad misericordiam*.
   B een *compositiedrogreden*.
   C een argumentum *ad consequentiam*.
   D een *cirkelredenering*.

7   Voorbeeldargumentatie is een variant van:

   A het argumentatieschema dat gebaseerd is op een kentekenrelatie.
   B het argumentatieschema dat gebaseerd is op een causale relatie.
   C het argumentatieschema dat gebaseerd is op een vergelijkingsrelatie.
   D het argumentatieschema dat gebaseerd is op een autoriteitsrelatie.

8   Welke regel wordt overtreden als iemand een *ad ignorantiam*-drogreden begaat?

   A De argumentatieschemaregel.
   B De geldigheidsregel.
   C De afsluitingsregel.
   D De uitgangspuntregel.

9   In welke fase(n) van een argumentatieve discussie kunnen overtredingen van de taalgebruiksregel (regel 10) voorkomen?

   A Alleen in de openingsfase en de confrontatiefase.
   B In alle fasen van de discussie.
   C Alleen in de argumentatiefase.
   D In de confrontatiefase en de afsluitingsfase.

10   Wanneer is er sprake van een impliciete discussie?

   A Als bepaalde fasen in de discussie impliciet blijven.
   B Als er maar één taalgebruiker aan het woord is die zijn standpunt tegenover een niet aanwezige tegenstander verdedigt.
   C Als er verzwegen argumenten in de discussie voorkomen.
   D Als het standpunt verzwegen is.

11   Waarom kan de uitdrukking 'alleen al omdat' als een indicator van meervoudige argumentatie fungeren?

   A   Omdat deze uitdrukking duidelijk maakt dat er een argument komt dat ingebed is in een ander argument.
   B   Omdat met deze uitdrukking wordt duidelijk gemaakt dat er nog een argument aan de eerdergegeven argumenten wordt toegevoegd.
   C   Omdat met deze uitdrukking wordt aangegeven dat er nog een argument wordt toegevoegd aan wat voorafging dat minder belangrijk is dan eerder aangevoerde argumenten.
   D   Omdat met deze uitdrukking duidelijk wordt gemaakt dat een van de argumenten op zich al voldoende is om het standpunt aannemelijk te maken.

12   In welk type argumentatie kan het rechtvaardigheidsbeginsel een rol spelen?

   A   In argumentatie die gebaseerd is op een causale relatie.
   B   In argumentatie die gebaseerd is op een kentekenrelatie.
   C   In argumentatie die gebaseerd is op een vergelijkingsrelatie.
   D   In autoriteitsargumentatie.

13   Welke aanwijzingen zijn er voor het argumentatieschema waarvan in een argumentatie gebruik is gemaakt?

   A   De presentatiewijze, de kritiek op de argumentatie en de aanvullende argumenten.
   B   Nevenschikkende argumentatie en meervoudige argumentatie.
   C   De verwoording van het standpunt.
   D   De hoeveelheid argumenten die naar voren wordt gebracht.

14   Wat is het verschil tussen pragmatische argumentatie en de drogreden *argumentum ad consequentiam*?

   A   Bij pragmatische argumentatie is het standpunt descriptief, bij het *argumentum ad consequentiam* normatief.
   B   Bij pragmatische argumentatie wordt gebruikgemaakt van een kentekenrelatie, bij het *argumentum ad consequentiam* van een causale relatie.
   C   Bij pragmatische argumentatie wordt op (on)wenselijke gevolgen gewezen bij het *argumentum ad consequentiam* niet.
   D   Bij pragmatische argumentatie is het standpunt normatief, bij het *argumentum ad consequentiam* descriptief.

15   De drogreden *ignoratio elenchi* houdt in:

   A   dat argumentatie naar voren wordt gebracht die in feite bedoeld is voor een standpunt dat niet ter discussie staat.
   B   dat de protagonist argumenten gebruikt die op hetzelfde neerkomen als het standpunt.
   C   dat een standpunt wordt aangevallen dat niet door de protagonist naar voren is gebracht.
   D   dat een beroep wordt gedaan op het medelijden van de protagonist.

B Open analyse- en beoordelingsopdrachten

16   Bekijk het volgende bewerkte fragment uit een ingezonden brief.

> Het is absurd dat een van uw redacteuren het in de krant van 30 mei nodig vindt om Fortis-topman Votron 'Vlaams' te laten spreken. Het getuigt van een provincialistische Hollandse minachting ten aanzien van elke vorm van Nederlands dat niet aan de gorgelende en schrapende normen van de Randstad voldoet. De taal die Vlamingen spreken is immers even Nederlands als het Hollands van de grachtengordel en het Brabants van mensen uit Eindhoven of de omgangstaal die in Suriname wordt gesproken.
>
> — (Naar: 'Taal die Vlamingen spreken is gewoon Nederlands', Elisabeth Houben, *NRC Handelsblad,* 9 juni 2007)

a Wat is het hoofdstandpunt van de briefschrijfster?
b Geef een schematische weergave van de argumentatiestructuur van dit betoog.

17   Beschouw de volgende argumentatie:

> Maria zal wel vegetariër zijn, want ze studeert antropologie.

a Welk argumentatieschema wordt hier gebruikt?
b Expliciteer het verzwegen argument.
c Formuleer de kritische vragen die op het gebruikte argumentatie-schema van toepassing zijn.

18   Van welk argumentatietype is er sprake in het volgende tekstje?

> In de regio Arnhem-Nijmegen is het aantal werkzoekenden vorig jaar met 10 procent gedaald en het aanbod van jongeren zelfs met een vijfde. Men hoeft geen profeet te zijn om te voorspellen dat er in de regio Arnhem-Nijmegen tekorten kunnen optreden.

19   Geef aan welke discussiestadia er in het volgende fragment uit een ingezonden brief worden doorlopen.

> Op de kunstpagina van 2 juni schrijft Rosan Hollak dat museumconservator Saskia Asser de oudste foto van Nederland heeft gedateerd: 'een daguerreotypie' uit 1842 van de uit Duitsland afkomstige Dordtse suikerbakker Henri Vriesendorp (1804-1864).
> Jammer dat Hollak de tentoonstellingscatalogus kennelijk slecht heeft gelezen. Zij verwart de geportretteerde namelijk met diens betovergrootvader. Henri Vriesendorp stond in Dordrecht iets hoger op de maatschappelijke ladder. Uit eigen onderzoek is mij bekend dat hij onder meer beursmakelaar, commissionair, reder, firmant van een houthandel, commandant van de schutterij, kerkmeester van de Waalse gemeente, vice-consul van Zweden en Noorwegen en opziener van een vrijmetselaarsloge was.

20   Welke drogredenen worden begaan in de volgende betogen? Vermeld welke discussieregels overtreden worden.

a Je moet humanitaire interventies steunen. Je wilt het toch niet op je geweten hebben dat je een hulpeloos volk aan zijn lot overlaat?

b God bestaat want dat staat in de Bijbel.

c Roken is niet altijd slecht voor je. Het is soms toch gewoon lekker om een sigaret op te steken?

d U kunt mij niet laten zakken voor dit examen, want ik heb ontzettend mijn best gedaan.

e Je theorie is niet waar. Jij hebt toch niet kunnen aantonen dat het klopt?

Antwoorden bij de controlerende toets

- -

A Multiplechoicevragen

1	A	6	B	11	D
2	B	7	A	12	C
3	C	8	C	13	A
4	A	9	B	14	D
5	C	10	B	15	A

B Open analyse- en beoordelingsopdrachten

16 **a** Het hoofdstandpunt van de briefschrijfster is: 'Het is absurd dat een van uw redacteuren het in de krant van 30 mei nodig vindt om Fortis-topman Votron "Vlaams" te laten spreken'.

b 1 Het is absurd dat een van uw redacteuren het in de krant van 30 mei nodig vindt om Fortis-topman Votron 'Vlaams' te laten spreken.

1.1 Het getuigt van een provincialistische Hollandse minachting ten aanzien van elke vorm van Nederlands dat niet aan de gorgelende en schrapende normen van de Randstad voldoet.

1.1.1 De taal die Vlamingen spreken is even Nederlands als het Brabants van mensen uit Eindhoven of de omgangstaal die in Suriname wordt gesproken.

Toelichting:
De formulering 'Het is absurd' geeft aan dat er sprake is van een negatieve positie die de schrijfster inneemt. Op basis van het feit dat de schrijfster deze formulering direct in de eerste zin van haar tekstje gebruikt, kan het hoofdstandpunt worden herkend.
De argumentatie die de briefschrijfster voor dit standpunt aanvoert, is onderschikkend. Argument 1.1 ondersteunt het hoofdstandpunt direct: het is absurd om personen Vlaams te laten spreken want dat getuigt van minachting. Argument 1.1.1 ondersteunt op haar beurt waarom het van minachting getuigt: de taal die Vlamingen spreken is vergelijkbaar met Nederlandse dialecten. De indicator 'immers' geeft aan dat 1.1.1 onderschikkend is.

- -

17   **a**   Er wordt gebruikgemaakt van argumentatie gebaseerd op een kenteken-relatie.

    b   'Als… dan…'-uitspraak: Als Maria antropologie studeert, dan zal ze wel vegetariër zijn.
       Verzwegen argument: Antropologiestudenten zijn vegetariër.

    c   Kritische vragen: • Zijn er ook antropologiestudenten die niet vegetariër zijn?
        • Zijn er ook personen die niet antropologie studeren maar toch vegetariër zijn?

Toelichting:
De argumentatie is gebaseerd op een kentekenrelatie: de studie antropologie wordt als kenmerk voor vegetariër zijn gepresenteerd. De argumentatie is niet causaal, aangezien de studie antropologie niet het vegetariër zijn veroorzaakt. Dit wordt ook niet in de argumentatie gesuggereerd: er wordt niets gezegd over bijvoorbeeld een tijdsverschil tussen (het begin van) de studie antropologie en het vegetariër zijn, terwijl een tijdsverschil wel noodzakelijk zou zijn geweest voor een oorzakelijk verband tussen beide.
Het logische minimum mag worden aangevuld als 'Antropologiestudenten zijn vegetariër'. Het studeren van antropologie wordt immers als kenmerk gepresenteerd van vegetariër zijn en er zijn geen aanwijzingen die een aanvulling als 'Antropologiestudentes zijn vegetariër' ondersteunen.

18   Argumentatiestructuur: 1   Men hoeft geen profeet te zijn om te voorspellen dat er in de regio Arnhem-Nijmegen tekorten kunnen optreden.
        1.1a In de regio Arnhem-Nijmegen is het aantal werkzoekenden vorig jaar met 10 procent gedaald.
        1.1b In de regio Arnhem-Nijmegen is het aanbod van werkzoekende jongeren met eenvijfde gedaald.

    Argumentatieschema: Argumentatie gebaseerd op een kentekenrelatie.

Toelichting:
De percentages zijn symptomatisch voor het voorspellen van de tekorten in de regio Arnhem-Nijmegen. Ze veroorzaken de tekorten niet (dat doen de werkzoekenden). Het standpunt wordt daarom niet ondersteund door causale argumentatie.

19   Openingsfase: 'Op de kunstpagina … suikerbakker Henri Vriesendorp (1804-1864)'
    Confrontatiefase: 'Jammer dat Hollak … slecht heeft gelezen'
    Argumentatiefase: 'Zij verwart de … een vrijmetselaarsloge was'

Toelichting:
De tekst van Hollak vormt het uitgangspunt voor de ingezonden brief. De eerste alinea van deze brief geeft dan ook weer wat Hollak in haar tekst heeft beweerd. Vervolgens neemt de briefschrijver het standpunt in dat het jammer is dat Hollak de catalogus slecht heeft gelezen. Voor dit standpunt voert hij vanaf de tweede zin van de tweede alinea onderschikkende argumentatie aan. De afsluitingsfase ontbreekt.

20   **a** De spreker begaat een *pathetische drogreden*, een overtreding van regel 4 (de relevantieregel). De spreker speelt in op de emoties van de toehoorder.

      b De spreker begaat een *cirkelredenering*, een overtreding van regel 6 (de uitgangspuntregel). De spreker vooronderstelt zijn standpunt in de argumentatie.

      c De spreker begaat een *ignoratio elenchi*, een overtreding van regel 4 (de relevantieregel). De spreker verdedigt zijn standpunt aan de hand van irrelevante argumentatie.

      d De spreker begaat een *argumentum ad misericordiam*, een overtreding van regel 1 (de vrijheidsregel). De spreker doet een beroep op het medelijden van de andere discussiepartij.

      e De spreker begaat een *argumentum ad ignorantiam*, een overtreding van regel 9 (de afsluitingsregel). De spreker concludeert dat het standpunt waar is omdat het tegengestelde niet met succes verdedigd is.

Begrippenlijst

Algemene spelregels voor communicatie	De stilzwijgend overeengekomen regels waaraan sprekers en schrijvers zich moeten houden om met elkaar te kunnen communiceren (wees duidelijk, wees eerlijk, wees efficiënt en wees ter zake).
Antagonist	De luisteraar of lezer die het standpunt van de protagonist in een argumentatieve discussie (nog) niet aanvaardt en de protagonist daarmee uitdaagt om het te verdedigen.
Argument	Een uitspraak die de spreker of schrijver aanvoert ter ondersteuning van zijn standpunt in een poging de luisteraar of lezer te overtuigen van de aanvaardbaarheid van dit standpunt.
Argumentatie	Een verbale, sociale en rationele activiteit die erop is gericht een redelijke beoordelaar te overtuigen van de aanvaardbaarheid van een standpunt door één of meer proposities naar voren te brengen die ter verdediging van dat standpunt dienen.
Argumentatieschema	Een schematische weergave van de manier waarop de aangevoerde argumenten en het standpunt in een enkelvoudige argumentatie met elkaar in verband worden gebracht om te rechtvaardigen dat het standpunt aanvaardbaar is. (Niet te verwarren met het schematische overzicht van de argumentatiestructuur van het betoog.)
Argumentatie gebaseerd op een causale relatie	Een argumentatietype waarbij het standpunt wordt verdedigd door een oorzakelijk verband te leggen tussen het aangevoerde argument en het standpunt.
Argumentatie gebaseerd op een kentekenrelatie	Een argumentatietype waarbij het standpunt wordt verdedigd door in het argument een kenmerk te noemen dat symptomatisch is voor hetgeen in het verdedigde standpunt beweerd wordt.
Argumentatie gebaseerd op een vergelijkingrelatie	Een argumentatietype waarbij het standpunt wordt verdedigd door in de argumentatie een vergelijking te trekken tussen hetgeen in het standpunt beweerd wordt en iets anders dat al aanvaard wordt.
Argumentatiestructuur	Een overzicht van een betoog dat de onderlinge verbanden weergeeft tussen de verschillende argumenten die in het betoog naar voren zijn gebracht en het verdedigde standpunt.

Complexe argumentatie	Een combinatie van enkelvoudige argumentaties in meervoudige, nevenschikkende en/of onderschikkende argumentatie(s).
Enkelvoudige argumentatie	Een argumentatie die in volledig geëxpliciteerde vorm uit twee en niet meer dan twee uitspraken bestaat.
Meervoudige argumentatie	Een argumentatie die uit alternatieve verdedigingen van hetzelfde standpunt bestaat.
Nevenschikkende argumentatie	Een argumentatie die uit verdedigingen bestaat die alleen gezamenlijk een voldoende verdediging van het standpunt kunnen zijn.
Onderschikkende argumentatie	Een argumentatie waarin de ene argumentatie (een onderdeel van) een andere argumentatie ondersteunt.
Argumentatieve discussie	Een discussie die er primair op is gericht een verschil van mening op een redelijke wijze op te lossen.
Argumentatietype	Een argumentatie die gekarakteriseerd wordt door het gebruik van een bepaald argumentatieschema (argumentatie gebaseerd op een kentekenrelatie, vergelijkingsrelatie of causale relatie).
Beslechten van een verschil van mening	Het uit de weg ruimen van een verschil van mening zonder dat de doorslag wordt gegeven door de naar voren gebrachte argumentatie, bijvoorbeeld door te stemmen.
Betoog	Het totaal van de argumentatie die ter verdediging van een standpunt wordt aangevoerd.
Communicatiebeginsel	Het beginsel dat deelnemers aan de communicatie geacht worden hun bijdragen zo goed mogelijk af te stemmen op het doel dat door de communicatie gediend moet worden.
Discussiefasen	Noodzakelijke stadia in een kritische discussie die elk een specifiek dialectisch doel dienen.
Afsluitingsfase	Het stadium in een kritische discussie waarin de partijen vaststellen in hoeverre hun verschil van mening door de discussie is opgelost en zo ja ten gunste van welke partij.
Argumentatiefase	Het stadium in een kritische discussie waarin de protagonist een betoog houdt om zijn standpunt te verdedigen tegen de kritiek van de antagonist.
Confrontatiefase	Het stadium in een kritische discussie waarin de partijen vaststellen dat er een verschil van mening bestaat en wat dit verschil van mening inhoudt.

Openingsfase	Het stadium van een kritische discussie waarin de partijen zich vastleggen op afspraken over de manier waarop ze de discussie zullen voeren en afsluiten, de verdeling van de bewijslast en de uitgangspunten van de discussie.
Drogreden	Een discussiezet in een van de verschillende discussiefasen die het oplossen van een verschil van mening bemoeilijkt of verhindert door één of meer van de tien regels voor een kritische discussie te overtreden.
Expliciete discussie	Een discussie waarin beide partijen gelijkelijk de gelegenheid hebben om aan het woord komen.
Ideaalmodel voor een kritische discussie	Een model van een argumentatieve discussie waarin de partijen hun verschil van mening proberen op te lossen door de vier discussiefasen te doorlopen die noodzakelijke stadia zijn bij het op redelijke wijze oplossen van een verschil van mening en zich te houden aan de regels voor een kritische discussie.
Impliciete discussie	Een discussie waarin maar één van beide partijen de gelegenheid heeft om aan het woord te komen.
Informatieve discussie	Een discussie die er primair op is gericht elkaar ergens van op de hoogte te brengen.
Logisch geldige argumentatie	Een argumentatie waarin het standpunt logisch volgt uit de in de argumentatie naar voren gebrachte redenering, dat wil zeggen dat de conclusie van de redenering altijd waar is als de premissen in de redenering waar zijn.
Logisch minimum	Een 'als … dan …'-uitspraak die de argumentatie logisch geldig maakt waarin het argument dat in een enkelvoudige argumentatie expliciet is na 'als' en het verdedigde standpunt na 'dan' is ingevuld.
Maximaal argumentatieve analyse	Een reconstructiestrategie waarbij argumentatie in geval van twijfel tussen een meervoudige en een nevenschikkende argumentatiestructuur als meervoudig wordt ontleed.
Maximaal argumentatieve interpretatie	Een reconstructiestrategie waarbij uitspraken in geval van twijfel over hun argumentatieve karakter als argumentatief worden opgevat.
Oplossen van een verschil van mening	De andere partij ervan overtuigen door de aangevoerde argumentatie of kritiek dat hij zijn oorspronkelijke positie moet herzien.
Propositie	Een uitspraak waarin een eigenschap (predicaat) wordt toegekend aan een subject ten opzichte waarvan iemand een (positief of negatief) standpunt kan innemen.

Protagonist	Degene die een standpunt inneemt in een argumentatieve discussie en dit standpunt moet verdedigen als hij hiertoe wordt uitgedaagd.
Standpunt	Positie die een spreker of schrijver inneemt ten opzichte van een propositie.
Negatief standpunt	Een standpunt dat de protagonist bij twijfel of kritiek verplicht om de propositie waarop het standpunt betrekking heeft te ontkrachten.
Positief standpunt	Een standpunt dat de protagonist bij twijfel of kritiek verplicht om de propositie waarop het standpunt betrekking heeft te rechtvaardigen.
Verschil van mening	De communicatieve situatie waarin er een standpunt naar voren is gebracht dat niet door iedereen volledig gedeeld wordt.
Basisvorm van het verschil van mening	Een niet-gemengd enkelvoudig verschil van mening.
Enkelvoudig verschil van mening	Een verschil van mening waarin het standpunt betrekking heeft op slechts één propositie.
Gemengd verschil van mening	Een verschil van mening waarin de partijen tegengestelde standpunten innemen ten opzichte van dezelfde propositie (de ene partij brengt een positief standpunt naar voren en de andere partij stelt hier een negatief standpunt tegenover – of omgekeerd).
Hoofdverschil van mening	Een verschil van mening over de propositie waarop het standpunt betrekking heeft dat de inzet vormt van de discussie (het oorspronkelijke standpunt).
Meervoudig verschil van mening	Een verschil van mening waarin het standpunt betrekking heeft op meer dan één propositie.
Niet-gemengd verschil van mening	Een verschil van mening waarin slechts één partij een verdedigingsplicht voor een standpunt op zich neemt (de ene partij neemt een positief of negatief standpunt in en de andere partij twijfelt aan de aanvaardbaarheid van dit standpunt).
Subverschil van mening	Een verschil van mening over een propositie die ter verdediging van een standpunt is aangevoerd (een verschil van mening over een argument).
Verzwegen argument	Een impliciet argument waarmee het expliciete argument verbonden is met het verdedigde standpunt (dat op logische en pragmatische gronden aan de protagonist mag worden toegeschreven).

Overzicht van discussieregels en drogredenen

Discussieregels

1 *Vrijheidsregel.* De discussianten mogen elkaar niet beletten standpunten of twijfel naar voren te brengen.

2 *Verdedigingsplichtregel.* Een discussiant die een standpunt naar voren brengt, mag niet weigeren dit standpunt desgevraagd te verdedigen.

3 *Standpuntregel.* Een aanval op een standpunt mag geen betrekking hebben op een standpunt dat niet werkelijk door de andere partij naar voren is gebracht.

4 *Relevantieregel.* Een standpunt mag niet worden verdedigd door non-argumentatie naar voren te brengen of argumentatie die geen betrekking heeft op het standpunt.

5 *Verzwegen-argumentregel.* Iemand mag de tegenpartij niet ten onrechte verzwegen argumenten toeschrijven of zich aan de verantwoordelijkheid voor een van zijn eigen verzwegen argumenten onttrekken.

6 *Uitgangspuntregel.* Iemand mag niet ten onrechte iets als gemeenschappelijk uitgangspunt presenteren of ten onrechte ontkennen dat iets een gemeenschappelijk uitgangspunt is.

7 *Geldigheidsregel.* De redeneringen die in de argumentatie als formeel geldig worden voorgesteld mogen geen logische fouten bevatten.

8 *Argumentatieschemaregel.* Een niet door een formeel geldige redenering bewezen standpunt mag niet als afdoende verdedigd worden beschouwd als de verdediging niet plaatsvindt door middel van een geschikt argumentatieschema dat correct is toegepast.

9 *Afsluitingsregel.* Een niet-afdoende verdediging van een standpunt mag niet leiden tot het handhaven van dit standpunt door de protagonist en een afdoende verdediging van een standpunt mag niet leiden tot het handhaven van twijfel aan het standpunt door de antagonist.

10   *Taalgebruikregel.* De discussianten mogen geen formuleringen gebruiken die onvoldoende duidelijk of verwarrend dubbelzinnig zijn en ze mogen de formuleringen van de tegenpartij niet opzettelijk verkeerd interpreteren.

Drogredenen
Overtredingen van regel 1 door de protagonist of de antagonist in de confrontatiefase

1   *Beperkingen stellen aan standpunten of twijfel*
- standpunten heilig verklaren
- standpunten taboe verklaren

2   *Aantasten van de vrijheid van handelen van de tegenpartij*
- de tegenpartij onder druk zetten – drogreden van de stok (= argumentum ad baculum)
  - beroep op medelijden (= argumentum ad misericordiam)
- de tegenpartij persoonlijk aanvallen (= argumentum ad hominem)
  - hem als dom, slecht, onbetrouwbaar, enzovoort afschilderen (= directe persoonlijke aanval/'abusive'-variant)
  - zijn motieven verdacht maken (= indirecte persoonlijke aanval/'circumstantial'-variant)
  - een tegenstrijdigheid in woord en daad aanwijzen (= 'tu quoque'-variant)

Overtredingen van regel 2 door de protagonist in de openingsfase

1   *Verschuiven van de bewijslast*
- in een niet-gemengd geschil: de antagonist moet aantonen dat het standpunt van de protagonist onjuist is
- in een gemengd geschil: alleen de tegenpartij moet zijn standpunt verdedigen (komt in feite neer op ontduiken van de bewijslast)

2   *Ontduiken van de bewijslast*
- het standpunt als vanzelfsprekend presenteren
- persoonlijk instaan voor de juistheid van het standpunt
- het standpunt immuniseren voor kritiek

Overtredingen van regel 3 door de protagonist of antagonist in alle discussiefasen

1   *Iemand een fictief standpunt in de schoenen schuiven (= drogreden van de stroman)*
- met veel nadruk het tegengestelde standpunt naar voren brengen
- verwijzen naar de opvattingen van de groep waartoe iemand behoort
- het creëren van een fictieve tegenstander

2   *Iemands standpunt vertekenen (= drogreden van de stroman)*
- uit de context halen van uitspraken
- simplificeren
- overdrijven

Overtredingen van regel 4 door de protagonist in de argumentatiefase

1   *Het standpunt niet door middel van argumentatie verdedigen maar door retorische trucs: (= non-argumentatie)*
   - de sentimenten van het publiek bespelen (= pathetische drogreden)
   - schermen met eigen kwaliteiten (= ethische drogreden/argumentum ad verecundiam)

2   *Argumentatie gebruiken die niet slaat op het standpunt dat ter discussie staat (= irrelevante argumentatie/ignoratio elenchi)*

Overtredingen van regel 5 door de protagonist of de antagonist in de argumentatiefase

1   *Het invullen van een verzwegen argument dat verder gaat dan waar de protagonist aan gehouden kan worden (door de antagonist) (= drogreden van het opblazen van wat er verzwegen is)*

2   *Het ontkennen van de gebondenheid aan een correct geëxpliciteerd verzwegen argument (door de protagonist) (= drogreden van het loochenen van een verzwegen argument)*

Overtredingen van regel 6 door de protagonist of de antagonist in de argumentatiefase

1   *Ten onrechte ontkennen dat iets een gemeenschappelijk uitgangspunt is (door de antagonist)*

2   *Iets ten onrechte als een gemeenschappelijk uitgangspunt presenteren (door de protagonist)*
   - misbruik maken van presupposities bij een bewering
   - misbruik maken van presupposities bij een vraag (= drogreden van de meervoudige vraag)
   - argumentatie aanvoeren die op hetzelfde neerkomt als het standpunt (= drogreden van de cirkelredenering/petitio principii/begging the question)

Overtredingen van regel 7 door de protagonist in de argumentatiefase

1   *In een redenering noodzakelijke en voldoende voorwaarden door elkaar halen*
   - drogreden van de ontkenning van het antecedens
   - drogreden van de bevestiging van de consequens

2   *In een redenering eigenschappen van delen en gehelen door elkaar halen*
   - divisiedrogreden (= drogreden van de verkeerde verdeling)
   - compositiedrogreden (= drogreden van de verkeerde samenvoeging)

Overtredingen van regel 8 door de protagonist in de argumentatiefase

1   *Een ongeschikt argumentatieschema gebruiken*
   - autoriteitsargumentatie (kentekenrelatie)

- populistische argumentatie (kentekenrelatie) (= argumentum ad populum)
- argumentum ad consequentiam (causale relatie)

2   *Een argumentatieschema verkeerd toepassen*
- drogreden van de verkeerde analogie (vergelijkingsrelatie)
- drogreden van het hellend vlak/slippery slope (causale relatie)
- post hoc ergo propter hoc (causale relatie)
- overhaaste generalisatie/secundum quid (kentekenrelatie)

Overtredingen van regel 9 door de protagonist of antagonist in de afsluitingsfase

1   *Door de protagonist*:
- handhaven van een standpunt dat niet afdoende is verdedigd
- concluderen dat een standpunt waar is omdat het met succes is verdedigd

2   *Door de antagonist*:
- handhaven van twijfel aan een standpunt dat afdoende is verdedigd
- concluderen dat een standpunt waar is omdat het tegengestelde niet met succes is verdedigd (= argumentum ad ignorantiam)

Overtredingen van regel 10 door de protagonist of antagonist in alle discussiefasen

1   *Misbruik maken van onduidelijkheid (= onduidelijkheiddrogreden)*
- tekstueel niveau
  - structurele onduidelijkheid
- zinsniveau
  - communicatieve strekking
  - propositionele inhoud
  - implicietheid
  - onbepaaldheid (referentie)
  - onbekendheid (predicatie)
  - vaagheid (predicatie)

2   *Misbruik maken van dubbelzinnigheid (= ambiguïteitdrogreden)*
- semantische ambiguïteit
- syntactische ambiguïteit

Literatuur over argumentatie

Algemeen overzichtswerk

Eemeren, F.H. van, Grootendorst, R., Snoeck Henkemans, A.F., met medewerking van J.A. Blair, R.H. Johnson, E.C.W. Krabbe, C. Plantin, D.N. Walton, C.A. Willard, J. Woods en D. Zarefsky (1997). *Handboek argumentatietheorie. Historische achtergronden en hedendaagse ontwikkelingen*. Groningen: Martinus Nijhoff.

Bijdragen aan de pragma-dialectische argumentatietheorie

Eemeren, F.H. van (Ed.). (2002). *Advances in Pragma-Dialectics*. Amsterdam: Sic Sat/Vale Press.

Eemeren, F.H. van & Grootendorst, R. (1982). *Regels voor redelijke discussies*. Dordrecht: Foris. Een enigszins bewerkte Engelse versie (1984) hiervan is: *Speech acts in argumentative discussions*. Berlin: Foris/Walter de Gruyter.

Eemeren, F.H. van & Grootendorst, R. (1992). *Argumentation, communication and fallacies: A pragma-dialectical perspective*. Hillsdale, NJ: Lawrence Erlbaum.

Eemeren, F.H. van & Grootendorst, R. (2000). *Kritische discussie*. Amsterdam: Boom.

Eemeren, F.H. van & Grootendorst, R. (2004). *A systematic theory of argumentation*. Cambridge: Cambridge University Press.

Eemeren, F.H. van, Grootendorst, R., Jackson S. & Jacobs, S. (1993). *Reconstructing argumentative discourse*. Tuscaloosa: The University of Alabama Press.

Eemeren, F.H. van & Houtlosser, P. (2002). *Dialectic and rhetoric. The warp and woof of argumentation analysis*. Dordrecht/Boston/London: Kluwer Academic Publishers.

Eemeren, F.H. van, Houtlosser, P. & Snoeck Henkemans, A.F. (2005). *Argumentatieve indicatoren in het Nederlands. Een pragma-dialectische studie*. Amsterdam: Rozenberg.

Eemeren, F.H. van, Garssen, B.J. & Meuffels, B. (2009). *Fallacies and Judgments of Reasonableness. Empirical research concerning the pragma-dialectical discussion rules*. Argumentation Library 16. Dordrecht: Springer.

Eemeren, F.H. van (2010). *Strategic maneuvering in argumentative discourse. Extending the pragma-dialectical theory of argumentation*. Amsterdam-Philadelphia: John Benjamins.

Rees, M.A. van (2009). *Dissociation in argumentative discussions. A pragma-dialectical perspective*. Dordrecht enz.: Springer.

Inleidingen in de formele logica

Gamut, L.T.F. (1982). *Logica, taal en betekenis. Inleiding in de logica*. Utrecht: Het Spectrum.

Kahane, H. (1978). *Logic and philosophy. A modern introduction*. Belmont, CA: Wadsworth.

Fundamentele studies over taalgebruik

Grice, H.P. (1989). *Studies in the way of words*. Cambridge, MA: Harvard University Press.

Searle, J.R. (1969). *Speech acts. An essay in the philosophy of language*. Cambridge: Cambridge University Press. Nederlandse vertaling (1977): *Taalhandelingen. Een taalfilosofisch essay*. Utrecht: Het Spectrum.

Searle, J.R. (1979). *Expression and meaning. Studies in the theory of speech acts.* Cambridge: Cambridge University Press.

Studies over argumentatie in geïnstitutionaliseerde contexten

Eemeren, F.H. van e.a. (1996). *Argumenteren voor juristen* (derde druk). Groningen: Wolters-Noordhoff.

Eemeren, F.H. van e.a. (1996). *Argumenteren voor juristen.* Oefenboek. Groningen: Wolters-Noordhoff.

Feteris, E.T. (1994). *Redelijkheid in juridische argumentatie. Een overzicht van theorieën over het rechtvaardigen van juridische beslissingen.* Zwolle: Tjeenk Willink.

Jansen, H. (2003). *Van omgekeerde strekking. Een pragma-dialectische reconstructie van a contrario argumentatie in het recht.* Amsterdam: Thela Thesis.

Kloosterhuis, H. (2002). *Van overeenkomstige toepassing. De pragma-dialectische reconstructie van analogie-argumentatie in rechterlijke uitspraken.* Amsterdam: Thela Thesis.

Lewinski, M. (2010). *Internet political discussion forums as an argumentative activity type. A pragma-dialectical analysis of online forms of strategic manoeuvring with critical reactions.* Amsterdam: Rozenberg & Sic Sat.

Mohammed, D. (2009). *'The Honourable Gentleman should make up his mind'. Strategic manoeuvring with accusations of inconsistency in Prime Minister's Question Time.* Dissertatie Universiteit van Amsterdam.

Plug, J. (2000). *In onderlinge samenhang. De pragma-dialectische reconstructie van complexe argumentatie in rechterlijke uitspraken.* Amsterdam: Thela Thesis.

Andere benaderingen van argumentatie

Barth, E.M. & Krabbe, E.C.W. (1982). *From axiom to dialogue. A philosophical study of logics and argumentation.* Berlin/New York: Walter de Gruyter.

Anscombre, J.C. & Ducrot, O. (1983). *L'argumentation dans la langue.* Luik: Pierre Madarga.

Hample, D. (2005). Inventional capacity. In: F.H. van Eemeren & P. Houtlosser (red.), *Argumentation in practice.* Amsterdam/Philadelphia: John Benjamins Publishing Company.

Johnson, R.H. (2000). *Manifest rationality. A pragmatic theory of argument.* Dordrecht: Kluwer Academic Publishers.

Perelman, Ch. & Olbrechts-Tyteca, L. (1969). *The new rhetoric. A treatise on argumentation* (Vertaling van *La nouvelle rhétorique. Traité de l'argumentation.* Parijs: Presses Universitaires de France, 1958). Notre Dame/London: University of Notre Dame Press.

Schellens, P.J. (1985). *Redelijke argumenten. Een onderzoek naar normen voor kritische lezers.* Dordrecht enz.: Foris Publications.

Toulmin, S.E. (1958). *The uses of argument.* Cambridge: Cambridge University Press.

Walton, D.N. (1989). *Informal logic. A handbook for critical argumentation.* Cambridge: Cambridge University Press.

Walton, D.N. & Krabbe, E.C.W. (1995). *Commitment in dialogue: basis concepts of interpersonal reasoning.* Albany: State University of New York Press.

Over de auteurs

Prof. dr. Frans van Eemeren en **dr. Francisca Snoeck Henkemans** zijn als hoogleraar respectievelijk universitair hoofddocent verbonden aan de leerstoelgroep Taalbeheersing, Argumentatietheorie en Retorica van de Universiteit van Amsterdam.

Register